教育政策与法律

张维平　主　编

中央广播电视大学出版社 · 北京

图书在版编目（CIP）数据

教育政策与法律 / 张维平主编．—北京：中央广播电视大学出版社，2016. 11（2017.3重印）

ISBN 978－7－304－08166－9

Ⅰ. ①教… Ⅱ. ①张… Ⅲ. ①教育政策—中国—开放教育—教材 ②教育法—中国—开放教育—教材 Ⅳ. ①G520 ②D922. 16

中国版本图书馆 CIP 数据核字（2016）第 257999 号

教育政策与法律

JIAOYU ZHENGCE YU FALÜ

张维平　主　编

出版·发行：中央广播电视大学出版社

电话：营销中心 010－66490011　　总编室 010－68182524

网址：http://www. crtvup. com. cn

地址：北京市海淀区西四环中路 45 号　**邮编**：100039

经销：新华书店北京发行所

策划编辑：安　薇　　**版式设计**：黄　晓

责任编辑：秦　潇　　**责任校对**：赵　洋

责任印制：赵连生

印刷：北京博图彩色印刷有限公司　　**印数**：2001～4000

版本：2016 年 11 月第 1 版　　2017 年 3 月第 2 次印刷

开本：787 mm×1092 mm　1/16　　**印张**：16. 5　**字数**：367 千字

书号：ISBN 978－7－304－08166－9

定价：33.00 元

前　言 ‖ Preface

随着教育改革的不断深化，我国的教育法治逐步完善，教育政策的发展进入了新的时期。在教育法治方面，随着2006年《中华人民共和国义务教育法》、2013年《中华人民共和国民办教育促进法》和2015年《中华人民共和国教育法》《中华人民共和国高等教育法》等法律的修订完成，我国已经构建起了以《中华人民共和国教育法》为基本法，以《中华人民共和国学位条例》《中华人民共和国义务教育法》《中华人民共和国教师法》《中华人民共和国高等教育法》《中华人民共和国职业教育法》《中华人民共和国民办教育促进法》，以及与教育法密切相关的《中华人民共和国未成年人保护法》《中华人民共和国预防未成年人犯罪法》《中华人民共和国妇女权益保护法》等为重要法律的教育法律体系。在教育政策领域，《国家中长期教育改革和发展规划纲要（2010—2020年）》《依法治教实施纲要(2016—2020年)》等一系列重要政策，对未来我国教育改革和发展做出了具有战略性、前瞻性、针对性、操作性的全面规划和部署。另外，客观形势的不断变化，导致教育政策与法律不断进行修改和制定，这就要求我们不断学习教育政策与法律的相关知识。

为了使学习者对教育政策与法律有更全面和深入的了解，体会教育政策与法律的重要意义，掌握教育政策与法律的各项制度及重要内容，能够做到依法治教、依法治校，从而实现不断提高教育质量和水平的目的，我们编写了本书。

《教育政策与法律》在编写过程中体现了“内容新”。特别注意体现了中国共产党第十八次代表大会“依法治国”的新精神，也注意体现了教育法修订的新精神，以及《国家中长期教育改革和发展规划纲要（2010—2020年)》《依法治教实施纲要（2016—2020年)》等政策的新精神。同时，在编写过程中体现了“知识精”。注意选择最基本、最重要、最简明的教育政策与法律知识，使学习者可以用较少的时间，获得较多的信息。另外，在编写过程中体现了“内容实”。注意结合教育的实际，结合教师的实际，结合典型和最新的案例，突出案例的代表性和时效性，以案说法，注重培养和提高学习者实际运用法律解决实际问题的能力。

为了便于广大读者的学习，本书在体例设计中包括了引言、学习目标、问题情境、本章回顾、学习视窗、学习演练等部分。此外，在本书中，还穿插有“术语、资料、提示、案例、故事、思考、建议、学习活动”等导学元素，以增强本书的实用性、导学性、交互性与可读性。

本书在编写过程中，参考了大量国内外教育政策与法律方面的资料，在此谨向有关作者致以诚挚的谢意。随着教育政策与法律研究的进一步深入与完善，在编写过程中对教育政策与法律的研究难免存在一定的局限。另由于编者水平有限，又加时间仓促，书中的不当之处还诚望读者提出批评，以便在再版时改进。

编　者

2016 年 5 月

目　录 Contents

第一章　教育政策概述 …… 1

第一节　教育政策基本原理 …… 2
第二节　教育政策的特点 …… 4
第三节　教育政策的作用 …… 10
第四节　教育政策的类型 …… 15

第二章　教育政策运行 …… 21

第一节　教育政策制定 …… 22
第二节　教育政策实施 …… 28
第三节　教育政策评价 …… 32
第四节　教育政策分析 …… 40

第三章　我国重要的教育政策分析 …… 49

第一节　教育政策的历史发展 …… 50
第二节　我国教育政策的基本框架 …… 56
第三节　我国重要的教育政策解读 …… 63

第四章　教育法律概述 …… 86

第一节　教育法律基本原理 …… 87
第二节　教育法律关系 …… 92
第三节　教育立法 …… 98
第四节　教育法律实施 …… 100
第五节　教育法律监督 …… 104
第六节　我国教育法治的发展 …… 107

第五章　依法治校 …… 122

第一节　依法治校的意义 …… 123
第二节　学校的法律地位 …… 127
第三节　学校的权利与义务 …… 132
第四节　学校章程与制度 …… 137
第五节　学校的治理结构 …… 148

第六章　教师及其权利与义务 …… 161

第一节　教师的法律地位 …… 162
第二节　教师的权利 …… 166
第三节　教师的义务 …… 172
第四节　教师管理制度 …… 179

第七章　学生及其权利与义务 …… 193

第一节　学生的法律地位 …… 194
第二节　学生的权利 …… 197
第三节　学生的义务 …… 202
第四节　未成年学生的法律保护 …… 205
第五节　学生纪律处分 …… 210

第八章　教育活动中的法律责任与救济 …… 219

第一节　教育法律责任概述 …… 220
第二节　教育相关主体的法律责任 …… 223
第三节　教育法律救济概述 …… 228
第四节　教育申诉制度 …… 234
第五节　校园伤害事故的处理 …… 242

参考文献 …… 255

后　　记 …… 256

第一章　教育政策概述

引　言

在所有的社会经济活动中，教育活动是国家介入最早的领域之一。早在夏朝时期，国家就已介入教育活动。进入工业化社会以后，各国政府的大规模介入促使教育成为一种公共活动。当代各国政府的教育政策都是整个公共政策的重要组成部分。教育事业的改革与发展离不开正确的政策指引，离不开完善的法治保障。对于学生与教育工作者来说，什么是教育政策，为什么要有教育政策，以及教育政策的特点、作用和类型等，是必须掌握的知识。这些内容是本章所要学习与讨论的重点内容。

学习目标

通过本章的学习，你应该能够做到：

1. 说出教育政策的含义及教育政策产生的原因；
2. 阐明教育政策的四个主要特点；
3. 描述教育政策所起到的核心作用；
4. 阐释教育政策的类型划分，能够通过实际的教育政策案例对其进行分析，把握案例的所属类型。

问题情境

我国高考政策的演变

- 1949 年，新中国成立时，各高校仍沿袭旧制单独招生。
- 1950 年，同一地区高校联合招生。
- 1951 年，以全国大行政区范围联合招生。
- 自 1952 年起，全国普通高校实行全国统一招生考试。
- 1966 年“文革”开始，高校停止招生；1972 年后废除考试制度实行推荐。
- 1977 年 10 月 12 日，国务院批转教育部《关于 1977 年高等学校招生工作的意见》，从此恢复了高等学校招生统一考试制度。

•1983 年以后，在上海等地设高中毕业会考考试点；1990 年国家教育委员会制定全国普通高中毕业会考制度，在此基础上形成“3 + 2”高考模式。

•1999 年，广东试行“3 + x”高考模式；2000 年，广东试行“3 + 综合 + 1”高考模式，山西、吉林、江苏、浙江试行“3 + 文综/理综”高考模式。

•2000 年春季，北京、上海、安徽分别进行 1999 年第二次高考。

•2003 年，教育部办公厅发布《关于做好高等学校自主选拔录取改革试点工作的通知》。

•2013 年 10 月，教育部印发《关于进一步推进高校招生信息公开工作的通知》。

•2014 年 9 月，国务院发布《关于深化考试招生制度改革的实施意见》，明确提出启动高考综合改革试点，改革考试科目设置、考生录取机制，促进学生全面而有个性地发展。

•2014 年 12 月，教育部进一步印发了《关于普通高中学业水平考试的实施意见》和《关于加强和改进普通高中学生综合素质评价的意见》。

看了上述我国高考主要政策的变迁，你有哪些想法？你认为这些高考政策变化背后的原因是什么？为什么要出台这些高考政策？这些高考政策在高考改革的进程中起到了哪些作用？它们的特点是什么？……

让我们带着这些问题来一起学习本章的内容吧。

第一节　教育政策基本原理

进入 21 世纪，国际形势正在发生深刻的变化。随着经济全球化、文化多元化的发展，以及广泛的国际交流与合作，各国在经济、科技和综合国力等方面的竞争日益激烈，并突出表现为人才与国民素质的竞争。这些竞争本质上就是教育的竞争，因此世界各国都致力于教育的改革与发展。一些国家相继出台新的国家教育发展战略。2001 年以来，美国相继发表《2001—2005 年战略规划》《不让一个儿童落后法案》和《2002—2007 年战略规划》；日本文部省发布了“教育振兴基本计划”；俄罗斯联邦政府通过了《2010 年前俄罗斯实现教育现代化构想》；韩国制定了《人力资源、知识、新起飞：国家人力资源开发战略》；2002 年，英国教育与就业部在更名为“英国教育与技能部”的同时，发布《传递结果：到 2006 年的战略》；等等。各国在教育方面的竞争，在很大程度上就是教育政策的竞争。

一、什么是教育政策

教育政策是政党或者国家为实现一定历史时期的教育任务而制定的行动准则。

作为政党和国家基本政策的重要组成部分，教育政策是依据政党和国家在一定历史时期的基本任务、基本方针，由政党和国家制定的，而不是由个人制定的。教育政策是一定历史时期的产物，是一种行动准则，它决定着政党和国家在教育方面的工作方向和措施，而不仅仅是一种思想。

不同的政党或国家，有着不同的教育政策。在此，我们所说的教育政策是具有特定含义的，即我国的社会主义教育政策，是由中国共产党及其领导下的国家，为社会主义教育事业的运行与发展而制定的行动准则。

二、为什么要有教育政策

为什么要有教育政策？最直截了当的回答是，要解决教育问题。政策总是与解决问题分不开的，它由问题产生，又为解决问题而制定。当教育系统内部或教育系统与其外部系统之间由于种种原因而出现不协调状态时，就会产生相应的教育问题。面对这些问题迫切需要采取一些应对策略，于是就出现了教育政策。

提　示

我国相关教育政策出台的原因

例如，我们今天也面临种种教育问题：

- 教育在整个国民经济发展中处于什么地位，如何通过教育发展来推动我国社会主义现代化建设；
- 我们的教育体制如何改革，才能适应飞速发展的教育事业的需要；
- 在现阶段是强调教育效率优先还是强调教育平等优先；
- 21 世纪中小学课程如何跟上教育发展的需要；
- 如何缓解大众对教育的强烈需求与国家所能提供的教育的能力之间的矛盾；
- 教师短缺问题如何解决；
- 如何使国家、社会和个人都能参与到教育事业当中，从而适当减轻国家的教育财政负担；
- 教育经费长期匮乏怎么办？

与此相对应，我们就有了一系列教育政策：

- 教育优先发展的政策；
- 中央宏观调控和地方自主管理相结合的教育管理政策；
- 大力推动义务教育的政策；
- 高校扩招政策；
- 课程改革政策；
- 提高教师社会地位和福利待遇的政策；

- 大力促进民办教育事业发展的政策；
- 非义务教育阶段学生适当缴费以分担教育成本的政策。

由此可见，教育政策又可以理解为，政府有关部门为解决特定教育问题而表明的行动意图或制订的行动计划。当然，教育问题有个人的问题，也有公共的问题，而且个人问题是构成公共问题的基础。但是，教育政策一般并不针对某个个人制定，而是针对公共教育问题制定的。只有当社会上大多数人或相当一部分人遇到了共同的教育问题，且这些问题迫切需要解决时，政府有关部门才会制定相应的教育政策。例如，实行高校收费制度以后，对于相当一部分家庭经济困难的学生而言，学费成了较重的负担，甚至出现了因负担不起学费而失学的情况。针对这一问题，在广泛调研和征求意见的基础上，政府有关部门出台了高校学生助学贷款政策，落实了不让一名学生因为家庭经济困难而失学的政治承诺，维护了高等教育的公平。

第二节　教育政策的特点

教育政策作为公共政策的重要组成部分，与其他基本政策，如人事政策、经济政策、文化政策等具有一定的相似性，但由于教育处于一个特殊的社会活动领域，故教育政策必然具有自身的特点。其特点主要体现在：教育政策的政治性、教育政策的原则性、教育政策的相对稳定性及教育政策的权威性等方面。

一、教育政策的政治性

教育政策作为社会的上层建筑，必须要体现阶级和国家的意志，直接反映阶级和国家的政治意志和根本利益，直接反映政党和国家在一定历史时期的中心任务和大政方针。古希腊哲学家亚里士多德就提到："邦国如果忽视教育，其政治必将毁损。"因此，在认识到一个国家的兴衰系于教育的同时，教育政策的制定与实施也必然要为统治阶级的教育愿望和要求服务。可以说，教育政策具有政治性，政治性是教育政策的根本特征。在任何社会中，教育政策都具有鲜明的政治性。只不过随着政治内容的变化，教育政策的政治性也具有不同的性质罢了。

政策举例 1－1

我国教育政策政治性的体现

例如，资产阶级领导的辛亥革命推翻了君主专制政体以后，当权者在国家教育领域首先考虑的是改变教育方针，将封建教育方针“忠君、尊孔、尚公、尚武、尚实”改为“注重道德教育，以实利教育、军国民教育辅之，更以美感教育完成其道德”的资产阶级教育方针。

又如，毛泽东同志在《关于正确处理人民内部矛盾的问题》的讲话中指出：“不论是知识分子，还是青年学生，都应努力学习，除了学习专业之外，在思想上要有所进步，政治上也要有所进步，这就需要学习马克思主义，学习时事政治。”1994 年，江泽民同志在第二次全国教育工作会议上指出：“要针对改革和建设过程中出现的新情况、新问题，不断加强和改进学校的思想政治工作和政治课教育。”1994 年 8 月，中共中央下发《关于进一步加强和改进学校德育工作的若干意见》明确要求，新时期加强和改进学校德育工作的首要任务和根本措施就是学习和掌握邓小平同志的建设有中国特色社会主义理论。

特别是 2005 年 1 月 17 日至 18 日，在京召开的全国加强和改进大学生思想政治教育工作会议指出：“各级党委和政府要从贯彻落实邓小平理论和‘三个代表’重要思想的高度，把加强和改进大学生思想政治教育工作作为提高党的执政能力、巩固党的执政地位的一项重要工作，摆在更加突出的位置，切实担负起政治责任。”

中共中央办公厅、国务院办公厅 2015 年印发了《关于进一步加强和改进新形势下高校宣传思想工作的意见》（简称《意见》）。《意见》是以习近平同志为总书记的党中央从党和国家事业全局的高度，对加强高校意识形态工作的又一重要战略部署，是新形势下增强大学生思想政治教育针对性、实效性的根本遵循。《意见》强调指出，意识形态工作是党和国家一项极端重要的工作，高校作为意识形态工作的前沿阵地，肩负着学习、研究、宣传马克思主义，培育和弘扬社会主义核心价值观，为实现中华民族伟大复兴的“中国梦”提供人才保障和智力支持的重要任务。做好高校宣传思想工作，加强高校意识形态阵地建设，是一项战略工程、固本工程、铸魂工程，事关党对高校的领导，事关全面贯彻党的教育方针，事关中国特色社会主义事业后继有人，对于巩固马克思主义在意识形态领域的指导地位，巩固全党全国人民团结奋斗的共同思想基础，具有十分重要而深远的意义。

但这里必须强调，政治性虽然是教育政策的根本特征，但政策并不等于政治。两者既有联系，又有区别。政治是目的，政策是为达到一定政治目的的手段。既不能颠倒两者之间的关系，又不能把两者混淆。

二、教育政策的原则性

列宁曾提出：“方针明确的政策是最好的政策，原则明确的政策是最实际的政策。”政策作为政治体系的政治行为，必然具有高度的原则性。政策的原则性要求政策内容必须旗帜鲜明，提倡什么、反对什么、鼓励什么、限制什么，都必须十分明确，不允许左右摇摆、模棱两可。同时，还要求执行政策要严肃认真，维护政策的权威性，不允许有令不行、有禁不止。

教育政策作为政策体系中的一项基本政策，是党和国家意志在教育方面的体现，它直接关系到党和国家的根本利益。所以，党和国家在研究、制定和贯彻一定的教育政策时，必然会表现出坚定不移的原则性。

教育政策的原则性具体体现在以下两个方面：

（1）毫不妥协地体现党和国家的意志和政治意图。

（2）毫不妥协地为全民族的根本利益服务。

政策举例1－2

我国教育政策原则性的体现

例如，我们党的十二届三中全会，作出了关于经济体制改革的决定，这为我国社会生产力的发展、社会主义物质文明和精神文明的提高开辟了广阔的道路。

今后事业成败的关键就是人才。要解决人才的问题，就必须使教育事业有一个大发展。因此，党中央在1985年5月27日通过的《关于教育体制改革的决定》中明确指出："教育体制改革的根本目的是提高民族素质，多出人才、出好人才。""所有这些人才，都应该有理想、有道德、有文化、有纪律，热爱社会主义祖国和社会主义事业，具有为国家富裕、人民富强而艰苦奋斗的献身精神，都应该不断追求新知识，具有实事求是、独立思考、勇于创造的科学精神。"这就是党的教育政策的原则性的体现。

1999年6月，党中央、国务院在颁发的《关于深化教育改革全面推进素质教育的决定》中提出："全面推进素质教育，要坚持面向全体学生，为学生的全面发展创造相应的条件，依法保障适龄儿童和青少年学习的基本权利，尊重学生身心发展特点和教育规律，使学生生动活泼、积极主动地得到发展。"这为科教兴国奠定坚实的人才和知识基础。

党的十六、十七大以来，党中央确立了科学发展观等重大战略思想，并陆续发布了有关进一步加强和改进未成年人思想道德建设和大学生思想政治教育的重要文件，并多次强调，全面实施素质教育，核心是要解决好培养什么人、怎样培养人的重大问题，这应该成为教育工作的主题。

党的十八大以来，以习近平同志为总书记的党中央秉持"以人民为中心"的发展思想，坚持走"有中国特色、世界水平的现代教育"之路，以促进公平、提高质量为战略重点，以优先发展、改革创新为重要保障，总揽全局，直面问题，统筹安排，有序出击，教育改革发展向着民生关切的热点、难点问题发力，一幅学有所教、人人出彩的"教育画卷"灿然展开。

三、教育政策的相对稳定性

相对稳定性是政策的基本特征之一。所谓政策的相对稳定性是指政策在其有效的范围内相对地保持不变。它包括两层含义：一是政策的阶段性，即指任何政策都只在一定的阶段内有效，不同的阶段有不同的政策；二是政策的连续性，即指保持政策合理内容的继承性和衔接性。

政策之所以具有稳定性，主要是由四方面因素决定的：

（1）政策目标。政策目标是政策的灵魂，决定着政策的方向，政策目标的稳定决定了政策本身的稳定。

（2）政策效益。一项正确的政策在调整社会关系时，必然会给社会带来效益，推动社会的前进，这就给政策的稳定性奠定了坚实的基础。

（3）政策规范功能。政策作为人们行动的规范，在一段时间内必然相对稳定。

（4）政策制定者的协调功能。即当教育政策出现不稳定因素时，教育政策的制定者会通过开展协调工作，消除不稳定因素，维持教育政策的相对稳定。

政策的稳定是政治稳定、经济稳定和社会稳定的基础。如果政策不稳，变化频率过快，就会使人们产生无所适从的厌倦心理，严重影响人们对政党和政府的信任度，引起经济生活的紊乱和动荡，从而影响社会的稳定。

教育政策的稳定性是指教育政策一经制定、公布、执行，在一定时期内不能随意变动，而要保持相对的稳定，其表现在两个方面：

（1）教育政策是依据党和国家在一定历史时期的基本任务、基本方针而制定的。因此，在一定历史时期的基本任务尚未完成之前，与之相应的教育政策就应保持稳定不变。例如，目前我国正处在社会主义初级阶段，这一阶段决定了我国的教育宗旨必须为社会主义服务，为人民服务。

（2）由于教育政策是指导、规范教育事业运行和发展的基本原则，是指导教育工作的指南。因此，要求教育政策保持相对的稳定性，否则就会失去其作用，使教育工作无章可循，陷入混乱。由此可见，教育政策的稳定性是贯彻、执行教育政策的重要前提。没有稳定的教育政策，就不可能保证教育事业的稳定发展。

政策的稳定性并不排斥政策的可变性，从根本上说，政策的稳定性是相对的，政策的可变性是绝对的。

政策的可变性是指政策依据客观情况的变化而变化的特性。它包含两层含义：

（1）在政策基本点不变的前提下，对政策的部分内容进行修改、补充和调整。

（2）政策确定的目标已完成，或经过实践检验证明原定政策是错误的，必须从根本上改变或废止。

作为政策体系中的基本政策之一，教育政策的稳定性也是相对的，可变性是绝对的。在一定条件下，教育政策不仅会发生变化，而且应当发生变化。通常，教育政策的变化有三种情况：

（1）党和国家在一定历史时期的基本任务完成之后，为其服务的教育政策也随之变化。例如，在新中国成立之后，党和国家的中心任务从夺取政权转向巩固政权、建设社会主义，教育政策的重心也必然随之发生相应的变化。

（2）客观的政治经济形势发生重大变化，教育现实发生明显改变时，教育政策也应发生相应的变化。例如，新中国成立后，教育面临的首要任务是如何对待旧的教育体制，建设适合自己国情的新的教育体制。1949 年 9 月，中国人民政治协商会议第一届全体会议一致通过的《中国人民政治协商会议共同纲领》第五章“文化教育改革”中明确地规定了新中国教育的性质、任务：“中华人民共和国的文化教育为新民主主义的，即民族的、科学的、大众的文化教育。人民政府的文化教育工作，应以提高人民文化水平，培养国家建设人才，肃清封建的、买办的、法西斯主义的思想，发展为人民服务的思想为主要任务。”

（3）随着教育政策的贯彻执行，政策本身需要不断修正、充实与完善，否则便会使改革落后于形势。

政策举例 1 – 3

我国课程教材改革中政策的修正、充实与完善

例如，课程教材作为学校教育的核心，又是教育改革的关键，随着中国教育改革的不断深入，有关课程教材的改革在执行的过程中就需要不断修正、充实和完善，使之更好地发挥作用。“近代课程在不断寻求自身的变革，以期更好地适应学习者、社会、学科发展的实际。这是因为，任何一种课程都是那个时代所追求的‘国民素养’的最集中、最具体的反映。……因此课程不是万古不变的，它总要随着时代、社会的发展而不断得到变易和改造。这种改造以往的课程组织、设计成新型的课程组织的作业，谓之课程改革（Curriculum Reform）或课程改造。”

中国自 20 世纪 50—80 年代初一直采用苏联的课程管理模式，即由中央对全国的课程教材进行一级管理，全国实行统一的教学计划、教学大纲和教材。这在新中国成立初期为人才的培养做出了难以磨灭的贡献，但是这样一种集中统一的课程管理模式显然与复杂多变的国情不相适应，同时也无法发挥地方教育行政部门的主动性和积极性。

1986 年国家教育委员会组建了新中国成立以来第一个权威性的教材审定机构“全国中小学教材审定委员会”及其下属的“各学科教材审查委员会”，并设立了常设办事机构“国家教委中小学教材审定委员会办公室”。国家倡导在统一基本要求的前提下实行教材多样化，同时，颁布了一系列课程管理的重要文件，如《全国中小学教材审定委员会工作章程》《中小学教材审定标准》《中小学教材送审办法》等，规范了教材的

编写与审定工作。

1992 年国家教育委员会颁布的《九年义务教育全日制小学、初级中学课程计划（试行）》在“课程设置”的内容中将课程分为“国家安排课程”和“地方安排课程”两类，是新中国成立以来课程管理方面的一个重大突破。但地方安排课程所占比例很小，留给各地的课程管理的空间仍然十分有限。

随着 21 世纪的逐渐迫近，大家认识到现行的义务教育课程计划仍然存在很多不足，原有的基础教育课程已不能完全适应时代发展的需要，新一轮课程教材改革势在必行。1999 年颁布的《面向 21 世纪教育振兴行动计划》提出：“要构建面向 21 世纪的基础教育现代化课程体系。课程内容要具有多样性，以适应不同发展水平区域的需要；课程还应具有差别性和选择性，以适合不同发展水平学生和每个学生个性发展的需要。”

为贯彻《中共中央、国务院关于深化教育改革全面推进素质教育的决定》（中发〔1999〕9 号）和《国务院关于基础教育改革与发展的决定》（国发〔2001〕21 号），2001 年，经国务院同意，教育部颁布《基础教育课程改革纲要（试行）》，主要包括对课程改革目标、课程结构、课程标准、教学过程、教材开发与管理、课程评价、课程管理、教师的培养和培训等方面改革的要求，构建了新一轮基础教育课程改革的整体框架。

2014 年 3 月教育部印发了《关于全面深化课程改革落实立德树人根本任务的意见》（简称《意见》）。该《意见》是为把党的十八大和十八届三中全会关于立德树人的要求落到实处，充分发挥课程在人才培养中的核心作用，进一步提升综合育人水平，更好地促进各级各类学校学生全面发展、健康成长。

《意见》强调，要高举中国特色社会主义伟大旗帜，推动社会主义核心价值观进教材、进课堂、进头脑，着力培养学生高尚的道德情操、扎实的科学文化素养、健康的身心、良好的审美情趣，努力使学生具有中华文化底蕴、中国特色社会主义共同理想、国际视野，成为社会主义合格建设者和可靠接班人。基本建成高校、中小学各学段上下贯通、有机衔接、相互协调、科学合理的课程教材体系；基本确立教育教学主要环节相互配套、协调一致的人才培养体制；基本形成多方参与、齐心协力、互相配合的育人工作格局。

总之，我们既要认识到教育政策的相对稳定性，坚持教育改革相对稳定性的重要性，又要认识到随着客观条件变化而出现的新事物、新关系和及时调整教育政策的必要性。

四、教育政策的权威性

教育政策是由党的组织依据党和国家在一定历史时期的基本任务、基本方针而制定的行动准则，体现了广大人民的意志，代表了广大人民的共同利益，所以具有权威性。党的政策对党的组织和党员具有约束力，党员、干部必须自觉地执行，如果党员违反了党的政策，就要受到党的纪律制裁。这一特点，是教育政策实际发挥作用的重要条件和基本保障。

教育政策一经制定并公布执行，就会在具体教育工作中发挥效用，对教育工作的进行和教育事业的发展，发挥指导、规范作用。

思考题

何谓教育政策的权威性？教育政策的权威性的体现是什么？

第三节　教育政策的作用

教育政策作为党和国家的基本政策的重要组成部分，具有政策的一般作用。政策作为党和国家的管理手段，作为人们的行动规范和行动准则，主要具有导向作用、协调作用和控制作用。

一、导向作用

导向作用是指教育政策对人们的行为和事物的发展方向具有引导作用。其表现在：

第一，为教育事业的发展提出了明确的目标。例如，2003 年，中共中央、国务院颁布了《关于进一步加强农村教育工作的决定》（简称《决定》），该《决定》阐述了农村教育工作的重要作用和地位，明确了今后一段时期农村教育改革与发展的目标、任务和措施，成为新时期深化农村教育改革，加快农村教育发展的纲领性文件。该举措标志着我国农村教育改革和发展掀开新的篇章。

第二，为实现教育政策目标，规定行为规范和行为准则。不仅规定了什么是应该做的，什么是不应该做的，而且还告诉人们应怎样做，采取什么方式才能做得更好。

政策举例 1 – 4

教育政策在我国高校“形势与政策”课程教学中的导向性体现

例如，2004 年 11 月中共中央宣传部、教育部发布了《关于进一步加强高等学校学生形势与政策教育的通知》，对高等学校学生形势与政策教育的地位、作用、做法等提出了更加明确、更加系统、更加规范的意见。其中就实施内容作了政策性决定。

（1）要根据新世纪、新阶段面临的新情况、新问题，加强形势与政策教育教学的针对性。

（2）要定期编写形势与政策教育宣讲提纲，建立形势与政策教育资源库，每年制定两期形势与政策课教学要点，于春、秋两季学期开学前印发全国各地教育部门和高等学校，作为教学参考资料。

(3) 要以规范化、制度化建设为重点，加强形势与政策课教学管理。形势与政策课按平均每学期16周，每周1学时计算。本科四年期间的学习，计2个学分；专科期间的学习，计1个学分。各地宣传和教育部门，要认真组织和督促实施。

(4) 要积极探索新形势下开展形势与政策教育的新方式和新途径。要根据教学的需要和学生的特点，采取灵活多样的教学方式。

(5) 要通过对教育系统特别是学生先进典型和英雄人物事迹的宣传，充分发挥先进典型和英雄人物在思想政治教育中的引导、示范和辐射作用。要把形势与政策教育与“三下乡”“青年志愿者”等活动结合起来，使学生在社会实践中接受教育。

党和国家对加强高等学校学生形势与政策教育的重视程度，表明高等学校“形势与政策”课程具有重要性。

导向作用的作用形式表现为直接导向和间接导向两种。所谓直接导向，是指教育政策对其调整对象的直接作用；所谓间接导向，是指教育政策对非直接调节对象的影响。例如，提高教师地位和生活待遇的政策，会直接调动广大教师的从教积极性，使其努力做好教书育人工作，也会间接影响人们的就业选择，引导青年学生积极报考师范类院校。

导向作用具有两大特征：一是趋前性；二是规范性。

导向作用的趋前性是指教育政策的作用不单单是调整现存关系，更重要的是指导未来。这样才能发挥其推进社会发展的导向作用。例如，1993年3月，中共中央、国务院联合颁布《中国教育改革与发展纲要》，其中的政策性规定不仅对现时教育的改革与发展起到重要的作用，而且指导着整个20世纪90年代教育事业的发展。又如，2016年颁布的《国家教育事业发展第十三个五年规划》提出“十三五”期间拟实施的重大教育工程项目。其主要推动多项重点任务：出台鼓励社会力量兴办教育，促进民办教育健康发展的意见；推进城乡教育一体化发展，出台新型城镇化背景下统筹城乡义务教育一体化发展的意见；研究制定《中国教育现代化2030》，研究制定加快教育现代化的远景规划；全面改善贫困地区义务教育学校基本办学条件，改善农村学校寄宿条件；深入实施农村义务教育学生营养改善计划；健全留守儿童教育关爱体系，加强留守儿童控辍保学；进一步完善进城务工人员随迁子女平等接受义务教育政策，落实和完善在当地参加中考、高考政策等内容。

导向作用的规定性在于为人们的行为确定界限，支持什么，限制什么，鼓励什么，抑制什么，都是十分明确的。

政策举例1-5

教育政策在我国小学生“减负”中的导向作用

例如，1988年5月11日，国家教育委员会发布的《关于减轻小学生课业负担过重问题的若干规定》中指出："要按照教学计划的规定量布置课外作业，……不布置机械重复和大量抄写的练习，更不得以做作业作为惩罚学生的手段。学校和班主任老师应负责控制和调节学生每日的课外作业总量。"

然而，学生负担过重，有的地方甚至还变本加厉，存在"管而不严、禁而不止"的问题，严重影响了少年儿童的身心健康，这已成为中共中央、国务院和社会各界及人民群众十分关注的问题，成为长期以来困扰我国基础教育的顽症。《中共中央、国务院关于深化教育改革全面推进素质教育的决定》指出："减轻中小学生课业负担已成为推进素质教育中刻不容缓的问题，要切实加以解决。"2000 年 1 月，教育部下发了《关于在小学减轻学生过重负担的紧急通知》，其中如对小学生的"减负"，规定每门课只准用一本经审查通过的教科书；必须严格控制学生作业留量；小学一、二年级不留家庭作业，三年级每日家庭作业量不超过 30 分钟，四年级不超过 45 分钟，五、六年级不超过 1 小时；小学一律不准上晚自习；小学每学期只举行一次以学校为单位的语文、数学考试，其他科目不准举行统一考试；不得占用节假日、双休日、寒暑假有偿给学生集体补习文化课或上新课等。同时，加大工作力度，对"减负"工作进行专项督导检查；要实行领导责任制，落实"主要领导总负责，分管领导具体负责"制。各级教育行政部门和中小学校必须采取坚决有力的措施切实认真加以解决。

《小学生减负十条规定》是由教育部拟定的于 2013 年 8 月 22 日起实施的文件。其主要内容包括：阳光入学、均衡编班、"零起点"教学、不留作业、规范考试、等级评价、一科一辅、严禁违规补课、保持体育锻炼和强化督查等，其核心目的也是在小学生"减负"中发挥导向作用。

所以，教育政策对象为实现教育政策目标所做出的全部行为，都受到这一规范的引导。

二、协调作用

协调作用就是指政策对社会发展过程中的各种失衡状态的制约和调节能力。

教育政策之所以具有协调作用，首先是由政策的本质属性决定的，即政策是利益关系的调节器。例如，精神文明建设的方针是协调物质生产与精神生产之间的关系，使两者同步发展。其次是由政策体系的内在要求决定的。教育政策体系必须全面、准确地反映教育与社会发展的规律，政策之间必须合理地搭配组合。最后是由政策协调的核心内容决定的，在政策协调的各种社会关系中，核心内容是利益关系。

教育政策的协调作用主要表现在：

（一）协调处理教育与经济社会发展的多维度关系

政策所要协调的对象，不是单一的，而是多方面的。协调某一事物，正是为了使该事物与其他事物取得相对平衡。

政策举例 1－6

教育公平进程中政策协调的多维性体现

例如，2007 年 3 月 5 日，十届全国人大五次会议的政府工作报告指出，教育是国家发展的基石，教育公平是重要的社会公平。促进教育发展的总体布局是为了普及和巩固义务教育，加快发展职业教育，着力提高高等教育质量。为了进一步加大对农村义务教育的支持力度，2007 年，要在全国农村全部免除义务教育阶段的学杂费，这将使农村 1.5 亿家庭普遍减轻经济负担；继续对农村贫困家庭学生免费提供教科书并补助寄宿生生活费。要完善农村义务教育经费保障制度，不断提高保障水平。这既说明了教育事业对国家的极端重要性，也说明了促进教育公平的极端重要性。我国把农村义务教育所需经费全面纳入公共财政保障范围，全面推进农村义务教育经费保障机制改革。这在中国教育史上具有重要的里程碑意义。

政府工作报告中宣布建立健全普通本科高校、高等职业学校和中等职业学校奖学金、助学金制度，以及进一步落实国家助学贷款政策，使困难家庭的学生能够上得起大学、接受职业教育。这是继全部免除农村义务教育阶段学杂费之后，促进教育公平的又一件大事。

（二）协调处理教育自身改革与发展的动态关系

协调的过程，是在事物之间进行“给予”和“让渡”的过程，是在发展中由失衡、不协调状态向平衡、协调、稳定发展转化的过程。

政策举例 1－7

农村教师队伍建设中政策协调的动态性体现

例如，为了进一步加强农村教师队伍建设，提高农村教师队伍的整体素质，逐步解决农村师资力量薄弱和结构不合理等问题，促进义务教育均衡发展，2006 年 5 月，教育部、财政部、人事部、中央机构编制委员会办公室联合发文，启动实施“农村义务教育阶段学校教师特设岗位计划”（简称“计制”），通过公开招募高校毕业生到西部“两基”攻坚县县以下农村义务教育阶段学校任教，引导和鼓励高校毕业生从事农村教育工作。特设岗位教师聘期 3 年，“计划”所需资金由中央和地方财政共同承担，以中央财政为主。为妥善实施好“计划”，省级教育行政部门要结合本地实际，将特设岗位落实到受援学校，并认真做好教师招聘、岗前培训、跟踪服务和评估等各项工作。省级财政部门要负责统筹协调特设岗位的经费保障，落实资金，规范管理。机构编制部门要加强中小学编制工作的监督、检查。省级人事部门要积极推动和支持中小学人事制度改革，并按照事业单位人员公开招聘的要求，会同教育行政部门共同做好教师招聘工作。设置特设岗位县的县级有关部门，要为特设岗位教师提供周转宿舍及其他必要生活条件。

（三）协调处理不同管理层级的关系

政策在协调事物之间的不平衡关系时，应掌握利益需求的最佳满足界限，妥善处理各种矛盾和利益关系，违背了适度原则，就会出现新的不平衡。

例如，实施特设岗位教师计划就需要中央和地方分别承担经费，合理确定各自职能。因此，在联合发布的文件中就对中央和地方各自的职责分别作了详细规定。中央财政设立专项资金，用于特设岗位教师的工资性支出，并按人均年 1.5 万元的标准，与地方财政据实结算。特设岗位教师在聘任期间，执行国家统一的工资制度和标准；其他津贴、补贴由各地根据当地同等条件公办教师年收入水平和中央补助水平综合确定。凡特设岗位教师工资性年收入水平高于 1.5 万元的，高出部分由地方政府承担。省级财政负责统筹落实资金，用于解决特设岗位教师的地方性补贴、必要的交通补助、体检费和按规定纳入当地社会保障体系，享受相应的社会保障待遇（政府不安排商业保险）应缴纳的相关费用，以及特设岗位教师岗前集中培训和招聘的相关工作等费用。这些规定都非常具体，协调好各个执行主体的职责权限，是政策得以执行的关键。

思考题

何谓教育政策的协调作用？在你的学习、生活中，哪些教育政策鲜明地体现出教育政策的协调作用？

三、控制作用

政策是社会控制的一种手段。任何政策都是为了解决一定的社会问题或预防某种社会问题而制定的。所谓控制作用是指政策制定者通过政策对人们行为和事物发展的制约和促进，实现对整个社会的控制。教育的可持续发展，就是既要正确处理教育内部的各种关系，也要考虑社会经济发展和人民群众对教育的要求；既要考虑当前，也要考虑长远；既要考虑经济建设的要求，也要考虑社会进步的要求；既要考虑教育自身的发展需要，也要考虑教育与经济社会的协调发展。总之，今后教育的发展，必须统筹城乡教育，统筹区域教育，统筹普通教育和职业教育，统筹国民教育和继续教育，统筹人才培养和社会服务，统筹学生德、智、体、美全面发展。

政策之所以具有控制作用，首先是由政策的规范性决定的。任何政策都为人们把握行为的界限作了明确的规定，即应该怎样做，不应该怎样做。政策的这种规范性，就是对人们的行为和事物发展的一种控制。其次是由政策控制在社会控制中的核心地位决定的。为保证经济社会的正常秩序和社会的正常发展，必须进行社会控制。而政策作为人们行为的准则，已经成为社会控制的重要手段。

教育政策的控制作用的主要特征表现在：

首先是具有控制机制的强制性。政策控制作用的一个重要特征是对社会生活各个方面进行广泛的监督、检查，发现和纠正社会生活中的非常规因素，以保障社会的正常运转和发展。在监督检查过程中，凡违背政策、法令的，都要受到批评、纠正，凡符合政策、法令的，都会受到保护和鼓励。

其次是具有惩罚性。任何政策都是一定阶级利益和意志的体现，违反了政策，自然要触动某一阶级的利益，不能不受到谴责和惩罚；同时，一项反映社会进步要求和客观规律的政策，在执行中扭曲、截留、变形、走样，也必然会违背政策的既定目标，歪曲社会利益关系，所以也要受到惩罚。

第四节　教育政策的类型

（一）党的教育政策、国家的教育政策、社会团体的教育政策

从制定政策的主体角度，可将教育政策划分为党的教育政策、国家的教育政策、社会团体的教育政策。

例如，中共中央、国务院2010年发布的《国家中长期教育改革和发展规划纲要(2010—2020年)》，是党在新时期指导中国教育改革的纲领性、政策性文件；其中关于教育方针的表述，体现了国家、人民的利益，是国家教育政策的最高形式。需要说明的是，在我国，中共中央、国务院经常就教育工作联合发布指示、决议、通知等，其中关于政策方面的内容，既是党的教育政策，也是国家的教育政策。党的教育政策和国家的教育政策之间，往往有交叉的部分。党的政策是制定国家的教育政策的依据，国家的教育政策是党的教育政策的合法化、行政化体现。社会团体的教育政策涵盖范围比较广。例如，社会团体中的民主党派也会制定自己的教育政策，表达自己对教育的观点和主张。此外，工会、妇联、共青团以及一些宗教团体等，都可能坚持自己的教育主张，其中有一部分就可能成为其教育政策。这些社会团体会寻求表达教育主张的时机和方式。

资　料

党的教育政策与国家的教育政策的关系

党的教育政策与国家的教育政策，既存在着一致性，也存在着区别，认清二者之间

的关系是很重要的。

一致性表现在：①党和国家的教育政策在目的上是一致的，都是为了实现一定历史时期的教育任务而制定的。②指导思想是一致的，都是以马列主义、毛泽东思想为指导。③性质是一致的，都体现了以工人阶级为领导的全国人民在教育方面的共同意志。

区别表现在：①制定机关主体不同，党的政策是由党的机关，包括党的最高领导机关和党的地方各级领导机关制定的；国家的教育政策是由国家权力机关，即最高权力机关和地方国家权力机关以及国家行政机关，包括最高国家行政机关和地方国家行政机关制定的。②具体程度不同，一般来讲，党制定的教育政策原则性较强，国家制定的教育政策比较具体。③实施途径不同，党的教育政策的实施主要是靠党的各级组织和全体党员，并做好群众宣传的工作；国家的教育政策的实施主要是靠国家机构和广大群众。当然，两者之间并不是截然分开的，而是互相支持和依存的，但侧重点有所区别。

（二）宏观政策和具体政策

依据教育政策的从属关系，分为宏观政策与具体政策。宏观政策包括了国家层面的教育总政策和教育基本政策。

教育总政策是关于怎样制定教育政策的政策，对其他各项教育政策起指导和规范作用，是其他层次教育政策的出发点和基本依据。“教育必须为社会主义现代化建设服务，必须与生产劳动相结合，培养德、智、体等方面全面发展的社会主义事业的建设者和接班人”，是我们的教育方针；“教育必须为社会主义建设服务，社会主义建设必须依靠教育”，是发展社会主义教育事业的重要指导思想。这些都是新的历史时期教育工作必须遵循的总政策。

教育基本政策一般是指针对教育的某一领域或某个基本方面制定的对教育工作具有普遍指导意义的政策，涉及范围较广，数量也较多。我国的教育基本政策包括普及义务教育的政策，增加教育投入的政策，中央宏观调控和地方自主管理相结合的政策，以国家办学为主、社会参与办学来共同发展教育的政策，提高教师待遇的政策，发展职业技术教育的政策，等等。

具体政策是指除基本政策以外的所有政策，包括实质性的策略、规则与程序等。具体政策与基本政策相比是变化较大、时间较短的政策。

总政策、基本政策和具体政策是纵向的关系，具有相对性。例如，将“教育优先发展”作为教育发展的总政策，《国务院关于基础教育改革与发展的决定》提出的“保持教育适度超前发展，必须把基础教育摆在优先地位并作为基础设施建设和教育事业发展的重点领域，切实予以保障”的政策则是基础教育领域保证教育优先发展的基本政策；而要发展基础教育，国家又有许多具体政策，如农村义务教育投入政策、基础教育课程改革政策、教师培训政策等。地方政府为落实国家的教育政策，也会在其权力范围内，制定符合国家政策要求并在本地有效的地方性政策。

（三）全局性政策和区域性政策

从政策的效力范围角度，可分为全局性政策与区域性政策。全局性政策在全国范围内，对各级各类教育都有政策效力。上至国务院各部门，下至省及省以下地方各级人民政府及其有关部门，均应一体遵行。区域性政策一般只适用于地方或特定区域，只能是具体政策，且不能违背全局性政策。近年来，国家制定加快西部地区开发、开放步伐的战略，国家有关部门相继出台了包括教育工作在内的支持西部地区的特殊政策，明显带有区域性色彩，是局部性的教育政策，享受这类政策的地区只能是国务院确定的西部若干个省份。教育区域性政策应结合地方实际，创造性地体现教育全局性政策。

（四）鼓励性政策和限制性政策

从其发挥的作用来看，可分为鼓励性政策与限制性政策。鼓励性政策是带有奖励性质，鼓励人们朝着某一方向努力，以促进教育事业发展的政策。鼓励性政策常常带有较多积极、正面的词语，如“鼓励”“希望”“提倡”等。

限制性政策是为了限制人的行为选择范围，以制止政策制定者不希望发生的教育行为的政策。限制性政策在教育领域也非常普遍，往往带有“不得”“不准”“严禁”等字眼，如不准挪用、侵占和克扣教育经费，学校不得乱收费，在招生和考试中不得徇私舞弊，企业不得录用童工，等等。

从实施后果来看，鼓励性政策与政策对象之间有极大的共同性，易于被接受；限制性政策因其政策目标与政策对象之间存在矛盾，潜伏着冲突，容易受到抵制、干扰甚至破坏。当然，无论是鼓励性政策还是限制性政策，所发出的信号都是很明显的，即政府希望人们做什么、不做什么，所以这类政策实际上起到了一种规范导向的作用。

（五）短期政策、中期政策和长期政策

按政策的适用时间不同，教育政策可分为短期政策、中期政策与长期政策。一般来说，总政策和基本政策属于长期或中期政策，而具体政策属于短期政策。

本章回顾

1. 教育政策是政党或者国家为实现一定历史时期的教育任务而制定的行动准则。

作为政党和国家基本政策的重要组成部分，教育政策是依据政党和国家在一定历史时期的基本任务、基本方针，由政党和国家制定的，而不是由个人制定的。教育政策是一定历史时期的产物，是一种行动准则，它决定着政党和国家在教育方面的工作方向和措施，而不仅仅是一种思想。

2. 为什么要有教育政策？最直截了当的回答是，要解决教育问题。政策总是与解决问

题分不开的，它由问题产生，又为解决问题而制定。当教育系统内部或教育系统与其外部系统之间由于种种原因而出现不协调状态时，就会产生相应的教育问题。面对这些问题迫切需要采取一些应对策略，于是就出现了教育政策。

3. 教育政策作为公共政策的重要组成部分，与其他基本政策，如人事政策、经济政策、文化政策等具有一定的相似性，但由于教育处于一个特殊的社会活动领域，故教育政策必然具有自身的特点。其特点主要体现在：教育政策的政治性、教育政策的原则性、教育政策的相对稳定性及教育政策的权威性等方面。

4. 教育政策作为党和国家的基本政策的重要组成部分，具有政策的一般作用。政策作为党和国家的管理手段，作为人们的行动规范和行动准则，主要具有导向作用、协调作用和控制作用。

5. 教育政策的类型划分从制定政策的主体的角度，可将教育政策分为党的教育政策、国家的教育政策、社会团体的教育政策。依据教育政策的从属关系，可分为宏观政策与具体政策。宏观政策包括了国家层面的教育总政策和教育基本政策。从政策的效力范围角度，可分为全局性政策与区域性政策。从其发挥的作用来看，可分为鼓励性政策与限制性政策。按政策的适用时间不同，教育政策可分为短期政策、中期政策与长期政策。

学习视窗

好教育政策的判断标准

判定社会制度好坏的一个重要依据是它们所蕴含的精神。评价一项政策的好坏也需要考察政策所体现的“精神”，这种“精神”就是好政策的基本标准。基于好政策的分析框架和对政策制定者与执行者的访谈，将好的教育政策概括为以下几个方面。

1. 回应社会发展需要，实现工具理性和价值理性相统一。
2. 体现话语民主，形成决策话语共识。
3. 有良好的权威结构，能够有效克服权威分裂。
4. 坚持基本价值导向，能够有效协调价值冲突。
5. 有优良控制结构，能够预防反控制。
6. 面向未来发展，实现统筹兼顾。
7. 具有可操作性，便于执行。
8. 实现分配正义，促进教育公平。

资料来源：涂端午，魏巍．什么是好的教育政策．教育研究，2014（1）：49—55.

学习演练

一、填空题

1. 教育政策是__________为实现一定历史时期的__________而制定的行动准则。

2. 教育政策的特点包括__________、__________、__________和__________。

3. 从制定政策的主体的角度，可将教育政策分为__________、__________与__________。

二、不定项选择题

1. 依据教育政策的从属关系，可分为（ ）。

A. 限制性政策　　B. 宏观政策

C. 具体政策　　D. 鼓励性政策

2. 教育政策的导向作用具有两大特征，它们是（ ）。

A. 趋前性　　B. 滞后性　　C. 规范性　　D. 科学性

三、简答题

1. 政策之所以具有稳定性，其决定因素有哪些？

2. 教育政策协调作用的主要特征表现在哪些方面？

四、调研报告

结合教育政策的作用选取一项你所关心的我国近期教育政策进行调研，自行设计调研维度与内容，并撰写调研报告，字数不少于3 000字。

学习演练答案

一、填空题答案

1. 国家或者政党 教育任务

2. 政治性 原则性 相对稳定性 权威性

3. 党的教育政策 国家的教育政策 社会团体的教育政策

二、选择题答案

1. BC　2. AC

三、简答题答案要点

1. 政策之所以具有稳定性，主要是由四方面因素决定的：

首先是政策目标。政策目标是政策的灵魂，决定着政策的方向，政策目标的稳定决定了政策本身的稳定。

其次是政策效益。一项正确的政策在调整社会关系时，必然会给社会带来效益，推动社会的前进，这就给政策的稳定性奠定了坚实的基础。

再次是政策规范功能。政策作为人们行动的规范，在一定时间内必然相对稳定。

最后是政策制定者的协调功能。即当政策出现不稳定因素时，政策的制定者会通过开展协调工作，消除不稳定因素，维持政策的相对稳定。

2. 教育政策协调作用的主要特征表现在：

（1）协调处理教育与经济社会发展的多维度关系。政策所要协调的对象，不是单一的，而是多方面的。协调某一事物，正是为了使该事物与其他事物取得相对平衡。

(2) 协调处理教育自身改革发展的动态关系。协调的过程，是在事物之间进行“给予”和“让渡”的过程，是在发展中由失衡、不协调状态向平衡、协调、稳定发展转化的过程。

(3) 协调处理中央与地方的关系。政策在协调事物之间的不平衡关系时，应掌握利益需求的最佳满足界限，妥善处理各种矛盾和利益关系，违背了适度原则，就会出现新的不平衡。

四、调研报告答案要点

调研报告标准：结合所学内容、维度划分合理、内容翔实、观点科学明确。

第二章 教育政策运行

引 言

教育政策各要素相互作用、相互联系、相互制约，通过彼此间的物质、能量和信息交换，构成一个有机的教育政策系统。同时，在教育系统内部，由于各种要素的不同组合和关系作用，形成了决策、咨询、执行、监控等一系列功能不同的子系统，推动教育政策的运行，从而使教育政策呈现出从政策制定、实施、评价到分析等各个环节动态运行的完整过程。

学习目标

通过本章的学习，你应该能够做到：

1. 说出教育政策评价、教育政策分析的含义；
2. 阐明教育政策制定的机关、依据、原则以及基本程序；
3. 描述教育政策评价的标准、原则及方法；
4. 阐释教育政策分析的必要性，及其类型、特征、人员与方法；
5. 结合实际，从当前我国教育政策的制定、实施、分析及评价等多个角度进行分析。

问题情境

我国中小学“减负”的政策思考

自1977年我国高校恢复统一招生考试、择优录取的招生制度以来，迫于升学的压力，好多学校不按教育规律办事，加班加点，搞“题海战术”，片面追求升学率，导致学生的学习负担过重。针对此类问题，我国先后出台了诸多相关的教育政策。

1979年教育部、卫生部发布《中小学卫生工作暂行规定》，规定小学生每日睡眠时间应达到10个小时，中学生为9个小时。1983年教育部发布《关于全日制普通中学全面贯彻党的教育方针纠正片面追求升学率倾向的十项规定》，要求减轻学生过重的课业负担，保证学生的睡眠、休息和课外体育、文娱、科技活动时间，不要频繁地考试。1993年国家教育委员会发布《关于减轻义务教育阶段学生过重课业负担全面提高教育质量的指示》，指出要具体从十个方面如作业时间长度、考试次数、课程计划、休息活动时间等方面下功夫，对学校和教师提出了减负的要求。1994 年国家教育委员会发布《关于全面贯彻教育方针减轻中小学过重课业负担的意见》。1999 年《中共中央、国务院关于深化教育改革全面推进素质教育的决定》将减轻中小学生的课业负担提到实施素质教育的战略高度上，要求各级政府都要建立健全减轻学生课业负担的监督检查机制，并认真切实加以解决。

2007 年教育部办公厅发布《关于不受理义务教育阶段学生参加英语等级考试的通知》。2009 年教育部发布《关于当前加强中小学管理规范办学行为的指导意见》，其中之一就是“科学安排作息时间，切实减轻学生过重的课业负担”。2010 年《国家中长期教育改革和发展规划纲要（2010—2020 年）》中指出要减轻中小学生课业负担。2013 年 11 月召开的中国共产党十八届三中全会明确指出，要标本兼治减轻学生课业负担，并对减轻学生择校、升学方面的竞争压力作出了减负的制度保障规定，如要统筹城乡义务教育资源均衡配置，实行公办学校标准化建设和校长教师交流轮岗，不设重点学校、重点班，破解择校难题；义务教育免试就近入学，试行学区制和九年一贯对口招生，推行初、高中学业水平考试和综合素质评价等。2014 年教育部在“减负万里行·第 2 季”活动中也明确各级教育部门、机构的减负责任，对县级教育部门以及省级教育行政部门提出了相应的要求。此外，教育部要对全国各地学生课业负担情况进行监测排名，通过把各地减负工作开展情况与义务教育均衡发展评估认定等挂钩的方式来进一步将减负政策贯彻、落实。

通过阅读以上我国中小学减负政策的发展历程，你有哪些思考？从材料中可以看出这些教育政策在制定、实施等方面有哪些特点？如果要对其进行分析与评价，我们应该坚持哪些原则与标准？如何进行？

让我们带着这些问题来一起学习本章的内容吧。

第一节　教育政策制定

政策制定是一种特殊的决策形式。它是决策者以一定的理论原理和价值观念为指导，为实现所追求的目标，对社会不同阶级、阶层和群体的利益进行分析、综合、选择和确认，加以科学策划，统筹兼顾，适当安排，并使其转化为行为规范的过程。政策制定是政策运用的首要环节。这个环节工作做得如何，关系到政策运用的成功与失败。政策的权威性和生命力，归根结底在于它的正确性和可行性。为保证制定出质量高、功能强、效果好的政策，避免政策决策出现重大失误，制定政策时必须掌握充分的依据，坚持正确的原则，遵循科学的程序。

制定政策是党和国家教育管理行为中最主要的一项活动。制定政策涉及以下要素：一是制定教育政策的机关；二是制定教育政策的主要依据；三是制定教育政策的基本原则；四是制定教育政策的基本程序。

一、制定教育政策的机关

明确制定教育政策的机关，可以使我们了解政策的来源、效力和适用范围，这样有助于我们明确什么是政策，什么不是政策，在遇到问题时可以知道应该适用什么政策。

在我国，制定教育政策的主体主要包括：

（一）党的机关

党的机关是制定党的教育政策的机关，制定教育政策的党的机关可以分为三个层次：

1. 党的最高领导机关

在我国，党的最高领导机关是党的全国代表大会和由它选举产生的中央委员会，也就是我们平时所说的党中央。党的最高领导机关负责制定全国性的重大教育政策。

党的全国代表大会每五年举行一次，党的一些重要的教育政策，如“百年大计，教育为本”“必须把教育摆在优先发展的战略地位”等，都是由党的全国代表大会制定的。在党的全国代表大会闭会期间由中央委员会执行全国代表大会的决议，领导党的全部工作。为此，中央委员会为贯彻执行党的全国代表大会决议所制定的有关教育文件，也是党的重要的教育政策。党的中央政治局和它的常务委员会在中央委员会全体会议（每届任期五年，每年至少举行一次全体会议）闭会期间，行使中央委员会的职权。中央书记处在中央政治局和它的常务委员会领导下，处理中央日常工作。

按照《中国共产党党章》（简称《党章》）规定，有关全国性的重大政策问题，只有党中央有权作出决定，各部门、各地方的党组织可以向党中央提出建议，但不得擅自作出决定和对外发表主张。因此，有关全国性的教育政策，只能由党中央制定。

2. 党的地方领导机关

党的地方领导机关在组织机构上与党中央相对应。党的地方领导机关可以制定地区性的重大教育政策。

3. 党的基层组织

党的基层组织是社会基层组织中的战斗堡垒。它包括党的基层委员会、总支部委员会、支部委员会。其任务是宣传和执行政策，但不能制定政策。学校中的党组织是党的基层组织。

资料 2－1

党的教育政策的文件表现形式

党的教育政策，在文件表现形式上主要有以下几种：

(1)《党章》中有关教育的内容。.

(2) 党的全国代表大会的决议中有关教育的内容。

(3) 中共中央以及中央各部门制定或批准的有关教育的决议、指示。

(4) 党的地方各级领导机关制定或批准的有关教育的决议。

另外，除《党章》以外，各级党的领导机关所制定或批准的教育政策在文件名称上通常以方针、路线、决议、决定、纲领、纲要、报告、纪要等来表示。

（二）各级人民政府

各级人民政府是制定教育政策的主要机关，主要制定全局性、综合性的教育政策。

1. 国务院

《宪法》规定："中华人民共和国国务院，即中央人民政府，是最高国家权力机关的执行机关，是最高国家行政机关。"最高国家行政机关可从行政执行的角度制定有关的教育政策。

2. 地方各级人民政府

《宪法》规定："地方各级人民政府是地方各级国家权力机关的执行机关，是地方各级国家行政机关。"县以上地方各级人民政府依照法律规定的权限，制定本行政区域内的教育政策。乡、民族乡、镇的人民政府是执行教育政策的机关，不能制定政策，其任务是贯彻落实党和国家的有关政策。

由于制定政策的机关不同，所以制定的政策在内容和效力方面也是不同的。

（三）各级人民政府教育行政部门和其他部门

《教育法》规定，国务院教育行政部门主管全国教育工作，统筹规划、协调管理全国的教育事业。县级以上地方各级人民政府教育行政部门主管本行政区域内的教育工作。县级以上地方各级人民政府其他有关部门在各自的职责范围内，负责有关的教育工作。各级教育行政部门是教育政策最直接、最主要的制定者，通常党和政府出台的教育政策也往往是先由教育部门起草，再以党和政府的名义发布的。

二、制定教育政策的主要依据

我国教育政策制定的依据主要包括以下几个方面：

1. 以党的方针路线和宪法原则为指导

党的方针路线和重大决策是我国制定教育政策的主要依据。《教育法》规定，国家坚持以马列主义、毛泽东思想和建设有中国特色社会主义理论为指导，遵循宪法确定的基本原则，发展社会主义教育事业。这是制定教育政策的基本依据和原则。

2. 必须结合我国的实际情况

回顾我国教育事业的发展过程，可以清楚地看到，只有当马列主义的普遍真理同中国教育的具体实际相结合的时候，我们才能制定出正确的教育政策，教育事业才能顺利发展。所以，我们在制定教育政策时，必须结合我国的实际情况。

3. 必须遵循教育发展的客观规律

教育规律是教育发展过程中的本质联系和必然趋势。教育规律是客观存在的，人们不能创造、改变和消灭它。它的内容非常广泛，从制定教育政策的角度看，主要包括教育事业的发展必须适应政治经济发展的需要，教育工作必须符合学生的身心发展状况，学校必须以教学为主等几项。只有当教育政策符合教育发展规律时，教育政策才能通过人们的努力得到实现。例如，现阶段社会和谐稳定，百姓安居乐业，是广大人民的共同愿望，也是政府工作的重要任务。党的十八大明确提出："教育是民族振兴和社会进步的基石。要坚持教育优先发展，全面贯彻党的教育方针，坚持教育为社会主义现代化建设服务、为人民服务，把立德树人作为教育的根本任务，培养德、智、体、美全面发展的社会主义建设者和接班人。"党的十八届三中全会又提出了"要深化教育领域综合改革"等要求，都反映出了对教育发展规律的遵循。

三、制定教育政策的基本原则

由于教育事业与经济、政治、文化、社会道德等人类生活领域的广泛联系，由于教育系统内部的各种关系以及教育发展的内在逻辑，由于制定教育政策的机关不止一个，因此，教育政策的制定，受到一系列价值观念和意识形态的影响、制约。如果没有一定的原则，就可能造成政策的不统一、不连续和不稳定。所以，教育政策的制定，总是依据一定的基本原则。它可以保证各方面政策的一致性。了解制定教育政策的基本原则，有助于我们理解和执行党的教育政策。

1. 政治性原则

教育政策必须服从、服务于党和国家的路线、方针，也就是要服从、服务于政治大局。按照马克思主义的学说，教育的存在和发展不仅取决于生产力的发展水平，而且也受到社会生产关系的制约。这种制约作用主要表现在：生产关系的性质直接决定一定社会中教育的基本性质。在阶级社会中，生产关系集中表现为阶级关系，因而，生产关系对教育性质的规定就以教育的阶级性为其表现形式。依据马克思主义的基本思想，我们党和国家在为各个历史时期的教育事业制定方针、政策时，始终如一地坚持教育的阶级性原则和社会主义现代化建设的密切联系。所以，政治性原则，是制定教育政策所应遵循的首要和根本性的原则。

资料2－2

政治性原则的贯彻

中华人民共和国成立的六十多年间，党和政府始终坚持教育事业为社会主义建设服务、为无产阶级服务的基本原则。在不同时期，党和政府的教育政策和方针在具体的提法上有些变化，但精神实质却是前后一致的。1949年《中国人民政治协商会议共同纲领》第五章“文化教育政策”规定：“中华人民共和国的文化教育为新民主主义的，即民族的、科学的、大众的文化教育……”1957年，毛泽东同志在《关于正确处理人民内部矛盾的问题》中提出：“我们的教育方针，应该使受教育者在德育、智育、体育几方面都得到发展，成为有社会主义觉悟的有文化的劳动者。”1958年又明确提出：“中国共产党的教育方针，向来就是，教育为工人阶级的政治服务，教育与生产劳动相结合，为了实现这个方针，教育必须由共产党领导。”1981年通过的《中国共产党中央委员会关于建国以来党的若干历史问题的决议》，根据新时期教育工作提出的新任务，提出“坚持德、智、体全面发展、又红又专、知识分子与工人农民相结合、脑力劳动与体力劳动相结合的教育方针”。综观新中国成立六十多年来党和政府所提出的教育方针、政策，是不难看出其中所贯穿的政治性基本思想原则的。

2. 群众路线原则

群众路线是指在工作中，将群众中分散的、无系统的意见集中起来，经过研究化为集中的、系统的意见，又到群众中去作宣传、解释，化为群众的意见，使群众坚持下去，见之于行动，并在群众行动中考验这些意见是否正确。然后再从群众中集中起来，再到群众中坚持下去，如此循环往复，一次比一次更正确、更生动、更丰富。群众路线是我们党和国家在一切工作中的根本政治路线和组织路线，是党和国家同人民群众建立正确关系的保证，是党和国家制定正确的教育政策的保证。所以，我们制定教育政策时，必须坚持群众路线这一原则。

在制定教育政策时坚持群众路线这一原则，要注意以下几点：一是充分听取群众意见。在制定教育政策时，必须充分调查研究，认真听取各方面群众的意见。二是一般与个别相结合。在制定政策时，既要将着眼点放在普遍存在的问题上，注意针对带有普遍性的问题，同时又不能忽视个别性的问题。三是坚持公正的立场。在听取群众意见时要进行公正选择，正确选择那些反映广大群众的普遍认识又符合教育发展规律的意见。

3. 民主集中制原则

民主集中制原则是在高度民主的基础上实行高度的集中，是群众路线在我们党和国家工作中的具体体现。在民主集中制中，民主和集中是辩证统一的，两者互相依存，互相渗透，缺一不可。在制定教育政策时遵循民主集中制原则是教育政策制定的需要。

民主集中制包括比较广泛的含义，在制定教育政策时，首先要遵循“四个服从”的原则。其次，党的上级组织要经常听取下级组织和党员群众的意见，及时解决他们提出的问题。党的下级组织既要向上级组织请示和报告工作，又要独立负责解决职责范围内的问题。上下级组织之间要互通情况、互相支持、互相监督。最后，党的各级委员会实行集体领导和个人分工相结合的制度。凡属重大问题都要经过党的委员会民主讨论，作出决定。这对于制定教育政策是很有意义的。

4. 实事求是原则

实事求是概括起来说就是具体情况具体分析。实事求是是马克思主义本质的东西，是马克思主义活的灵魂。在制定教育政策时必须遵循这一原则。

教育的外部环境是不断变化的，坚持实事求是原则可以使我们制定的教育政策符合外部的教育环境。当外部的政治经济状况发生变化时，我们的教育政策也必须实事求是地改变，否则两者相互矛盾，不利于教育政策的实现。教育的内容因素是在不断变化的，坚持实事求是原则可以使我们的教育政策符合教育发展的内部规律。人们的认识水平是在不断发展变化的，坚持实事求是原则可以使我们的教育政策符合人们的认识水平。当人们的认识水平发生变化时，也需要教育政策作相应的变化。

在制定教育政策时，遵循实事求是原则，就是要实事求是地对待马克思主义理论，实事求是地对待客观实际，实事求是地对待外国经验，反对思想僵化的教条主义和否定四项基本原则的错误观点。

四、制定教育政策的基本程序

制定教育政策的基本程序包括：政策目标的确定、方案的拟订、方案的论证、方案的颁布实施及方案的评价五个步骤。

（1）教育政策是为解决教育发展过程中出现的各种矛盾和问题而制定的。制定教育政策首先要考虑解决这些矛盾和问题要达到什么目标。确立政策目标，首先是发现问题和抓准问题。问题明确之后，接下来是为拟定的政策确定具体、明确的目标。

（2）拟定政策方案是为实现政策目标寻找途径和办法。大致分为调查研究和预测两个阶段。

（3）政策方案的论证主要看它在政治上、经济上以及技术上的可行性如何。

（4）一项教育政策通过可行性论证之后就已经是基本成熟的政策模型了，在它正式颁布前，一般还需经过：专家咨询，征求有关部门和社会意见，模拟试运行和正式提请领导集体决策批准等四个具体步骤。

（5）教育政策评价对于提高教育决策的科学性，调整和完善教育政策方案都有着重要的指导作用。

第二节　教育政策实施

教育政策的制定是用来规范和指导教育事业的发展的，只有通过实施，才能检验教育政策的价值，才能保证社会主义的办学方向，体现人民意志，遵循教育发展的客观规律，保证教育事业的顺利发展，培养社会主义事业的建设者和接班人。

一、教育政策实施的对象、范围和要求

1. 教育政策实施的对象

政策不像真理一样是放之四海而皆准的，所以在实施时必须弄清适用的对象。一定的教育政策只适用于一定的对象。教育政策所关联的是教育内部或与教育有关的人、财、物、信息，针对某一对象的政策只能适用于这一对象，不能适用于另一对象。同时，同类对象属不同层次的，相关的政策也不能照搬。

2. 教育政策实施的范围

一定的教育政策只能在一定的范围内有效。教育政策实施主要受三个方面的限制：

（1）时间限制，教育政策实施有明确的时间范围，超过了规定的时间范围，政策就可能失去约束力。

（2）地域限制，少数民族教育政策不能搬到非少数民族地区执行，特区特有的教育政策不完全适用于其他地区。

（3）类别限制，如用于物的教育政策不能用于人，用于大学的教育政策不能用于小学等。

3. 教育政策实施的要求

（1）必须执行党和国家统一的方针、政策。党和国家统一的教育方针、政策，指明了教育工作的基本原则和方向，是全国教育工作稳定协调发展的保障。如果违背了党和国家统一的教育政策，就会使我们的教育工作失去方向，陷入混乱，就会违背党的意志，干扰社会主义建设人才的培养。

（2）在实施党和国家的教育政策时，必须根据各地各校的实际情况，采取一些适应地方需要的具体政策。这是由于政策条文一般是比较原则性的规定，内容不是很具体。因此在贯彻落实时，需要针对具体对象和情况进一步具体化，以使政策不致教条化和僵化。现在我国处于改革开放时期，我们在改革方面，胆子要大一些，步子要快一些，对不切实际的规定，我们不能墨守成规，而必须具有开拓精神，面对新情况，采取新措施。但是，在制定具体政策时，必须以总政策为指导，要坚决反对“上有政策，下有对策”的做法。这种做法，实质上是削弱和动摇党的领导。对违反中央根本原则的“土政策”要坚决反对。

典型案例2-1

北京市教育委员会：早培班违反义务教育入学政策予以禁止

据北京市群众反映，有学校以早培班名义组织考试选拔超常儿童，违反了义务教育阶段入学的有关政策。北京市教育委员会对此回应称，已责令有关学校停止招生，并要求在全市范围内停止以早培班、超常儿童班名义举行的任何选拔性考试。一旦出现违法违规招生行为，必将依法依规进行查处，欢迎社会各界监督。

北京市教育委员会表示，北京将按照教育部的有关要求，巩固成果、完善制度、推进改革的总体思路，进一步完善义务教育入学规则，牢牢坚持《关于在义务教育阶段入学工作中严明纪律的若干规定》，积极推行学区制和九年一贯对口招生，保持政策的连续性和稳定性，并将继续通过教育集团、教育集群、名校办分校等方式扩大优质教育资源，确保本市义务教育阶段入学各项工作有效推进。

总之，教育政策实施中的原则性与灵活性是统一的。重要的是，在具体实施过程中处理好两者的关系，做到原则性和灵活性的高度统一。

二、教育政策实施的基本步骤

根据通常情况，教育政策实施分为政策下达、政策学习和领会、试点、展开和总结五个基本步骤。

1. 政策下达阶段

由上级部门将政策下发到有关教育单位（教育行政部门、学校，有时也包括地方政府）组织实施。

2. 政策学习和领会阶段

这个阶段是领会政策精神，学习政策内容，集中意志和统一认识的阶段。教育政策如果不为广大干部、党员和教育工作者所了解，是很难进一步贯彻落实的。

3. 政策试点阶段

尤其对一些新的重大的政策来说，政策试点是局部试行取得经验后向全局展开前的重要工作。由于政策实施有一定的范围和对象，而在适用的范围和对象里，有时因为这样或那样的问题，使得政策的内容并不完全适用。因此，一方面要通过试点取得成功经验，为上级政策全面实施打下基础；另一方面可在政策原则范围内根据试点经验和参考本地实际灵活变通地落实上级政策。

4. 政策展开阶段

这既是教育政策在其适用范围内和对象中全面贯彻落实的阶段，也是对一项政策进行全面评价的实践阶段。在某些政策条文存在不适的情况下，可通过正常渠道向上反映。但在未征得上级机关同意之前，任何组织或个人均无权拒绝贯彻执行已下达的政策内容。

5. 政策总结阶段

一项政策有哪些不足，怎样进一步完善，都是总结阶段的工作。通过政策实施不断总结经验，及时加以完善，使之照顾到大多数教育工作者的利益。

三、教育政策实施的主要途径

党和国家的教育政策是通过多种渠道、依靠多种方式贯彻实施的。其中比较重要的有以下三个方面。

1. 依靠党的各级组织贯彻执行

党的各级组织是贯彻实施党和国家教育政策的核心力量。党的各级组织在贯彻执行党和国家的教育政策方面采取民主集中制，主要表现在以下几个方面：

（1）党的教育政策制定后，党中央要保证贯彻执行，不允许任何领导人凌驾于组织之上。

（2）党的下级组织必须坚决执行上级组织的决定。下级组织若认为上级组织的决定不符合本地区、本部门的实际情况，可请求改变；如果上级组织坚持原决定，下级组织必须执行，不得公开发表不同意见，但有权向上一级报告。

（3）党的基层组织必须贯彻执行党和国家的教育政策，对包括行政负责人在内的每个党员在执行党的教育政策方面的情况进行监督。

（4）党的各级领导干部必须有一定的马列主义理论政策水平，正确地执行党的路线、方针和政策。

（5）党员必须认真学习党的路线、方针、政策和决议，向群众宣传党的立场，百折不挠地执行党的决定。若有不同意见，在坚决执行的前提下，可以声明保留意见，并可把自己的意见向党的上级组织直到中央提出。

（6）党的各级组织的报刊和其他宣传工具，必须宣传党的路线、方针、政策和决议。

（7）党的中央和地方各级纪律检查委员会负责检查党的路线、方针、政策和决议的执行情况。

（8）党组织对违反党的政策的党员可以给予处分，从批评教育直到纪律处分，以保证党和国家的教育政策的贯彻执行。

典型案例 2－2

教育部党组织学习贯彻落实中央农村工作会议精神

教育部党组书记、部长于 2015 年 12 月 31 日主持召开党组会，传达学习中央农村工作会议精神，研究部署贯彻落实工作。会议强调，要深入领会习近平总书记关于做好“三农”工作重要讲话精神，认真贯彻落实中央农村工作会议部署，扎实做好农村教育工作，为加快推进农业现代化、夺取全面建成小康社会决胜阶段的伟大胜利作出新贡献。

会议指出，党中央、国务院高度重视这次中央农村工作会议。会前，习近平总书记对做好“三农”工作作出重要指示，李克强总理作出批示，充分肯定了“十二五”农业农村发展成就，深刻阐述了“三农”工作在经济社会发展全局中的战略地位，对做好2016年和“十三五”农业农村工作提出了明确要求。中央农村工作会议对深入学习贯彻习近平总书记的“三农”工作重要讲话精神具有十分重要的意义，要深入学习领会、坚决贯彻落实。

2. 依靠国家机关贯彻执行

国家机关是贯彻执行党和国家教育政策的重要部门。其中与贯彻执行教育政策关系比较密切的国家机关主要有国务院和地方各级人民政府，以及各级教育行政部门和相关政府部门。

典型案例2－3

青岛企业办中小学完成分离

根据国家、省、市有关企业自办中小学移交给地方政府管理的政策，经济南铁路局和青岛市政府协商，济南铁路局青岛第一中学整建制正式移交给青岛市人民政府管理，青岛市的有关领导出席了交接仪式。

据悉，企业办学校是计划经济时代的产物，随着时代的发展和教育改革的深入，青岛市近年来积极推进国有企业所属中小学分离工作并取得明显成效，已成功分离企业办中小学21所，占全市企业办中小学总数的95%，率先在山东省基本完成企业办中小学分离工作。企业办中小学分离的成功，不仅减轻了国有企业的负担，推动了现代企业制度的建立，而且优化了全市中小学布局，改善了办学条件，保证了企业职工子女能够接受较为优质的教育，解决了企业职工的后顾之忧。

3. 依靠广大教育主体贯彻执行

贯彻执行党和国家的教育政策除了是党的组织、国家机关的分内工作之外，还必须变为广大教育主体，也就是教育活动的参与者：学校、校长、教师、学生以及其他人民群众的自觉行动。

典型案例2－4

社会各界对《国家中长期教育改革和发展规划纲要（2010—2020年）》反响积极

据新华社北京2010年7月30日电，《国家中长期教育改革和发展规划纲要

(2010—2020年)》(简称《纲要》) 29日公布，社会各界对此反响积极。大家认为，制定并实施这一指导全国教育改革和发展的纲领性文件，优先发展教育，提高教育现代化水平，对于满足人民群众接受良好教育的需求，实现全面建设小康社会目标，建设富强、文明、和谐的社会主义现代化国家具有决定性意义。

中国科学院院士、南开大学教授葛墨林说："《纲要》是在总结我国高等教育规律基础上制定的。高等教育的基本条件就是稳定的办学条件，不因行政命令而经常处于动荡中。《纲要》中提到的'自主办学'便抓住了问题的要害。"

"进城务工人员随迁子女就学问题，是城镇化加速过程中的重要课题，也是我国政府推进教育公平面临的巨大挑战。"华中师范大学教育科学学院教授范先佐说，《纲要》中的有关规定对每一名进城务工人员，都是一个"暖心的信息"。

上海师范大学08级人文与传播学院硕士生俞锦莉说："《纲要》内容对即将毕业踏入教师行列的我来说，是一个很好的指引。大学的基本功能应该是人才培养，但是现在有些教师把根本的教学任务都荒废了。《纲要》提出要把教学作为教师考核的主要内容，这一点我非常赞同。"

一些基层群众则对加大教育投入充满期待。哈尔滨市民刘玉华女士表示，再有2年自己的女儿就要上幼儿园了。《纲要》提到将建立政府主导、社会参与、公办民办并举的办园体制。大力发展公办幼儿园，积极扶持民办幼儿园。尤其是加大政府投入，完善成本合理分担机制，对家庭经济困难幼儿入园给予补助。刘女士认为这是国家的一项好政策，希望能尽快落实，让孩子进入合适的幼儿园。河南省安阳市龙安区九郾村党支部书记张天林告诉记者："如果能通过提高待遇等办法，使山区的孩子也能有高水平教师来教，那就太好了。"

党和国家的教育政策主要是针对学校教育中的一些问题加以规定，而且体现在学校的各项工作中。可以说，学校工作是党和国家的教育政策的主要对象和具体表现。党和国家的教育政策的很大部分内容都要求学校来贯彻执行。因此，学校的广大教职员工是贯彻执行党和国家的教育政策的最基本和最主要的力量。学校的教育工作者通过自己的各项实际工作来贯彻执行党和国家的教育政策，学生和学生家长对党和国家的教育政策的理解，很大程度上取决于教育工作者的工作。要想使党和国家的教育政策真正落实，必须充分发挥学校广大教职员工的作用。作为教育工作者，能否坚决贯彻执行党和国家的教育政策是有没有党性的表现。遵守纪律的标准是真正维护和坚决执行党和国家的政策。

第三节　教育政策评价

教育政策评价是教育政策实施过程中一个重要的组成部分，它是制定新的教育政策的必要前提，是合理配置教育政策资源的基础，是调控政策执行过程的有力工具，是决定教育政策制定、试行或总结的重要依据，并具有监督、指导和反馈的作用。

一、教育政策评价概述

（一）教育政策评价的定义

教育政策评价是指按照一定的教育价值准则，对教育政策对象及其环境的发展变化以及构成其发展变化的诸多因素所进行的价值判断。

（二）教育政策评价的类型

教育政策活动的日益复杂化使得教育政策评价也呈现出多样化的特征。一般来说，教育政策评价的类型可以从三个角度来进行划分。

（1）根据评价活动组织的严格性划分，教育政策评价可分为正式评价和非正式评价。

正式评价是指预先拟定出完整的评价方案，严格依照规定的程序和内容执行，并由确定的评价人员所进行的评价。正式评价在教育政策评价中居于主导地位，政策部门一般用这种评价的结果作为考察教育政策的主要依据。

非正式评价是指对评价者、评价形式、评价内容不作明确规定，对评价结果也没有严格要求，人们只是根据自己所掌握的情况进行评价。在教育政策评价活动中，大量的评价都属于这种非正式评价。

正式评价与非正式评价各有利弊。正式评价较为客观、科学地反映教育政策实施过程中的质量问题，但对评价所用的资料、资金或评价者自身素质等条件有较高的要求。非正式评价随意性较大，方法也欠科学，但它却是正式评价的必要准备和重要补充。所以，在教育政策评价中，我们要充分运用正式评价和非正式评价来搞好教育政策的评价工作。

（2）根据评价主体在活动中所处的地位划分，教育政策评价可分为内部评价和外部评价。

内部评价是指由教育行政部门内部人员所进行的评价。按照实施人员的不同，分为由操作人员自己实施的评价和由行政机构内专职评价人员实施的评价两种。

外部评价是指由教育行政部门以外的评价人员所进行的评价。按照组织机构的不同，外部评价分为三种：第一种是受教育机构委托进行的评价。例如，委托的对象可以是营利性或非营利性的研究机构、专业性的咨询公司，也可以是学术团体和大专院校的专家学者。第二种是由教育投资部门或立法机构组织的评价。第三种是由其他各种外部评价人员自己组织的评价。例如，一些科研或学术机构为了达到某个项目的研究目的而进行的各种评价，某些社会团体、公民等自发组织开展的评价活动都属于这类评价。

总之，内部评价和外部评价是教育政策评价中重要的评价类型。所以，我们在实践活动中，应该取长补短、互相验证，力争获取科学、公正、客观的教育政策评价结论。

（3）根据评价在活动过程中所处的阶段划分，教育评价可分为预评价、执行评价和后果评价。

预评价就是对教育政策方案所作的分析。它主要是对设计的教育政策方案进行的价值分析、可行性分析和后果预测分析。价值分析主要是对政策目标满足社会或个人对教育需要的程度分析。在我国，最主要的也是最根本的，是看制定的教育政策是否有利于教育事业的发展，是否有利于学生的身心健康发展。可行性分析就是对方案所提出的各项政策措施的具体条件进行分析。后果预测分析主要是对方案实施后出现的情况和实施后果进行预测，对可能付出的代价和可能获得的利益进行比较。

执行评价就是检视教育政策执行过程是否按原定政策方案施行，审核方案的继续执行能否达到预期的目标。首先，要督导并记录在教育政策执行评价过程中所投入的人力、财力和物力等资源的利用情况。其次，要根据教育政策的规范和要求，收集实际运作的资料信息。再次，发现政策制定或执行过程中的缺陷和问题，并提出补充和完善的建议。最后，将政策如何运作的信息反馈给执行人员作为采取相应措施用于检查、指导和协调执行评价活动的依据。

后果评价是对教育政策执行后的产出（output）以及所产生的影响（impact）所作的价值判断。它包括政策效果评价、政策效益评价、政策影响评价等。后果评价是依据教育政策执行后已经出现的结果，并根据这种客观现实判断政策的正确与否，以及政策的效应和影响而作出的总结性评价，具有总结经验教训的性质。

虽然，预评价的主要目的在于了解方案的可行性，执行评价的主要工作在于检查、核实运作过程是否按政策方案实施，后果评价的主要意图是评判目标的达成度，但在实际操作中，这三种评价方式是相互联系、相互作用的有机统一体。预评价是基础，执行评价和后果评价是手段，最终都是为教育政策效益的最大化服务。

二、教育政策评价标准

教育政策评价在本质上是对教育政策的价值的评价，因而也是政策运行的一个重要机制，其中评价标准是教育政策评价方案的核心。虽然教育政策的评价本身具有许多主观性的特质和表现，但其评价标准是客观的。

（一）教育政策评价标准的含义

教育政策评价标准是在评价活动之前针对评价对象在质上的规定和准则，是人们在评价活动中应用于评价对象的价值尺度和界限，它规定评价活动的内容和范围。

（二）教育政策评价标准的内容

教育政策的评价不是抽象的，而是具体的。我国理应按照从政治的价值、社会的价值、教育的价值到人的价值这样一个由低到高的层级来构建评价标准，各层次的标准不仅相互联系，而且各具独特的内容，以此衡量教育政策的水平，从而使教育政策评价真正成为推动我国教育政策运行的一个重要机制。

（1）教育政策的价值存在的评价标准：质、量和尺度。

质的标准。它是指对教育政策价值存在的好或坏的规定，是教育政策合规律性程度的检验标准。具体说来，质的标准有：政策问题的认定是否正确合理；政策目标是否恰当，包括政策目标是否契合认定的问题，是否达成利益团体间的平衡，目标程度是否适中，子目标是否协调有序以及表达形式是否明确等；政策方案是否可行，包括在政治、经济、人员及文化传统等方面是否可行；信息、技术、设施和时机上是否可行，以及政策制定过程是否合法等；政策执行资源（人、财、物、信息、时间、空间）是否充足；政策执行机构是否健全；政策宣传时间是否适宜；政策是否因时、因事、因地制宜；政策是否具有监督反馈机制等。

量的标准。它是指对教育政策价值存在的大或小的规定，是教育政策合目的性程度的检验标准。这个量是一种合目的或目的化的量，一种可以感受到并有宏观度量的数量标准，即教育政策合目的实际程度。具体说来，量的标准有：政策是否综合表达了所有主体的利益；政策是否由所有主体共同制定，体现出“谋”与“断”的明确分工；政策是否对所有主体具有普遍有效性。

尺度的标准。它是指教育政策价值的质和量的标准统一的比例。任何教育政策的价值存在的规定，都是质和量的统一，是合规律性和合目的性的统一。具体的尺度标准：政策效果是否明显；政策效益是否最佳；政策效率是否最高；政策影响是否最好。

（2）教育政策社会公益性评价标准：公正、公平和公开。

教育政策的公正性，是指教育政策在制定和执行的过程中要符合社会正义的要求，使得每一个受法律保护的公民都有获得教育政策所带来的利益的权利。因此，要把最广大人民群众的利益放在重中之重的位置上，在教育政策执行的过程中应避免徇私枉法、假公济私等不良行为的出现。

教育政策的公平性，是指在政策执行后导致与政策有关的社会资源、利益及成本公平分配的程度。一项好的政策应该是努力公平、合理分配的政策，它是衡量政策的一项重要标准。公平性是政策制定者需要慎重、小心对待的问题。

除法律特别规定保密外，现代公共政策讲求政策制定过程的透明度，讲求公众发表意见的合法途径，讲求新闻监督。只有具备一定的公开性，公民及社会团体才可能了解公共政策是否合法、合理，是否符合公众利益。

总之，教育政策评价标准在评价活动中具有重要作用，它是人们评价或选择教育政策方案的依据，是衡量政策优劣、质量高低的尺度，具有导向、协调和激励等功能。它不仅对教育政策活动本身有很大的影响，而且对实际的政策活动也有很大的引导作用。就目前来说，我国的教育政策评价的机构和职能还不完善，主要表现在评价主体缺乏权威性，评价范围重在督教而轻于督政，评价内容主要是实施性评价而缺乏可行性评价。因此，我国还需要进一步建立完善的教育政策体制，不断优化教育政策机制，更好地发挥教育政策评价的作用。

三、教育政策评价的基本方法及原则

（一）教育政策评价的基本方法

教育政策评价既可以看作政策评价的一个分支，也可以看作教育评价的一个分支。有关政策评价和教育评价的一些基本方法均可被教育政策评价所吸收与借鉴。教育政策评价包括以下基本方法。

1. 对比评价法

对比评价法是政策评价的基本方法，自然也是教育政策评价的基本方法。对比评价法是将教育政策执行前后的有关情况进行对比，从中测度出教育政策效果及其价值的一种定量分析法。这一方法的显著特点是以大量的参数和参数的前后变化说明教育政策执行后的影响与效果。这里，参数被认为是富有科学性和准确性的。常用的对比评价法有如下三种具体方式：

（1）简单的“前—后”对比分析。这种方式是将教育政策对象在接受政策作用后可以衡量的变化值减去政策执行前可以衡量出的值，以此说明教育政策的影响与效果。例如我们在评价一项关于扫盲教育的政策效果时，可以将执行扫盲教育政策前后文盲人口的变化数进行对比来说明政策效果。如果政策执行后文盲人口显著减少则说明政策效果显著。文盲人口减少的比例与数量被认为是衡量扫盲教育政策效果的决定性指标。简单的“前—后”对比分析评价法，其长处固然是简单、方便、明了。而其不足之处一方面在于仅仅将参数变化作为评价依据，不能深入分析政策执行过程中各种外在因素的影响；另一方面，这种评价方法也容易导致对参数认识的绝对化与片面化。

（2）“有—无”政策对比分析。这种评价方法是在教育政策执行前和执行后这两种时间段上，分别就有该政策和无该政策的两种情况进行对比，并将对比结果进行比较，以确定教育政策的执行效果。例如我们在评价一项关于基础教育经费投入的政策时，假设某地区在过去对于基础教育的经费投入并没有明确的政策规定，而在某年内开始有了政策规定。我们可以将无政策规定和有政策规定的前后经费投入情况进行对比，以此评定政策效果。这种评价方法基本上排除了非政策因素的作用，将参数变化视为政策的净影响。

（3）“控制对象—实验对象”对比分析。这一评价方法是社会实验法在教育政策评价中的运用。它主要用于教育政策实验的过程中。当一项新的教育政策颁布实施之后，我们一时无法充分预测它的执行效果，于是便借助实验的方法予以实施。在实验中，我们在同一地区选定实验对象（或实验组），也选定非实验对象（或控制组），然后对实验对象施加政策影响，而对控制组不施加政策影响，最终通过对比这两组在教育政策执行后的情况以评定政策效果。如果实验效果良好，则予以大面积推广，否则就需要对政策予以改进或调整。“控制对象—实验对象”对比分析是对教育政策执行情况的一种预评价。

2. 定量分析与定性分析结合法

对比分析主要是一种定量分析方法。教育政策评价固然离不开必要的定量分析，但也不能完全依赖于定量分析。定量分析有其利亦有其弊。事实上，在教育政策评价过程中，我们也不可能完全用量化的标准来衡量教育政策效果。有的政策效果可以设定量化指标测定，有的政策效果又无法用量化的方法测定。即使在十分肯定量化标准的客观前提下，也不可忽视这种量化标准的设定依然隐含着人的主观性。因为它与评价者对量化标准的认识与选择分不开，与评价者的主观感情、态度分不开。在现代社会中。随着评价的逐步扩展和研究的深入，人们越来越感到评价工作不能过分依赖定量分析的方法，而需要将定量分析与定性分析这两种方法有机地结合起来。在教育政策评价中，定性分析主要通过问卷调查、观察、交谈等具体方式进行。将定量分析与定性分析有机结合，有利于形成真正客观、公正的教育政策评价。

3. 综合评价法

这里所讲的综合评价法，是指教育政策评价人员的多样性与评价方法的多样化，评价结论则根据不同人员的评价意见而综合形成。综合评价法内含若干相对独立又密切联系的具体评价方法。

（1）对象评定法。对象评定法是指由教育政策对象通过对政策执行的亲身感受与认识而对政策效果予以评价的方法。教育政策对象是政策目标群体，是政策利益的直接承受者。一项教育政策是否真正具有积极的价值和意义，是否带来了真实的利益，政策对象的直接感受是最有说服力的。对于教育政策的评价，如果忽视政策对象，或不采用对象评定法，其评价的科学性与准确性就要大受影响。当然，对象评定法仅是综合评价的方法之一。

（2）专家评定法。专家评定法是教育政策评价不可缺少的方法之一。在通常情况下，政策评价主要依靠专家进行。组织专家对政策对象及政策执行者甚至政策制定者进行调查，审定各项政策判定及执行记录，认真分析政策执行状况及其带来的影响，最后撰写评价总结报告，鉴定政策成效，这便是专家评定法的基本工作流程与任务。专家评定法的重要价值在于：由于专家具有丰富的政策知识和教育专业知识，能够对政策效果进行较为透彻的分析；与此同时，由于专家相对于政策对象、政策执行者和政策制定者而言是某项政策的局外人，他们更有可能站在比较客观公正的立场上对教育政策效果进行实事求是的评价。专家评定法因而也较具权威性。

典型案例2－5

《教育蓝皮书》：教育局局长对简政放权政策的认识与贯彻

2016年4月，由21世纪教育研究院、社会科学文献出版社联合主办的“《教育蓝皮书：中国教育发展报告（2016）》新闻发布会”在京举行。

《教育蓝皮书：中国教育发展报告（2016）》（简称《教育蓝皮书》）对108位县级

教育行政组织负责人开展了主题为“教育局局长对教育简政放权的态度”的问卷调查。其中，有65%的被访对象担任“党政一把手”，包括教育局长、书记或两者兼任，其余为副职（以下统称“教育局局长”）。

教育局局长对简政放权的了解程度较高，七成以上的教育局局长了解教育简政放权的目的和内容。但对有关简政放权政策文本的了解程度并不是太高，尤其是对于教育部《关于确定教育管办评分离改革试点单位和试点任务的通知》，了解比例只有36.8%。从不同学历水平的教育局局长对简政放权的了解程度来看，受访对象在对有关简政放权的政策文本和目的的了解程度方面存在显著性差异。在对教育简政放权的目的和主要内容方面，教育局局长的学历水平越高，其了解程度越高。

教育局局长对简政放权认同程度的评价很高，认同比例高达87.6%。在建立现代教育管理体制方面，教育局局长在构建新型政校关系是教育简政放权的关键（84.5%）和教育局应该建立教育行政权力清单和责任清单制度，并向社会大众公开（91.3%）这两项上认可度最高。教育局局长对推进教育简政放权所面临的困境方面也有基本共识，对教育局权小责任大（95.3%）最为认可。在构建现代学校制度方面和建立现代教育评价制度方面，教育局局长均存在纠结之处。

《教育蓝皮书》指出，教育局局长认为当前推进教育“管办评分离”的阻力在于：政府的重视程度不够，过于依赖管理惯性思维；机制不健全，相关部门配合不力；部分学校基础薄弱，无力承担下放的权力；社会评价机制不健全，缺乏具备专业性、科学性和公正性的第三方评估机构，也缺乏制度规范来保证第三方评估的公平公正性；教育制度环境不成熟。

（3）自评法。自评法是指教育政策执行人员对政策自行评定的方法。一项教育政策同样需要政策执行者的评价，因为政策执行者对政策的来龙去脉有较清楚的了解，对政策环境、政策资源、政策运行状况及其在政策运行中出现的问题与矛盾等均有切身的认识。事实上，政策执行者在执行政策的过程中，总是自觉或不自觉地进行自行评价。政策执行的状况及问题会随时促使政策执行者对政策进行不断反思，并促使政策政策执行者不断调整其执行行为。这种反思与调整蕴含着一种自行评定。对于政策评价而言，政策执行者的自行评定也具有较强的说服力。

良好的政策评价，不是将对象评定法、专家评定法和自评法各自独立地运用，而是将三种具体方法有机地整合在一起，使之形成一种综合性评价方法。在教育政策评价的实际过程中，这三种方法的统一体现在以专家评定法为中心，通过专家评定法运用对象评定法和自评法开展评价，专家评定需要尊重与认真对待对象评定及执行者自评的意见。所以专家评定法不是专家孤立地进行评价，而是以专家评定法为中心有机地联结起对象评定法与自评法。教育政策评价报告可能出自专家之手，却是一种综合评价的结果。

（二）教育政策评价的原则

尽管教育政策评价的目的是判断政策的效用，但教育政策评价自身也必须接受评价。教育政策评价的基本原则包括：

1. 实用程度

倘若希望教育政策评价符合实用标准，那么就必须聘请合格的团体或个体实施评价。从事教育政策评价的合格人士包括受聘于评估公司的顾问、大学教授以及在教育厅研究机构工作的研究人员。无论评价者在何处工作，都要对其证书进行仔细审查。

同时，教育政策评价的实用程度在很大程度上也取决于对有用数据的收集。评价者在评价一开始的时候需要采访那些政策目标对象的代表，以便了解其需要，并且在整个评价过程中关注其需要。此外，评价者还要选择与政策目标对象相关的数据。所有收集到的数据都必须与评价的主要目的相关，要避免使用收集方便或成本低廉的方法获得的信息，因为这些信息虽然能够回答对政策目标对象来说具有重要意义的问题，但对评价而言没有意义。

2. 可行程度

教育政策评价的第二个主要标准就是可行程度。评价必须是可以操作的，而不是给地区或学校带来不合理的压力。可行程度的一个重要方面是基于实际，通过实践可以完成。评价的设计要便于在规定的时间范围内完成，同时避免对相关的教育者履行专业职责造成不适当的干扰。如果一项教育政策评价要求学生停学一周或两周以便进行访谈，或者实施测验，这样的教育政策评价项目就是不可行的或不切实际的。

3. 合适程度

合适程度主要关注法律问题和道德问题。良好的政策评价必须与公认的研究规范一致。第一，在政策评价中，不应选择与政策情境存在利益冲突的人士担任评价者。无论谁来担任评价者，都必须避免自己的个人、专业、经济利益与评价结果发生关系，倘若有亲朋好友是评价对象，那么也应该回避。第二，评价者与委托实施评价的组织应该签订合同，说明研究（政策评价）目的、评价什么和何时完成。评价者在实施评价时，应当尊重政策目标对象作为人的基本权利，形成合适的信任关系，并告知参与者教育政策评价的目的。第三，最终的政策评价报告应该是全面公开的，即便评价者在实施评价的过程中发现问题也应如此。

4. 准确程度

最后，评价应该是准确的。评价者必须研究政策实施环境，熟悉其文化和社会经济特点，只有在这样的基础上才能形成准确的评价报告。在评价报告中，评价者应该提供足够详细的信息，说明数据来源，这样，报告的读者才能确定数据的价值以及基于其上的报告结论的价值。评价者应该系统、广泛地在一定范围内收集数据，而不是任意、偶然地获取和利用信息。在报告中，评价者应该准确地解释结论是如何形成的，并详细地说明形成报告结论的依据。

第四节　教育政策分析

一、教育政策分析的含义

什么是政策分析？对于这个问题，研究者们的意见很不一致。有的研究者从最广义的角度理解政策分析，认为政策分析就是在政策研究中，对问题的性质、症结、不同政策方案的选择、方案执行后可能产生的结果、方案实施后是否达到了政策的目标等，进行判断、建议、咨询以及评估。一句话，政策分析的对象包括从政策设计、确定到实施的整个过程。

教育政策分析是教育政策分析者运用科学的方法和技术对教育政策制定和执行的整个过程进行分析，以保证教育政策实现预期目标，从而维护和促进社会正义与公正的活动。

二、教育政策分析的意义

教育政策分析的存在具有多方面的意义。

首先，从理论研究的角度看，教育政策分析可以通过考察实际的政策过程，使研究者更好地理解政策的起因、涉及的要素、发展的过程以及实际的影响，从而能够对照实际情况对原先的理论建构和假设进行反思和修正，在理论联系实际的过程中不断推进政策理论研究的深入。而且，教育政策分析作为一个跨学科的研究领域，还可以促进学科之间的渗透与融合，使各学科在相互比较和借鉴中不断完善。

其次，教育政策分析可以促进教育决策的科学化与民主化。由于受计划经济时代固化思维的影响，我国的教育决策往往带有浓厚的“官本位”意识和“家长制”作风，一项政策的出台可能并不是实际调查和客观分析的结果，这造成很多政策从制定开始就注定要失败。教育政策分析一方面可以对各种不合理现象进行分析和揭示，以促进教育决策的透明化和公开化；另一方面也能通过研究决策过程的各种规律或规则，形成系统、科学的政策制定、执行和评估的理论，并提供政策制定、执行和评估的程序、模型和方法，用以指导实际的教育决策。进而，从思想上和实践上促进教育决策的科学化与民主化。

最后，教育政策分析可以适应教育市场不断开放和发展的形势。伴随着经济体制改革的深化，我国的教育体制改革也逐渐深入。通过市场来配置各种教育资源，已经成为一种政策选择。市场的逐利原则必然导致各种非理性行为的出现，从而破坏教育发展的良性秩序，侵害教育的价值内涵。因此，要在维护价值的前提下，充分发挥市场的作用来发展教育事业，就必须制定出高质量的教育政策对教育市场加以规范。而要制定出高质量的教育政策，就必须依靠现代的政策理论和分析方法对各种教育政策进行分析。

资料2－3

地方教育决策要从教育政策分析中来

宏观的教育政策与微观的教育政策是互相区别、互相联系的。教育政策来自于宏观的教育政策，同时又影响着微观的教育政策。在地方负责、分级管理的大背景下，地方教育决策关系重大，不仅事关区域教育改革与发展，也关乎国家教育政策的落实，是地方教育管理中最为关键的环节。

教育政策分析虽然不能为教育决策开处方，但能综合发现问题，提供优选方案，为科学决策奠定必要的基础。同时，教育政策分析的过程也是一个宣传政策、理解政策的过程。

全面熟悉教育政策体系才能做好地方教育决策。指导地方教育决策的政策不是单一的文本，而是一个体系。从纵向说，教育政策体系结构是由总政策、基本政策、具体政策三个层次组成的塔形结构。总政策是唯一的，是指导全局的总原则，是基本政策、具体政策制定和运行的基础；基本政策是指导教育某一领域或某一方面工作的指导文件，是总政策在特定领域或方面的具体化体现，所要解决的一般是重大的、宏观的战略性问题；具体政策是针对某一具体问题的具体措施、准则或界限性规定，数量最多，处于整个体系的最低层次。从横向上说，教育政策体系结构由各个领域、各个方面的政策分系统构成，每一个分系统又有若干子系统，不同的分系统具有不同的功能、对象，但同时呈现目标相互协调、功能相互配合的网络关系。熟悉了教育政策的纵、横体系，明确各级教育政策的关系、内容，才能准确把握政策的精神实质，才能在思想上形成共识，把国家政策的要求作为指导思想，并落实到地方教育决策中去。

学会教育政策分析是做好地方教育决策的重要辅助手段。教育政策分析是关于教育政策的综合研究，是运用一定的方法和技术，对特定教育政策过程进行的整体分析，是一种有理有据的分析。通过政策分析，追问教育政策制定的原因或决定因素，对特定教育政策解决的特殊问题进行回溯研究，有助于发现、认识和理解教育发展中最突出、最重要的问题，有助于促进教育政策的改善，也有助于预判政策未来的趋势，还有助于减少决策的失误。总之，教育政策分析不是万能的，但在教育决策过程中，没有教育政策分析则是万万不能的。教育政策分析虽然不能为教育决策开处方，但却能综合发现问题，提供优选方案，为科学决策奠定必要的基础。同时，教育政策分析的过程也是一个宣传政策、理解政策的过程。有关人员通过对特定政策的分析，归纳其基本精神、实施要点，对于政策宣传、理解具有独特的作用。所以，关注并善于进行教育政策分析，不仅是贯彻国家教育政策的需要，也是新的历史时期提升地方教育决策能力的重要内容。

《教育规划纲要》提出，要“加强教育宏观政策和发展战略研究，提高教育决策科学化水平”，对各级教育管理者的政策水平提出了更高的要求。从宏观上看，做好教育政策分析是提高教育决策科学化水平的重要基础和智力支撑。努力探索“怎样的教育政策才是好的教育政策和怎样才能制定出好的教育政策”，关注和参与教育政策分析也成为了教育研究的新趋势。对教育管理者个体而言，树立正确的教育政策观，熟悉教育政策及其运行规律，学会并做好教育政策分析，已经成为其基本素养中不可或缺的一部分。

三、教育政策分析的类型与特征

（一）教育政策分析的类型

教育政策分析是对整个教育政策的制定和执行过程进行的分析。因此，政策分析可以在政策执行之前进行，也可以在政策执行之后进行。发生在政策执行之前的政策分析被称为前瞻性政策分析，发生在政策执行之后的政策分析被称为回溯性政策分析。此外，还有一种将前瞻性政策分析与回溯性政策分析结合起来，以期为整个决策过程和政策循环提供信息的政策分析，其被称为综合政策分析。

前瞻性政策分析也被称为事前政策分析、未来政策分析或预先政策分析。这种分析要在政策发起和执行之前，确认和鉴定问题的复杂性，对各种备选方案进行定量和定性的比较分析以修正问题，使问题更准确，并汇总整理这些信息以供政策制定者在制定政策时使用。

回溯性政策分析又被称为事后政策分析、后期政策分析或描述性政策分析。这种分析在政策执行之后进行，既可以表示对过去政策的历史回顾，也可以表示对一项被执行的新政策的评估。因此，回溯性政策分析通常又包含在前瞻性政策分析之中。

综合政策分析是通过将前瞻性政策分析与回溯性政策分析结合使用而形成的分析类型。它不仅要求分析者将分析的未来阶段与过去阶段结合起来，而且要求分析者在一个令人满意的问题解决方法被发现之前，反复转变信息。因此综合政策分析是连续的、反复的、无限的，分析者可以在政策过程的任何一个阶段提供和转变信息。相比而言，前瞻性政策分析和回溯性政策分析都只占据了政策过程中或前或后的一个部分，必然存在不足之处。综合政策分析则不断地为监测和评价政策提供了便利，这是前瞻性政策分析和回溯性政策分析所不具备的。

（二）教育政策分析的特征

综观一些高质量的教育政策分析报告，我们不难发现教育政策分析的几点特征。当然其中有些特征也不一定是教育政策所独有的，其他类型的公共政策分析也都可能具有这些特征。

1. 所涉问题的特定性

如果我们把教育政策分析与教育规划相比，可以发现，后者往往是主题取向的，涉及范围较广，时间跨度较长，大型的教育规划甚至要收集有关自然地理环境、教育设施设备及人口出生率等统计学和经济学的资料。而教育政策分析往往是问题取向的，即以一个特定的教育问题为研究对象，无须像教育规划那样涉足那么多领域。当然，这并不等于说教育政策分析不复杂、容易进行。事实上，真正有质量的教育政策分析也是非常复杂、高难度的。

2. 内容表达的描述性

教育政策分析所使用的语言大多是描述性的，这一点与政府公布的教育政策文件有所不同。后者大量使用的是规范性语言，告诫人们应该如何从事教育工作，而教育政策分析旨在提供信息和看法，所以以描述性语言居多，以便增强其说服力和影响力。有学者认为政策分析所具有的描述性特征，主要来源于一些传统学科如政治学的影响，这些学科多以探求关于公共政策前因后果的知识为目的。

3. 服务的特定性

如果说政府所颁布的教育政策文件是针对公共教育利益而制定的话，那么教育政策分析则不同。它是为特定的人员或机构而作的。例如，某位教育行政官员、某个教育行政机构、某个公共利益集团，甚至某家企业（假如这家企业想投资教育的话）等。这些特定的顾客对某些教育问题可能有特别的看法，通过教育政策分析来使本来朦胧的看法变得更为清晰、明确和具体。自然，这种分析也不一定代表官方的看法，有可能代表某个民间教育咨询组织或某些专家学者的意见。

4. 方法的多元性

真正高质量的教育政策分析，从来不是局限于某个单一学科范围之内的，而是跨学科的，涉及政治学、哲学、经济学、心理学、社会学、法学、史学等领域的知识。而与此相伴随的是，在研究方法上教育政策分析呈现出多架构、多元化的特点。国外有学者为此指出，从政策分析的方法论角度说，政策分析应遵循批判性复合主义的指导原则，这一原则具体表现为几个“多”字：多元操作主义、多重方法研究、多重分析综合、多变量分析、利益相关者的多重分析、多角度分析以及多媒介交流等。当然，这并不是说在一个单一的教育政策分析中要同时遵守所有这些原则，有些较为简单的教育问题或许就用不到多重分析综合或多角度分析。但是，使用尽可能多的研究方法，至少可以避免在分析过程中由于分析者自身对于问题的观察局限所造成的错误。

以上是教育政策分析的一部分特征，可能还有其他一些特征，有待于人们对教育政策分析的本质进一步认识与提炼。

思考题

如何理解教育政策分析的特征？除了上述特征之外，通过查阅相关资料，你还了解了其他哪些特征？

四、教育政策分析的人员及方法

（一）教育政策分析的人员

在哪里可以找到教育政策分析人员？最常见的地方是大学，特别是综合性大学的教育学院或师范大学的有关院系。教育学院的研究人员尽管关注的领域不同，但其中确有相当一部分人在从事教育政策分析工作。他们发表论文，撰写研究报告，为政府和教育行政机构出谋划策，或对政府的教育政策提出批评建议。

除了大学外，还有由政府特别设立的有关组织，如教育发展研究中心、教育政策研究办公室、教育科学研究所等，这些组织中的成员也经常以集体或个人名义发表教育政策咨询意见。

近几年，一些新成立的民间教育研究机构也开始关注这一领域。就研究的客观、公正性来说，一般情况下，大学研究人员和民间教育研究机构由于具有一定的独立性，因此所作的政策分析较为客观、公正。对政府部门管辖的研究机构来说，由于其中有些研究人员本身就是决策机构的成员，与政策制定者有着千丝万缕的联系，为了维护其机构的地位，有时难免有私心，所作的政策分析和评价就不一定那么客观。所以人们经常认为，独立的承办者、外部的机构或其他第三方能产生更为客观的教育政策分析。

（二）教育政策分析的方法

教育政策分析的方法几乎涵盖了所有的政策分析方法。按照不同的标准，教育政策分析方法可有不同的分类。

（1）根据方法的适用范围和概括程度划分。教育政策分析方法是社会科学方法，中国学者一般将社会科学方法划分为三个层次：一是适用于一切科学领域的哲学方法论，即唯物论和辩证法，这是人们获得关于世界观层次的某种规律性认识，并自觉地运用这种规律去认识世界而形成的最一般的方法理论；二是适用于自然科学、社会科学、思维科学以及多种学科的跨学科领域的方法论，不仅包括自然科学方法论、社会科学方法论、思维科学方法论等一般方法层次，还包括归纳、演绎、系统科学方法论等；三是适用于个别具体科学的方法论，是对社会科学、自然科学领域内具体学科规律自觉运用的科学方法论。这三个层次反映了人们认识复杂对象由具体到抽象的不同认识水平，而三个层次之间又是相互衔接、相互渗透的动态发展关系。具体科学方法论提供了进行研究的基础，一般科学方法论有助于对研究对象的分类概括，而哲学方法论作为最一般的方法论，对一般科学方法论和具体科学方法论都有重要的指导意义。教育政策分析方法论属于哲学方法论指导下的具体科学方法论，必须自觉遵守哲学方法论的基本原则，同时接受一般科学方法论的支配。

（2）根据政策分析的步骤划分。在国内外关于公共政策分析与教育政策分析方法的专著中，有相当一部分按照政策分析的具体步骤来介绍政策分析方法。比如，美国学者 W. N.

邓恩在《公共政策分析导论（第二版）》中将政策分析的方法划分为构建政策问题、预测政策未来、建议政策行动、监测政策结果、评估政策绩效。帕顿和沙维奇合著的《政策分析和规划的初步方法》中将多种方法划分为认定与细化问题方法、建立评估标准的方法、确定被选方案的方法、政策选择评估方法、政策建议表达和比较的方法、监测和评估已实施政策的方法。中国台湾学者张钿富在《教育政策分析：理论与实务》一书中，将教育政策的分析方法分为政策问题构建的方法、教育发展预测的方法、教育政策推介的方法、监控教育政策结果的方法、评估教育政策绩效的方法。虽然各位学者对于政策分析的具体步骤稍有差异，并且理性模式的政策分析过程遭到一些学者的质疑，在不同的分析步骤中具体的分析方法也可能交叉，但以分析步骤为划分标准是政策分析方法分类中最为常见的一种。

（3）根据分析方法的学科基础划分。教育政策分析的多学科性和跨学科性的特征，决定了教育政策分析方法的开放性与多元性。教育政策的分析方法包括来自管理学、政治学等多学科领域的各种方法，如历史分析法、系统分析法、政治学分析法、伦理学分析法、经济学分析法等。

（4）根据分析资料的性质划分。主要有四种：文本分析法，主要指对教育政策文本的分析，包括编码、结构等方法；问卷、访谈分析与田野调查法，三者都是调查研究，是研究者从被研究者那里收集资料，再通过统计和分析获取信息的方法；实验分析法；个案研究法。

（5）根据政策分析方法的性质划分，有定量分析法和定性分析法。定量分析法，包括成本—收益分析、成本—效益分析、政策规划的方法（排队论等）、预测分析（时间序列分析、回归分析、贴现率分析、马尔科夫模型等）、决策分析（诺依曼效用理论、决策树等）、政策效果分析（择优、比较）等；定性分析法，包括德尔菲法等。一般来说，用量化标准测量的政策，可以用定量的研究方法；而宏观层次的、影响广的、政策效果难以用量化标准测量的政策，需要用定性的研究方法。定量分析法与定性分析法这两种方法不是截然分开的，在实际的应用中，二者总是结合使用的。

（6）根据政策分析的目的划分。W. N. 邓恩将政策分析方法划分为三种：经验的方法、实证的方法、规范的方法。经验的方法解决“是什么”的问题；实证的方法主要回答“为什么”的问题；规范的方法为未来应该采取的行动指明了方向，告诉人们“怎么做”。

（7）根据分析方法的不同研究策略划分，有描述研究法、比较分析法和理论分析法。描述研究法包括问卷、调查、访谈、观察以及测验等，它通过各种手段搜集资料以验证假设或回答有关现实的问题。例如，农牧区民族基础教育现状调查、城市农民工学龄子女教育问题现状调查、独生子女家庭教育现状调查、城市市区中学生源高峰问题对策等，都是对于政策问题的描述型分析。比较分析法中，相关研究是对两个或更多数量的教育对象间是否存在相关以及相关程度进行判定，研究目的在于建立联系或用于预测。例如，多元文化背景下学生生存环境与学校现代化建设研究、信息技术与学校课程的整合、教育领域的公权与私权关系研究。比较研究是按一定标准对彼此有联系的事物加以对照分析，以确定它们的共同点和差异点、共同规律和特殊本质，从而得出符合客观实际的结论。比较研究可以在不同的层面展开，在微观层面，如义务教育均衡化政策的国内外比较研究等；在宏观层面，可以涉及不同国家或东西方教育制度、教育宏观决策的比较等。理论分析法是对复杂的教育问题的性质和相互关系，从理论上加以分析、综合、抽象和概括，以发现其内在规律并形成一般性结论。

教育政策分析方法的七种分类在不同层面区分和界定了分析方法的概念、特性及使用范畴，为方法体系的研究提供了不同的思路。

本章回顾

1. 政策制定是一种特殊的决策形式。它是决策者以一定的理论原理和价值观念为指导，为实现所追求的目标，对社会上不同阶级、阶层和群体的利益进行分析、综合、选择和确认，加以科学策划，统筹兼顾，适当安排，并使其转化为行为规范的过程。政策制定是政策运用的首要环节。这个环节工作做得如何，关系到政策运用的成功与失败。政策的权威性和生命力，归根结底在于它的正确性和可行性。为保证制定出质量高、功能强、效果好的政策，避免政策决策出现重大失误，制定政策时必须掌握充分的依据，坚持正确的原则，遵循科学的程序。

2. 我国制定教育政策的主要依据包括：以党的方针路线和宪法原则为指导；必须结合我国的实际情况；必须遵循教育发展的客观规律。制定教育政策的基本程序包括：政策目标的确定、方案的拟订、方案的论证、方案的颁布实施及方案的评价五个步骤。

3. 教育政策的制定是用来规范和指导教育事业的发展的，只有通过实施，才能检验教育政策的价值，才能保证社会主义的办学方向，体现人民意志，遵循教育发展的客观规律，保证教育事业的顺利发展，培养社会主义建设事业的建设者和接班人。根据通常情况，教育政策实施分为政策下达、政策学习和领会、试点、展开和总结五个基本步骤。

4. 党和国家的教育政策是通过多种渠道、依靠多种方式贯彻实施的。其中比较重要的有以下几个方面：依靠党的各级组织贯彻执行，依靠国家机关贯彻执行，依靠广大教育主体贯彻执行。

5. 教育政策评价是指按照一定的教育价值准则，对教育政策对象及其环境的发展变化以及构成其发展变化的诸多因素所进行的价值判断。一般来说，教育政策评价的类型可以从三个角度来进行划分：第一，根据评价活动组织的严格性划分，教育政策评价可分为正式评价和非正式评价；第二，根据评价主体在活动中所处的地位划分，教育政策评价可分为内部评价和外部评价；第三，根据评价在活动过程中所处的阶段划分，教育评价又分为预评价、执行评价和后果评价。

6. 教育政策评价标准是在评价活动之前针对评价对象在质上的规定和准则，是人们在评价活动中应用于评价对象的价值尺度和界限，它规定评价活动的内容和范围。教育政策评价的基本方法包括对比评价法、定量分析与定性分析结合法和综合评价法。

7. 教育政策分析是教育政策分析者运用科学的方法和技术对教育政策制定和执行的整个过程进行分析，以保证教育政策实现预期目标，从而维护和促进社会正义与公正的活动。教育政策分析的类型包括：前瞻性政策分析、回溯性政策分析和综合政策分析。

8. 教育政策分析的特征包括：所涉问题的特定性，内容表达的描述性，服务的特定性，方法的多元性。

学习视窗

完善教育决策咨询机制建立的关键

教育政策的制定直接影响到教育改革与发展的方向及进程，而教育咨询在教育政策制定过程中有着十分重要的地位，是实现教育决策民主化、科学化的保证。但长期以来，在我们的教育研究和决策过程中，还存在来自一线基层的声音过于微弱、缺乏独立性等问题。有效发挥教育咨询在教育决策中的作用，建立更加完善的教育决策程序与机制，最有效的途径是建立教育政策咨询委员会。教育政策咨询委员会作为一种咨询组织，应成为具有独立性的机构，基本不受行政干预；须依法依规逐级建立，并有着严密的运行机制和严格的运行程序，其组织成员包括与教育有关的各方面人士，产生方式为各级推选和组织任命等。

资料来源：周洪宇．建立更加完善的教育决策咨询机制．教育研究，2009（11）：13—17.

学习演练

一、填空题

1. 教育政策评价是指按照一定的__________，对教育政策__________的发展变化以及构成其发展变化的诸多因素所进行的__________。

2. 在我国，制定教育政策的机关主要有__________、__________与__________。

3. 根据政策分析方法的性质划分，教育政策分析可以分为__________和__________。

二、不定项选择题

1. 制定教育政策的基本原则包括（　　）。

A. 政治性原则　　B. 群众路线原则

C. 民主集中制原则　　D. 实事求是原则

2. 教育政策分析的类型包括（　　）。

A. 前瞻性政策分析　　B. 回溯性政策分析

C. 综合的政策分析　　D. 无效的政策分析

三、简答题

1. 简述教育政策实施的基本步骤。

2. 简述教育评价有哪些类型。

四、小论文

请以“我国义务教育均衡发展政策”为研究主题，结合本章所学知识，自行选取视角，题目自拟，撰写一篇不少于3 000 字的论文。

学习演练答案

一、填空题答案

1. 教育价值准则　对象及其环境　价值判断

2. 党的机关 各级人民政府 各级人民政府教育行政部门和其他部门

3. 定量分析法　定性分析法。

二、选择题答案

1. ABCD　2. ABC

三、简答题答案要点

1. 根据通常情况，教育政策实施分为政策下达、政策学习和领会、试点、展开和总结五个基本步骤。

(1) 政策下达阶段。由上级部门将政策下发到有关教育单位（教育行政部门、学校，有时也包括地方政府）组织实施。

(2) 政策学习和领会阶段。这个阶段是领会政策精神，学习政策内容，集中意志和统一认识的阶段。教育政策如果不为广大干部、党员和教育工作者所了解，是很难进一步贯彻落实的。

(3) 政策试点阶段。尤其对一些新的重大的政策来说，政策试点是局部试行取得经验后向全局展开前的重要工作。由于政策实施有一定的范围和对象，而在适用的范围和对象里，有时因为这样或那样的问题，使得政策的内容并不完全适用。因此，一方面要通过试点取得成功经验，为上级政策全面实施打下基础；另一方面可在政策原则范围内根据试点经验和参考本地实际灵活变通地落实上级政策。

(4) 政策展开阶段。这既是教育政策在其适用范围内和对象中全面贯彻落实阶段，也是对一项政策进行全面评价的实践阶段。在某些政策条文存在不适的情况下，可通过正常渠道向上反映。但在未征得上级机关同意之前，任何组织或个人均无权拒绝贯彻执行已下达的政策内容。

(5) 政策总结阶段。一项政策有哪些不足，怎样进一步完善，都是总结阶段的工作。通过政策实施不断总结经验，及时加以完善，使之照顾到大多数教育工作者的利益。

2. 一般来说，教育政策评价的类型可以从三个角度来进行划分：第一，根据评价活动组织的严格性划分，教育政策评价可分为正式评价和非正式评价；第二，根据评价主体在活动中所处的地位划分，教育政策评价可分为内部评价和外部评价；第三，根据评价在活动过程中所处的阶段划分，教育评价又分为预评价、执行评价和后果评价。

四、小论文答案要点

小论文标准：结合所学内容、研究规范、内容翔实、方法明确、观点科学。

第三章　我国重要的教育政策分析

引　言

教育政策涉及教育工作的各个方面，其在我国教育的发展进程中具有重要的作用。从教育实践的层面上看，我们能够明确的是教育前行的每一步，都是无法同教育政策分开的。在各种层次、各种类别的教育中，在教育发展的不同时期与不同阶段，教育政策总是或强或弱、或显性或隐性地左右着教育的改革和发展。所以，了解教育政策的历史发展，明确我国教育政策的基本框架，掌握我国重要的教育政策具有重要意义，这也是本章学习的重要内容。

学习目标

通过本章的学习，你应该能够做到：

1. 了解教育政策的历史发展，能够说出改革开放后我国教育政策的发展情况，并能够指出世界教育政策的发展趋势；

2. 阐明我国当前教育政策的基本框架；

3. 描述我国重要教育政策所涉及的核心问题，并能够将其有效地落实到教育实践当中；

4. 结合实际，阐述义务教育政策、《国家中长期教育改革和发展规划纲要（2010—2020年)》等内容，并结合现实的相关案例进行分析。

问题情境

推进义务教育均衡发展政策

我国在实施义务教育均衡发展的具体措施方面，中央政府及其教育行政部门主要负责制定相关政策、督促指导地方政府及其教育行政部门采取措施推进义务教育均衡发展、划拨专项经费、实施专项工程、调节东西部教育资源、从宏观上推动义务教育的均衡发展。

在我国教育政策方面，继1985年《中共中央关于教育体制改革的决定》中提出“鼓励先发展起来的地区帮助后进地区，达到共同的提高”以后，1993年《中国教育改革和发展纲要》又提出：“发展义务教育，必须继续改善办学条件，逐步实现标准化。”1997年，国家教育委员会颁布的《关于规范当前义务教育阶段办学行为的若干原则意见》等文件，进一步强调要缩小校际之间的差距，为实施素质教育创造条件。1999 年《中共中央、国务院关于深化教育改革全面推进素质教育的决定》强调："各地要从实际出发，改造薄弱学校，提高义务教育阶段的整体办学水平。"2002 年《教育部关于加强义务教育办学管理若干问题的通知》再次将"积极推进义务教育阶段学校均衡发展"列为加强义务教育办学管理的重要措施之一。

2005 年 12 月，国务院印发了《关于深化农村义务教育经费保障机制改革的通知》，召开了全国农村义务教育经费保障机制改革工作会议，对建立农村义务教育经费保障机制进行了全面部署。2006 年新修订的《中华人民共和国义务教育法》特别关注义务教育均衡发展。新法指明了义务教育均衡发展这个根本的方向，将义务教育的均衡发展纳入了法制轨道，将均衡教育思想作为根本指导思想。

2010 年又出台了《教育部关于贯彻落实科学发展观进一步推进义务教育均衡发展的意见》。《国家中长期教育改革和发展规划纲要（2010—2020 年）》提出"义务教育的战略性任务是均衡发展"。2012 年《国务院关于深入推进义务教育均衡发展的意见》进一步明确了义务教育均衡发展的指导思想和基本目标是推动均衡配置义务教育资源。党的十八大报告提出"均衡发展义务教育"，推动我国义务教育均衡发展政策进入了新阶段。

看了上述我国在义务教育均衡发展方面制定的教育政策，你认为我国在义务教育均衡发展方面做出了哪些努力？取得了哪些成绩？这些做法的初衷与目标是什么？其是否符合我国教育政策的基本框架？……

让我们带着这些问题来一起学习本章的内容吧。

第一节　教育政策的历史发展

中国共产党自成立之日起，就十分重视文化教育工作，把它当作革命总战线中的一条必要的和重要的战线，并且为之建立了正确的纲领、方针、政策，为中国现代教育的发展指明了方向。

一、我国教育政策的发展概况

改革开放以前，我国教育长期被极端意识形态话语所宰制，高度强调政策的阶级性。改革开放以来，我国教育政策的发展可以以恢复高考为显著标志，全面开启了教育改革开放的序幕。

粉碎"四人帮"后，全国开展了揭批"四人帮"，进行拨乱反正的工作。此后，全国各个领域都发生了巨大的变化。1978 年中国共产党十一届三中全会的召开，标志着共和国开始进入建设具有中国特色的社会主义时期。教育工作也出现了前所未有的大好形势，教育事业得到很大发展，教育改革逐步深入、全面地展开。这一时期我国教育政策的沿革略列如下。

（一）建设具有中国特色社会主义时期的教育政策

1978 年至 20 世纪末的 20 余年间，我国教育事业步入了健康发展的轨道，取得了令世界瞩目的成就。这一时期教育事业的发展是与加强教育政策建设息息相关的。

1980 年 1 月，教育部召开了教育工作会议，初步总结了自新中国成立 30 年来教育工作的基本经验：社会主义教育事业必须有计划、按比例地发展；明确社会主义学校学生的培养目标；正确贯彻知识分子政策；不断加强和改善党的领导。1982 年 9 月，党的十二大把教育同农业、能源、交通和科学一起列为国民经济发展的战略重点，确立了教育在社会主义建设中的战略地位。1983 年国庆前夕，邓小平为北京景山学校作了“教育要面向现代化，面向世界，面向未来”的题词。“三个面向”提出了新时期我国教育工作发展和改革的方向，有着十分重大的指导意义。1985 年 5 月，中共中央颁布了《关于教育体制改革的决定》，该文件的基本指导思想是：“教育必须为社会主义建设服务，社会主义建设必须依靠教育。”

1993 年 2 月，中共中央、国务院召开改革开放以来第二次全国教育工作会议，并印发《中国教育改革和发展纲要》，总结了自新中国成立 40 多年来特别是党的十一届三中全会以来教育改革和发展的经验，以建设有中国特色社会主义理论为指导，提出了 20 世纪 90 年代我国教育改革和发展的目标、方针、政策和措施，是指导我国 20 世纪 90 年代乃至 21 世纪初教育改革和发展的纲领性文献。1999 年 1 月 13 日，国务院批转了教育部 1998 年 12 月 24 日制定的《面向 21 世纪教育振兴行动计划》，在贯彻落实《中华人民共和国教育法》及《中国教育改革和发展纲要》的基础上，描绘了跨世纪教育改革和发展的实施蓝图，对贯彻落实邓小平同志提出的“三个面向”，把充满生机活力的中国教育推向 21 世纪，具有极其重要的意义。

资料 3－1

《面向 21 世纪教育振兴行动计划》的主要目标

要全面规划，突出重点，抓住关键，重在落实。《面向 21 世纪教育振兴行动计划》的主要目标是：到 2000 年，全国基本普及九年义务教育，基本扫除青壮年文盲，大力推进素质教育；完善职业教育培训和继续教育制度，城乡新增劳动力和在职人员能够普遍接受各种层次和形式的教育与培训；积极稳步发展高等教育，高等教育入学率达到 11% 左右；瞄准国家创新体系的目标，培养造就一批高水平的具有创新能力的人才；加强科学研究并使高校高新技术产业为培育经济发展新的增长点作贡献；深化改革，建立起教育新体制的基本框架，主动适应经济社会发展。到2010年，在全面实现“两基”（基本普及九年义务教育，基本扫除青壮年文盲）目标的基础上，城市和经济发达地区有步骤地普及高中阶段教育，全国人口受教育年限达到发展中国家的先进水平；高等教育规模有较大扩展，入学率接近15%，若干所高校和一批重点学科进入或接近世界一流水平；基本建立起终身学习体系，为国家知识创新体系以及现代化建设提供充足的人才支持和知识贡献。

1999年6月13日，中共中央、国务院召开了改革开放以来第三次全国教育工作会议，并颁发了《关于深化教育改革全面推进素质教育的决定》。该决定从国际政治经济全局的战略高度出发，着眼于我国社会主义事业的兴旺发达和中华民族的伟大复兴，对深化教育改革，全面推进素质教育提出了明确的目标和要求，对我国跨世纪的教育改革与发展，对科教兴国战略的实施，具有重大而深远的影响。

（二）新时期的教育政策建设

进入21世纪以来，我国提出了全面建设小康社会的奋斗目标以及建设社会主义和谐社会的构想，与此同时又提出了建设社会主义新农村等历史任务。在我国社会发展新的目标和新的任务提出的过程中，中国共产党适时确立了科学发展观与实现中华民族伟大复兴的“中国梦”等伟大构想。我国教育政策建设在此背景下深入推进，并不断取得新的进展。

2001年5月，国务院发布了《关于基础教育改革与发展的决定》。该决定强调“基础教育促进社会主义现代化建设具有全局性、基础性和先导性作用”。2002年8月，国务院下发了《关于大力推进职业教育改革与发展的决定》。2003年9月，国务院下发了《关于进一步加强农村教育工作的决定》。该决定明确了农村教育作为教育工作的重中之重，并就如何推进农村普及九年制义务教育、如何大力发展农村职业教育、如何加大城市对农村教育的支持与服务等提出了新的更高的要求。2004年3月3日，国务院转批教育部2004年2月10日制定的《2003—2007年教育振兴行动计划》，是为了贯彻党的十六大精神，在顺利实施《面向21世纪教育振兴行动计划》的基础上制定的。全面贯彻《国务院关于进一步加强农村教育工作的决定》，坚持把农村教育摆在重中之重的地位，加快农村教育发展，深化农村教育改革，促进农村经济社会发展和城乡协调发展。另外强调重点推进高水平大学和重点学科建设，这对我国提高国际竞争力具有重要的战略意义。2007年10月15日，党的十七大报告对教育改革发展作出了全面部署，提出一系列重要观点，进一步丰富、发展了中国特色社会主义教育理论，为发展中国特色社会主义教育指明了方向。报告特别强调：“教育公平是社会公平的重要基础。”在“加快推进以改善民生为重点的社会建设”部分中强调“办好人民满意的教育”，就是要在经济发展的基础上更加注重保障和改善民生，努力使全体人民“学有所教”，共享改革发展成果。

《国家中长期教育改革和发展规划纲要（2010—2020年）》，已于2010年7月29日由中共中央、国务院正式全文发布。这是中共中央、国务院发布的21世纪第一个教育改革和发展的纲领性文件，是改革开放以来继1985年的《中共中央关于教育体制改革的决定》、1993年的《中国教育改革和发展纲要》和1999年的《中共中央、国务院关于深化教育改革全面推进素质教育的决定》，党和国家关于教育改革和发展的第四个指导全局的纲领性重要文件。

2012年11月8日，在中国共产党第十八次全国代表大会上，胡锦涛同志在题为《坚定不移沿着中国特色社会主义道路前进 为全面建成小康社会而奋斗》的报告中多次提到“教育”这个关键词。从十七大的“优先发展教育，建设人力资源强国”到十八大的“努力办好人民满意的教育”是其中一个重要变化。十八大报告指出：教育是民族振兴和社会进步的基石。要坚持教育优先发展，全面贯彻党的教育方针，坚持教育为社会主义现代化建设服务、为人民服务，把立德树人作为教育的根本任务，培养德、智、体、美全面发展的社会主义建设者和接班人。全面实施素质教育，深化教育领域综合改革，着力提高教育质量，培养学生创新精神。办好学前教育，均衡发展九年义务教育，基本普及高中阶段教育，加快发展现代职业教育，推动高等教育内涵式发展，积极发展继续教育，完善终身教育体系。大力促进教育公平，合理配置教育资源，重点向农村、边远、贫困、民族地区倾斜，支持特殊教育，提高家庭经济困难学生资助水平，积极推动农民工子女平等接受教育，让每个孩子都能成为有用之才。鼓励引导社会力量兴办教育。加强教师队伍建设。

资料3－2

十八大以来我国的教育政策发展

教育是民族振兴、社会进步的基石。党的十八大以来，习近平同志站在全局和战略高度，多次对教育工作作出重要指示，提出了许多富有创见的新思想、新观点、新要求。习近平同志关于教育工作的重要论述，指明了我国教育改革发展的目标和方向，揭示了中国特色社会主义教育的本质和发展规律。第一，提出教育是实现“中国梦”的一个重要目标。2013年4月，习近平同志在给清华大学的贺信中指出，教育决定着人类的今天，也决定着人类的未来。人类社会需要通过教育不断培养社会需要的人才，需要通过教育来传授已知、更新旧知、开掘新知、探索未知，从而使人们能够更好地认识世界和改造世界、更好地创造人类的美好未来。在2013年9月，第二十九个教师节来临之际，习近平同志向全国广大教师致慰问信，信中希望广大教师“为发展具有中国特色、世界水平的现代教育作出贡献”。习近平同志提出的“中国特色、世界水平的现代教育”，是“两个一百年”奋斗目标和中华民族伟大复兴“中国梦”的重要组成部分，也是一个完整的科学概念，包含着我国教育发展应当具有的中国特色、国际视野、时代特征等深刻内容。第二，把“立德树人”作为根本任务。党的十八大以来，习近平同志高度重视培养什么人、怎样培养人这一根本问题，反复强调落实“立德树人”、培养中国特色社会主义事业的合格建设者和可靠接班人。把提高人才培养质量作为工作重点。第三，提高人才培养质量是现代教育的核心。提高人才培养质量，必须“深化教育改革，推进素质教育，创新教育方法”。这是习近平同志在中央政治局第九次集体学习时围绕提升我国科技创新能力、实施创新驱动发展战略对教育工作提出的明确要求，也是提高人才培养质量的路径选择。第四，把促进教育公平作为努力方向。当前，“有质量的教育公平”成为世界各国教育发展的共同趋势，也成为我国社会各界关注的一个焦点。习近平同志反复强调，要让13亿人民享有更好、更公平的教育，努力让每个人都有人生出彩的机会。第五，把全面深化教育改革作为根本动力。全面深化教育改革，要朝着发展具有中国特色、世界水平的现代教育的目标迈进。我们要有充分的自信，沿着中国特色社会主义道路办好中国教育。对于国外先进的办学经验，要认真借鉴吸收，但“经验”不等于规律。对国外的办学经验要善于创造性转化，使之变成我们的创新性发展。

党和国家的这些教育政策，抓住了机遇，指明了方向，确立了目标，提出了措施，是我国教育改革和发展的引路明灯，我们必须及时、认真地学习和贯彻落实。

二、世界教育政策的发展概况

世界主要国家的教育政策变革一直追求两大目标：一是教育民主，使每个儿童都有受教育的权利和机会；二是教育质量，使每个儿童不仅能够受教育，而且能够接受高质量的教育。正如联合国教科文组织所发表的《世界教育报告1998》中指出：“综观全球，教育政策有两个重要趋势，一是多数国家加深了对教育民主化的承诺（‘人人受教育’和‘终身受教育’）；二是对教育质量和目的趋于采取更讲究学以致用的观点。”

（一）世界教育民主政策的发展概况

教育公平问题已经成为当今世界教育政策的核心问题，正如瑞典教育家胡森所说：“若干年以来，无论在国内还是在国际上，就教育问题进行的政策讨论中，‘平等’已变成一个关键词。”1948年，联合国大会通过并宣布了《世界人权宣言》，第一次将教育平等的观念以国际社会应该共同遵循的原则公布出来。1990年，联合国教科文组织通过了《世界全民教育宣言》，第一条就明确指出：应“满足基本学习需要”，即每一个人（儿童、青少年和成人）都应能获得旨在满足其基本学习需要的受教育机会，从而确立了全民教育的教育政策思想，并引导全世界各国教育改革的未来发展。联合国教科文组织总干事松浦晃一郎在《世界教育报告2000》的前言中明确指出：“教育既是一项人权，又是促进和平和普遍尊重人权与基本自由的重要手段。要使教育充分发挥促进建设一个更加和平的世界潜力，就必须做到人人都有平等接受教育的机会。”

资料3-3

第二次世界大战后世界部分国家的教育民主之路

从第二次世界大战后世界主要发达国家的教育改革政策看，各国政府都把追求教育平等作为非常重要的目标之一。从历史上看，美国联邦政府在教育中的作用微乎其微，因为建国之初的宪法并没有赋予联邦政府管理教育的权力，教育是属于各州和地方的事务。但在“二战”后，这种情况发生了明显的变化，联邦政府干预基础教育的趋势日渐增强，其中的一个重要目的就是解决教育公平的问题。联邦政府追求教育公平主要体现在如何帮助社会的弱势群体上（the disadvantaged），也就是如何帮助处在社会中不利地位的人群，包括残疾人、穷人、移民、女性、学习困难者、少数民族等。从追求机会平等到追求结果平等，从关注少数人群到关注所有人群，从追求投入平等到追求产出平等；从《民权法案》到《残疾儿童教育法案》，从《初等和中等教育法》到《不让一个孩子掉队法案》，都体现了这种追求。英国一直倡导教育民主化，关注教育机会均等，通过立法保障义务教育的实施，并延长义务教育年限，加强政府对基础教育的责任，对处境不利的学生提供免费的帮助，包括免学费、免医疗、免午餐和提供特殊教育服务等。同时，改革教育体制，建立综合中学，把传统的双轨学制变成综合的教育制度，促进教育的民主化。法国在“二战”后也确立了教育民主化与教育现代化两大目标，在颁布的教育改革方案中确立了社会公正和教育机会均等的原则，延长义务教育年限，促进全体学生的发展。日本在“二战”后的《教育基本法》也确立了教育民主化的原则，对以前的军国主义进行改造，为了实现教育机会的均等，要求所有儿童学习相同的课程内容，建立终身学习的教育体制，促进学生的全面发展。

（二）世界教育质量政策的发展概况

提高教育的质量是各国教育政策改革的另一重要目标。以美国为例，1983 年美国高质量教育委员会提交了一份名为《国家处在危险之中：教育改革势在必行》的研究报告。该报告指出，为了积极参与“在全球进行着的人才的再分配”，提高美国的国际竞争力，“必须致力于改革我们的教育制度”。因此，必须确立“高质量教育”的目标，即“帮助所有的学生最大限度地发挥他们的能力”，同时要求学生“必须具备尊重智力、成就和学问的品质，具备使用智力、成就和学问的能力，具备确定目标的能力，具备有秩序、有系统地进行工作的能力”。1991 年布什政府颁布的《美国 2000 年：教育战略》和 1993 年克林顿政府颁布的《2000 年目标：美国教育法》等法律文件更进一步地强调要进行优质教育，保持美国教育的世界领先地位，培养优秀的人才、创造性的人才和学会学习的人才，并最终形成一个学习化社会。英国在 1985 年发表了名为《把学校办得更好》的白皮书，强调“在英国义务教育期间，每一阶段都要帮助学生在成长过程中充分培养自己积极的个人素质和能力，为未来建立巩固的基础”。而随后于1988年颁布的《教育改革法》，则进一步强调要保证教育的质量，培养适应21世纪需要的人才。1985年，日本临时教育审议会也通过了《关于教育改革的第一次审议报告》，强调为了使新一代面向21世纪，“在学校里要特别注意贯彻德、智、体各方面的协调发展的基础教育”，“使孩子们学到各项基础知识，具备人生成长过程中所必需的基本素质和丰富的个性和社会性，培养真才实学、健康的体魄和美好的心灵”。法国亦在1985年的《对未来教育的建议》和1987年的《2000年法国需要怎样的教育制度》等报告的基础上，于1989年颁布了《教育方向指导法》，强调教育是国家优先发展的事业，应确保青少年受教育的权利。之所以在此不厌其烦地列出诸多国家的政策纲领，只想说明我国实施的素质教育政策方向与世界教育改革的潮流是同步的，或者说我国的素质教育政策是世界教育改革不可分割的一部分，因为它反映了世界教育改革发展的方向。

资料3－4

世界各国提升教育质量的共性改革

为了提高教育的质量，各国采取诸多的教育改革措施：①普遍把基础教育课程改革作为增强综合国力的战略措施，强化基础知识与基本技能的重要性；②调整教育目标，使新一代国民具有适应21世纪社会、科技、经济发展所必备的素质，为未来的终身学习打好基础；③改变教育的实践方式，实现学生学习方式的根本变革，提高学生自主学习、独立思考以及发现问题和解决问题的能力，使现在的学生成为未来社会具有国际竞争力的公民；④加强课程内容与学生生活、社会生活的联系，进一步关注学生经验，满足学生多样化发展的需要，反映社会、科技的最新进展；⑤加强教育问责与评估，发挥教育评价在促进学生潜能、个性、创造性等方面发展的作用，使每一个学生具有自信心和可持续发展的能力。

第二节　我国教育政策的基本框架

一、坚持为社会主义现代化建设服务，办人民满意的教育

教育是一个民族进步和发展的基础，是提高全民族整体素质和创造力的根本途径。教育为社会主义现代化建设服务，是新中国成立以来几十年积累的教育方针理论和实践的科学结论，也同时是我国教育政策基本框架的重要内容。

教育是民族振兴和社会进步的基石。党的十八大报告强调：“努力办好人民满意的教

育。”党的十八大报告把教育放在改善民生和加强社会建设之首，强调要“努力办好人民满意的教育”，从坚持教育优先发展、全面贯彻党的教育方针、深化教育改革创新、推动教育协调发展、大力促进教育公平、加强教师队伍建设和加强高校党的建设等方面，明确提出了下一阶段教育事业科学发展的战略性目标和任务。这是我们党站在全面建成小康社会、加快推进社会主义现代化、实现中华民族伟大复兴的战略全局高度作出的重大部署，为当前和今后一个时期我国教育改革发展指明了方向。

人民满意的教育，就是更加公平、更高质量的教育。努力办好人民满意的教育，就要坚持教育优先发展，切实把教育摆在优先发展的战略地位；就要坚持教育以人为本，全面贯彻党的教育方针；就要坚持教育改革创新，以改革促发展；就要坚持促进教育公平，保障每个孩子的公平发展权；就要坚持提高教育质量，实现我国教育由大到强的历史性转变。在未来，我国进一步努力办好人民满意的教育的前进方向与重要任务主要包括：

第一，全面贯彻党的教育方针。党的教育方针凝聚了党和人民对教育事业的总体要求，明确了中国特色社会主义教育道路的基本原则。党的十六大对党的教育方针作出了符合时代特点、顺应人民意愿、遵循教育规律的精辟概括，党的十八大强调要“全面贯彻党的教育方针”“全面实施素质教育”。面对新形势、新要求，特别指出，“坚持教育为社会主义现代化建设服务、为人民服务，把立德树人作为教育的根本任务，培育德、智、体、美全面发展的社会主义建设者和接班人。”这深刻阐释了努力办好人民满意的教育的丰富内涵，强调教育要为社会主义现代化建设服务、为人民服务，坚持以人为本、立德树人这一本质要求。我们要把全面贯彻党的教育方针融入学校教育、家庭教育、社会教育的全过程，着力提高学生思想道德素质，全面培养具有社会责任感、创新精神、实践能力的一代新人。

第二，推动教育事业协调发展。要扎实推进各级各类教育全面协调可持续发展，实现更高水平的普及教育，形成惠及全民的公平教育，提供更加丰富的优质教育，构建体系完整的终身教育，健全充满活力的教育体制，为到2020年基本实现教育现代化、基本形成学习型社会、进入人力资源强国行列而努力奋斗。

第三，深化教育改革创新。人民满意的教育，必须是更高质量的教育，必须深化改革创新。党的十八大报告明确要求：“深化教育领域综合改革，着力提高教育质量，培养学生社会责任感、创新精神、实践能力。”要坚持以素质教育为导向，以提高质量为核心，更加注重教育内涵发展；要坚持科学的教育质量观，把促进人的全面发展和适应社会需要作为衡量质量的根本标准，要“深化教育领域综合改革”，要把教育资源配置和学校工作重点集中到强化教学环节、提高教育质量上来，努力实现教育质量整体提升，教育现代化水平明显提高，优质教育资源总量不断扩大，更好地满足人民群众接受高质量教育的需求。

第四，加强教师队伍建设。教育大计，教师为本。有好的教师才有好的教育，一个国家和地区的教育水平，根本上取决于其教师队伍的整体素质。党的十八大报告明确指出：“加强教师队伍建设，提高师德水平和业务能力，增强教师教书育人的荣誉感和责任感。”贯彻落实党的十八大精神，要以努力造就一支师德高尚、业务精湛、结构合理、充满活力的高素质专业化的教师队伍，造就一批教学名师和学科领军人才为目标，切实加强师德师风建设，着力提高教育教学能力，创新教师教育培养模式，深化教师管理制度改革，完善教师考核评价制度，提高教师的地位、待遇。进一步形成全社会尊师重教的良好氛围，为推动教育事业科学发展、办好人民满意的教育奠定坚实而可靠的基础。

二、全面深化教育综合改革，推动基本实现教育现代化

党的十八届三中全会审议通过的《中共中央关于全面深化改革若干重大问题的决定》，旗帜鲜明地坚持以改革为主线，全面系统地提出深化改革开放的战略任务和创新举措，对经济、政治、文化、社会事业、生态文明等重要领域和关键环节的深化改革作出重大部署，是指导我国经济社会发展的纲领性文件。特别是围绕党的十八大报告提出的“深化教育领域综合改革”总体要求，明确了教育改革的攻坚方向和重点举措，对推动教育事业科学发展、努力办好人民满意的教育，具有极为重要的指导意义。深化教育领域综合改革是适应经济全球化日益深化和信息化飞速发展的形势变化，推进教育治理体系和治理能力现代化的战略选择；是经济社会发展和全面深化改革对教育提出的必然要求；是教育改革进入“攻坚期”和“深水区”，破解教育发展难题，努力办好人民满意教育的现实需要。

当前是深化教育综合改革的关键期，也是到2020年基本实现教育现代化的攻坚期。要始终坚持中国特色社会主义教育的根本方向，立足国情，弘扬传统，遵循教育规律，借鉴国际先进经验，努力办出具有中国特色、高水平的现代教育。当前我国深化教育综合改革要在新的起点上推动教育事业科学发展，必须加大综合改革力度，提高改革的协调性、实效性，以改革推动发展，以改革提高质量，以改革增强活力，以改革促进和谐稳定。要突出教育综合改革重点任务，坚持问题导向，改革资源配置方式促进教育公平，改革人才培养模式提升教育质量，改革管理方式激发教育活力。未来我国教育综合改革的着力点主要包括以下几个方面：

第一，进一步提高对深化教育领域综合改革重要性、紧迫性的认识。当前教育领域综合改革已进入“攻坚期”和“深水区”，改革如逆水行舟，不进则退。要充分认识以改革促进教育事业科学发展的重要意义，牢固树立改革意识，迎难而上、攻坚克难，坚决破除一切妨碍科学发展的体制机制弊端，把发展目标与改革目标一起规划、把深化改革与转变发展方式一同部署，各项工作都要贯彻落实深化改革的要求。

第二，进一步做好教育领域综合改革的顶层设计。教育事业极其重要、极其复杂，必须基于国家“五位一体”建设伟大事业和党的建设伟大工程两个大局，加强教育领域综合改革的顶层设计。要坚持从基本国情出发、从各地各校实际出发，立足我国幅员辽阔、人口众多、发展不平衡、各地各校差距大这一现状，充分考虑教育与经济建设、政治建设、文化建设、社会建设、生态文明建设的联动，加强党对教育事业的领导，正确处理好教育改革、发展、稳定的关系，推动各级各类教育全面协调可持续发展。

第三，进一步发挥基层在教育领域综合改革中的主体作用。深化教育领域综合改革，要

紧紧围绕“办好人民满意的教育”这一总要求，把群众是否满意作为教育工作评价的根本标准。基层蕴藏着无穷的改革力量和智慧，是推动教育领域综合改革的重要力量，要充分尊重地方和学校的首创精神，保护和调动基层改革的积极性。要深入推进国家教育体制改革试点，总结推广国家教育体制改革试点成功经验，以点带面，扩大改革成效，为改革攻坚提供新鲜经验和实践标杆。要及时对改革试点进行动态调整，淘汰一批改革无进展、成效不明显的试点项目，补充一批基础好、有成效的项目，形成能进能出的机制，最大限度地发挥试点在推进教育领域综合改革中的引领和带动作用。

第四，进一步找准教育领域综合改革的着力点。教育改革千头万绪，要化繁为简，突出重点，牢牢把握牵一发而动全身的突破口，切实抓准深化改革的着力点，力争事半功倍地解决突出问题。要进一步明确下一步改革的阶段性目标，力争取得更具标志性的、有较高显示度的成效，使人民群众得到更多实惠。特别要在基本公共教育服务均等化、考试招生制度改革、拔尖创新人才培养、教育监督和评价体系建设、现代职业教育体系建设、落实和扩大高校办学自主权、加强省级政府教育统筹等方面加快改革步伐，尽快取得突破。

第五，进一步科学理性地深化教育领域综合改革。深化教育领域综合改革是中央确定的重大政治任务，要坚定改革信念，以更大的政治勇气、足够的政治智慧推进改革。同时，要充分考虑到教育改革事关党和国家事业全局、事关人民群众福祉，必须理性、冷静。既要始终保持改革的热情、激情，又要更加尊重规律；既要考虑改革的力度，又要考虑群众的可接受度，循序渐进，不停顿、不折腾、不倒退。改革的步子要更加扎实，避免大的波折。特别要善于运用法治思维和法治方式，规范改革程序，巩固改革成果，提高改革成效。

第六，进一步健全和完善深化教育领域综合改革的工作体制机制。要积极借鉴其他部门、行业的成功经验，建立健全教育体制改革的调研制度、督查制度、定期协商制度，建立健全指导协调机制、监督机制，问责机制、宣传机制、试点动态调整机制和试点转示范机制。要更加注重发挥国家教育咨询委员会的指导作用，充分发挥教育体制改革领导小组办公室的统筹协调作用，改进工作方式和工作作风，确保改革有力、有序、有效。要充分利用社会力量推动改革，更好地凝聚共识，形成合力，全面贯彻党的教育方针，推动教育事业科学发展，努力办好人民满意的教育。

三、全面推进依法治教，引领教育事业改革发展

党的十八届四中全会作出的《关于全面推进依法治国若干重大问题的决定》（简称《决定》），对全面推进依法治国作出了战略部署。深入贯彻落实好相关要求，坚持以法治思维和法治方式推进教育综合改革，推进教育治理体系和治理能力现代化，全面实现依法治教，为教育事业的快速健康发展提供坚实保障，是当前和今后一个时期教育系统面临的一项重要使命。

教育事业承担着培养社会主义法治国家合格公民的重大任务，全面实现教育管理的法治化，既是建设社会主义法治体系的重要组成部分，也是促进教育公平、提高教育质量、实现

内涵发展的重要保障。落实党的十八大和《教育规划纲要》提出的到2020年基本实现教育现代化的目标，需要依靠深化改革和法治保障。当前，教育领域还存在着法治体系不完善、法律制度不健全、法治意识不强、依法办事能力不足等问题。解决教育面临的一些深层次矛盾、热点难点和复杂问题，根本上要靠法治。只有通过全面实现依法治教，运用法治方式引领、规范和保障教育改革，形成法治化的教育管理与运行机制，才能为改革提供依据和动力，巩固和深化改革成果，促进教育治理体系和治理能力现代化。

教育系统全面推进依法治教，必须坚持以邓小平理论、“三个代表”重要思想、科学发展观为指导，深入学习贯彻习近平总书记系列重要讲话精神，按照十八届四中全会《决定》和《教育规划纲要》要求，坚持中国特色社会主义教育发展道路。到2020年，形成系统完备、层次合理、科学规范、运行有效的教育法律制度规范体系；形成政府依法行政、学校依法治校、教师依法执教、社会依法支持教育发展的教育法治实施机制；形成政府依法监管、学校自我监督、第三方评估与社会监督等相结合的教育法治监督体系；形成教育法治工作机构健全、法律制度支撑有力、法律救济渠道完善的教育法治保障体系。要经过努力，基本形成教育系统法治意识普遍增强，法治能力显著提升，法治教育体系健全完备的良好局面。

全面推进依法治教，应当始终坚持和牢牢把握以下基本原则：必须坚持党的领导，将坚定不移地走中国特色社会主义教育发展道路作为根本方向；必须坚持人民主体地位，把依法保障公民的受教育权利，维护师生的合法权益，维护教育公平公正作为出发点和落脚点；必须坚持法律面前、规则面前人人平等，将保证教育法律有效实施、依法规范和约束公权力作为核心任务；必须坚持依法治国与以德治国相结合，把大力弘扬社会主义核心价值观，着力加强师德建设、学校德育与重视发挥法治的规范作用、育人作用紧密结合作为重要路径；必须坚持从中国实际、教育实际出发，把运用法治思维和法治方式解决教育改革发展的重大问题，探索和发展具有中国特色、教育特点的法律规范和法治方式作为基本方法。

四、全面提高教育质量，推进各级各类教育内涵式发展

着力提高教育质量，推动内涵式发展，这是党的十八大报告对新时期教育改革发展作出的战略部署，对于进一步推动教育事业科学发展具有重要意义。质量是教育事业的生命线。党和国家把提高质量确立为教育改革发展的核心任务，提出要树立科学的教育质量观，坚持规模与质量的统一，走内涵式发展道路。这是在充分洞察社会主义现代化建设对人才要求的基础上作出的科学判断。没有一流教育就没有一流人才，就不能建设一流的国家。提高教育质量是面对全面建成小康社会的新形势，面对人民群众接受优质教育的新期盼作出的战略选择，反映了教育发展的内在要求，是办好人民满意教育的迫切要求。当前，我们必须切实把教育工作的重点放到提高质量上来。

党的十八大报告提出了统筹各级各类教育协调发展的要求，即以科学发展观为指导，统筹各级各类教育的发展结构和比例，兼顾教育普及和质量提升，着力构建各级各类教育全面

协调、齐头并进的发展格局：办好学前教育，均衡发展九年义务教育，基本普及高中阶段教育，加快发展现代职业教育，推动高等教育内涵式发展，支持特殊教育，积极发展继续教育，完善终身教育体系。这对统筹各级各类教育发展具有重要的导向作用。

（1）促进学前教育向公益性、普惠化发展。各级政府必须把发展学前教育摆在更加重要的位置上。坚持学前教育公益性和普惠性，坚持政府主导、社会参与、公办民办并举的办园体制，坚持科学统筹，坚持城乡学前教育协调发展，规范办园行为，全面加强学前教育质量建设，不断提高幼儿教师队伍的专业能力，遵循学前儿童的身心发展规律，增加学前儿童的幸福感和愉快感。

（2）促进义务教育向标准化、均衡化发展。推进义务教育学校标准化建设，继续坚持以标准化促进均衡化，以均衡化带动标准化，使硬件建设与软件建设“同步实施”，加强中小学教师和校长定期轮换交流制度建设，切实缩小校际师资差距。加强薄弱学校建设，努力办好每一所学校。合理规划城乡学校布局，不让一个儿童失学。努力缩小区域差距，加快缩小城乡差距。高质量实施好校舍安全工程和营养改善计划这两大教育民生工程，提高教育惠民的质量和水平。

（3）促进高中教育向多样化、优质化发展。切实增加对高中教育的公共投入，加大对中、西部地区和农村地区学校的扶持力度。加快高中教育的普及，推动高中办学体制、办学模式多样化，扩大优质教育资源，逐步消除“大班额”现象。积极探索普职统筹规划与协调发展的模式，满足不同潜质学生的发展需要。合理配置教育资源，缩小区域内校际差距。深入推进课程改革，克服应试教育倾向，促进学生全面而有个性地发展。

（4）促进职业教育向现代化、适应型发展。一是要推进办学体制机制的创新，形成公办民办职业教育共同发展、学校教育与职业培训并举、全日制与非全日制并重的格局。二是要以提高质量作为重点，深入推进协同创新。实行工学结合、校企合作、顶岗实习的人才培养模式，注重对学生现代职业道德、职业素质的培养，培养创新人才。三是完善专业设置和调整机制。学科设置、人才培养目标要同市场“零距离”对接，使重点建设专业与当地重点产业布局相适应，与国家总体产业布局相协调。四是加快发展面向农村的职业教育。五是加快推进形成适应内外需求、外部对接、内部衔接、多元立交的现代职业教育体系。

（5）促进高等教育向内涵式、创新型发展。统筹高等教育与经济建设的协调发展，走以提高质量为核心的内涵式发展道路，全面提升高校的人才培养质量、科研水平和社会服务能力。一是明确各类高校定位，实行错位竞争，克服同质化倾向，促进各级各类高校特色发展。二是深入推进人才强校战略，加强高校高层次人才队伍建设，培育高水平创新团队。三是加强高校与科研机构、企业协同创新，全面推进对外合作，增强高校服务社会的能力。

（6）促进特殊教育向公益性、全纳性发展。坚持特殊教育的公益性，逐步实施残疾学生高中阶段免费教育政策。推行全纳教育理念，完善特殊教育体系，国家制定特殊教育学校基本办学标准。加强特殊教育师资队伍建设。加强残疾学生职业技能和就业能力培养。注重潜能开发和缺陷补偿，培养残疾学生积极面对人生、全面融入社会的意识和自尊自强的精神。

(7) 促进民办教育向规范化发展。进一步完善民办教育政策措施，加快解决当前制约民办教育发展的法人属性、财政扶持等影响民办教育发展的深层次问题，探索民办教育的分类管理，促进民办教育向规范化发展。

(8) 促进终身教育向开放化发展。将建设完善的终身教育体系作为推进教育现代化进程的重要举措，逐步构建学历教育和非学历教育协调发展，职业教育和普通教育相互沟通，职前、职后教育有效衔接的终身教育体系，满足经济社会发展和人民群众多类型、多样化、多层次、多次选择的学习和发展需要，建设学习型社会。

(9) 促进民族教育同步化发展。民族教育的发展要以缩小发展差距，实现与全国教育同步发展为主题，同步共享教育改革发展成果。坚持优先发展民族教育，切实做好教育对口支援工作。逐步扩大和提高内地培养少数民族人才的规模和水平。加快民族地区职业教育特色发展。全面推进学校民族团结教育工作，实现民族教育跨越式发展。

五、大力推进教育公平，缩小教育差距

坚持教育的公益性和普惠性，是中国特色社会主义教育的显著特征。办人民满意的教育，既在于提供均等化的基本公共教育服务，更是使受教育机会、公共教育资源配置机制、教育制度规则的公平状况都有显著提高的教育。党的十八大报告在大力促进教育公平方面作出明确的制度安排，强调要“大力促进教育公平，合理配置教育资源，重点向农村、边远、贫困、民族地区倾斜，支持特殊教育，提高家庭经济困难学生资助水平，积极推动农民工子女平等接受教育，让每个孩子都能成为有用之才”。

党的十六大以来，党中央、国务院高度重视，坚持把教育公平作为国家的基本教育政策，把促进公平与提高质量一起作为国家教育改革发展的两大战略任务，推动教育公平迈出重大步伐，取得了举世瞩目的成绩：一是健全资助体系，目前，我国已初步建立从学前教育到研究生教育完整的家庭经济困难学生资助政策体系，每年资助家庭经济困难学生近 8 000 万人次；二是努力缩小区域差距，对中西部采取特殊的政策和财政支持，同时，加大对口支援力度，其中包括扎实推进教育援疆、援藏工作等；三是加快缩小城乡差距，坚持教育资源向农村倾斜；四是切实缩小校际差距，推进义务教育均衡发展。

继往开来，深入贯彻落实党的十八大精神，要继续以加快基本公共教育服务均等化步伐、建立全面覆盖困难群体的资助政策体系和帮扶制度为重点，强化政府责任，完善资源配置制度，健全法制保障，促进教育资源向重点领域、关键环节、困难地区和薄弱学校倾斜，着力保障农民工子女、残疾少年儿童、家庭经济困难学生的受教育权利，逐渐缩小教育发展中的区域差距、城乡差距和义务教育学校之间的校际差距，为所有学生开辟不同的成长、成才之路。要健全保障教育公平的规则程序，加强制度建设和社会监督，在推进校务公开及招生“阳光工程”、促进民办教育健康持续发展等方面，用更为规范的管理协调和维护教育公平。

第三节　我国重要的教育政策解读

一、学前教育政策

（一）学前教育政策的初步确立（1949—1957 年）

1951 年 8 月 27 日，教育部副部长韦悫在第一次全国初等教育与师范教育会议上作了《巩固和发展新中国的初等教育和师范教育》的报告，指出了发展学前教育的重要性。同年 10 月 1 日，政务院发布《关于改革学制的决定》，规定了当时我国的教育体系与教育结构，其中包括学前教育：实施学前教育的组织为幼儿园，招收 3 足岁至 7 足岁的幼儿，使他们的身心在入小学前获得健全的发育。新学制的颁布使学前教育明确了它的重要地位，被列入学制体系之内，成为小学教育的基础。至此，1922 年由壬戌学制定名的、沿用了近 30 年的"幼稚园"，从此改称"幼儿园"。在此期间，党和政府根据学前教育自身的性质和特点，审时度势，确立了承担双重任务的幼儿教育方针，出台了幼儿教育办园政策、幼儿教师政策等，使学前教育获得新生和发展，也更好地促进了国家的生产建设。

（二）学前教育政策的"跃进"与断裂（1958—1976 年）

随着社会改造的基本完成，我国进入全面建设社会主义时期。建设社会主义总路线的提出、"大跃进"运动和"农村人民公社化运动"的开展，使学前教育政策也出现了"跃进"，使学前教育在"大跃进"中盲目发展。在"文革时期"，学前教育的命运同国家命运紧密相连，在极"左"路线的指导下，学前教育受到空前的摧残，遭受严重损失。十年间，国家没有出台一项学前教育政策，造成了政策的断裂。学前教育被视为推行修正主义路线的典型，《幼儿园暂行规程》和《幼儿园教学纲要（草案)》被视为修正主义而遭到批判否定。

（三）学前教育的发展与创新（1977 年至今）

1. 学前教育政策法规的范围进一步拓展

改革开放后，学前教育政策法规如雨后春笋般涌出，关注点由 3 ~6 延伸到 3 岁前及小学后，由关注教师的职前培养扩展到关注其职后培训，由关注幼儿园的教育教学行为延展到关注幼儿在家、园的成长，由总体关注幼儿园的开办及教育拓展到关注不同地区的学前教育的发展，学前教育政策法规在其范围上获得了极大的发展。

2. 政策法规的制定更加敏感和具有针对性

改革开放后，针对我国学前教育发展过程中出现的问题，有关部门制定了相应的政策法规。例如 1983 年国家教育委员会针对我国农村幼儿教育出现的问题出台了《关于发展农村幼儿教育的几点意见》。1991 年国家教育委员会针对当时学前班教育和管理存在的问题发布了《关于改进和加强学前班管理的意见》，就学前班的性质、举办学前班的原则、学前班的领导和管理、学前班保育和教育的要求、改善学前班办班条件的要求以及学前班教师的管理和培训等方面作出了相应的说明和规定。1995 年针对我国企业办园存在的问题，国家教育委员会、中华全国妇女联合会等单位联合发出《关于企业办幼儿园的若干意见》。2003 年，教育部、国家计划委员会等部门联合发出《关于幼儿教育改革与发展的指导意见》，针对现实存在的问题提出了学前教育改革与发展的目标及措施。由此可见，自改革开放以来，我国学前教育政策法规制定过程中的实时性、敏感性和针对性等方面有了明显加强。

3. 政策的制定开始走向法制化

1989 年 9 月 11 日国家教育委员会发布的《幼儿园管理条例》是新中国成立以来第一个经国务院批准颁发的有关学前教育的行政法规，标志着我国学前教育向法制化建设迈进。此后，1991 年 9 月 4 日，《中华人民共和国未成年人保护法》出台；1993 年 10 月 31 日，《中华人民共和国教师法》颁布；1994 年 10 月 27 日，《中华人民共和国母婴保健法》出台；1995 年 3 月 18 日，《中华人民共和国教育法》颁布实施；2003 年 9 月 1 日，《中华人民共和国民办教育促进法》开始施行。上述法律从不同程度和不同层面对我国学前教育政策的发展进行了进一步的规范，充分证明我国学前教育已经向法制化的方向迈进。

4. 更加关注儿童的发展及自我保护

从 1985 年 12 月 7 日，卫生部颁发《托儿所、幼儿园卫生保健制度（草案）》，到 2007 年针对幼儿园接送学生中出现的问题及事故凸显出幼儿教育的安全问题，教育部等部门先后发出《关于加强农村中小学生幼儿上下学乘车安全工作的通知》《关于加强民办学前教育机构管理工作的通知》《关于做好 2007 年秋冬季中小学幼儿园安全工作的预警通知》，进一步强调幼儿园教育的规范性，要求充分保障幼儿的安全。上述政策法规的相继出台和公布实施，充分说明这一时期的学前教育政策法规尤其在关注幼儿的生存、保护及发展方面真正体现了把幼儿的生命安全放至第一位的思想。

5. 发展规划性的政策法规明显增多

自改革开放至今，相关部门先后出台了《九十年代中国儿童发展规划纲要》《中国教育改革和发展纲要》《中华人民共和国国民经济和社会发展“九五”计划和 2010 年远景目标纲要》《全国家庭教育“九五”计划》《全国幼儿教育事业“九五”发展目标实施意见》《面向 21 世纪教育振兴行动计划》《中国儿童发展纲要（2001—2010 年）》《国家中长期教育改革和发展规划纲要（2010—2020 年）》等带有规划性质的政策与法规，与改革开放之前相比，数量明显增多，同时用于指导学前教育事业的发展规划性也明显加强。

二、义务教育政策

普及九年义务教育是改革开放后我国推动教育公平的重要举措，是我国为适应经济建设要求而在社会建设方面实施的一项影响深远的教育政策。从 1985 年 5 月，中共中央发布

《关于教育体制改革的决定》起，这项政策在实施30多年的时间里，由于所面临和需要解决的问题的不同，政策走向发生过几次变化。

（一）义务教育政策的形成

1985年5月，中共中央发布《关于教育体制改革的决定》，依据我国“基础教育薄弱，学校数量不足、质量不高、合格的师资和必要的设备严重缺乏”的原因，首次明确提出加强基础教育，有步骤地实施九年义务教育的政策。这是我国政府有组织、有目的、有规划地推进义务教育的开始，此后义务教育不断被纳入国家的法规、公共服务政策、财政框架体系中，教育发展作为民生之本，日益被整个社会所关注。

1986年7月1日，《中华人民共和国义务教育法》正式施行，这是中华人民共和国成立以来第一个有关义务教育的法律。义务教育阶段的经费问题一直是政界和学界关注的热点，国务院于1986年转发的《关于实施〈义务教育法〉若干问题意见的通知》提出：“中央和地方人民政府要采取切实措施，负责筹措义务教育经费。”

1987年国家教育委员会颁布《关于制定义务教育办学条件标准、义务教育实施步骤和规划统计指标问题的几点意见》，对规划和统计用的有关综合指标作了进一步的明确说明，其中包括学校网点布局覆盖率、毛入学率、适龄人口入学率、按时毕业率、普及率、升学率、义务教育人口覆盖率及任课教师达标率等。

义务教育政策的出台明确了普及义务教育的经费来源、基本办学条件、标准、步骤等内容，为各级政府有效推动本地区义务教育发展明确了方向。

（二）义务教育政策的发展

为了更好地落实义务教育的教育经费，国家在教育投资体制上提出了一些具体要求和改革措施。1993年3月《中国教育与改革发展纲要》（简称《纲要》）颁布，在教育投资体制方面，《纲要》提出了三点意见：一是国家财政拨款占GDP（Gross Domestic Product，国内生产总值）的比例，20世纪达到4%，主要用于义务教育阶段；二是进一步完善教育费附加征收办法；三是非义务教育阶段学生学费标准提高。

在教育投资体制方面的另一项重要举措是教育经费级次的提升。1994年分税制改革后，为了保证义务教育的投资，1995年颁发的《中华人民共和国教育法》第五十五条规定：“各级人民政府的教育经费支出，按照事权和财权统一的原则，在财政预算中单独列项。”

20世纪末，随着全国义务教育“两基”工程目标逐渐实现，国家开始把义务教育的发展重点转向提高教育质量、推动素质教育上。1999年中共中央、国务院发布的《深化教育改革 全面推进素质教育的决定》提出，在普及九年义务教育的地区，实行小学毕业生免试就近升学的办法；鼓励各地中小学自己组织毕业考试，采取多种形式改革高中阶段学校的招生办法，改革高中会考制度；建立符合素质教育要求的对学校、教师和学生的评价机制；地方各级政府不得下达升学指标，不得以升学率作为评价学校工作的标准。这一时期义务教育政策主张教育改革，以改革提高义务教育质量、推进素质教育进程。

（三）义务教育政策的均衡推进

2001 年农村税费改革，取消了农村教育集资和农村教育附加费，缓解了农民负担，但也带来农村义务教育经费短缺的问题。2001 年 5 月 29 日，国务院颁布《关于基础教育改革与发展的决定》（简称《决定》），将农村基础教育作为实施义务教育的重点和难点。《决定》明确规定："要进一步完善农村义务教育管理体制，实施在国务院领导下，由地方政府负责，分级管理，以县为主的体制。"这一方案在制度上确定了以县级政府为投资主体的教育投资格局，提升了义务教育投资的财政级次。2002 年国务院办公厅又发布了《关于完善农村义务教育管理体制的通知》，进一步体现了国家对农村义务教育的关注。2006 年政府工作报告指出要将农村义务教育全面纳入国家财政保障范围，建立中央和地方分担的农村义务教育经费保障机制。

2006 年《义务教育法》重新修订，涉及农村义务教育所需事业费和基本建设投资的内容修订为"由国务院和地方各级人民政府负责筹措"，义务教育实现了由"人民教育人民办"转向"义务教育国家办"；由收费义务教育转向免费义务教育；由"县乡村三级办学，县乡两级管理，投入以县为主"转向"管理以县为主，投入以省为主"的三个转变。

随着教育的普及和教育规模的扩大，教育发展不均衡状况凸显。2005 年 5 月 25 日，教育部发布《关于进一步推进义务教育均衡发展的若干意见》，旨在进一步推进义务教育的均衡发展，缩小城乡之间、地区之间以及学校之间的差距，遏制义务教育阶段"择校风"蔓延的势头。提出了新增教育经费主要用于农村的要求，要加大对农村学校和城镇薄弱学校的投入，切实改善农村学校和城镇薄弱校的办学条件。2007 年，国务院颁发《国家教育事业发展"十一五"规划纲要》，提出"贯彻实施义务教育法，普及巩固九年义务教育"的总体要求。

2010 年 1 月，教育部印发《关于贯彻落实科学发展观 进一步推进义务教育均衡发展的意见》，把均衡发展作为义务教育的重中之重。2010 年 7 月，中共中央、国务院印发《国家中长期教育改革和发展规划纲要（2010—2020 年）》，提出到 2020 年基本实现区域内义务教育均衡发展，并要求建立健全义务教育均衡发展保障机制，确保适龄儿童少年接受良好的义务教育。2012 年 1 月，教育部印发《县域义务教育均衡发展督导评估暂行办法》，规定了县域义务教育校际间均衡状况评估指标和对县级人民政府推进义务教育均衡发展工作评估指标，建立了县域内义务教育均衡发展督导评估制度，以推进县域义务教育均衡发展。2012 年 9 月，国务院下发《关于深入推进义务教育均衡发展的意见》，从七个方面提出了推动义务教育均衡发展的政策措施。2014 年 7 月，教育部等三部委联合提出《全面改善贫困地区义务教育薄弱学校基本办学条件底线要求》。2014 年 9 月，教育部等三部委联合下发《关于推进县（区）域内义务教育学校校长教师交流轮岗的意见》，对县域内义务教育学校的校长和教师轮岗的工作目标、人员范围、方式方法、激励保障机制、管理体制、责任主体等作出具体规定，通过校长、教师的轮岗，缩小县域内义务教育学校间管理和师资水平的差距。

这一时期义务教育政策向均衡、机会公平方向转变，国家将缩小城乡之间、地区之间、校际之间的教育差距作为政策的主要走向。

三、高等教育政策

新中国成立以后，高等教育政策的发展经历了一个曲折的过程，大致可以划分为七个时期。

（一）高等教育政策的“奠基期”（1949—1956 年）

1949 年 12 月，第一次全国教育工作会议确定的全国教育工作总方针是“教育为国家建设服务，教育为工农兵开门”。根据《中国人民政治协商会议共同纲领》和第一次全国教育工作会议的精神，1950 年 6 月，教育部召开了第一次全国高等教育会议。这次会议通过了《高等学校暂行规程》《专科学校暂行规程》《私立高等学校管理暂行办法》《关于实施高等学校课程改革的决定》《关于高等学校领导关系问题的决定》五项草案，并于同年 8 月 14 日正式颁布。除此之外，政务院和教育部还颁布了有关高校管理体制、招生分配制度以及研究生教育等方面的文件。

真正对新中国高等教育发展产生巨大影响的是 20 世纪 50 年代上半期学习苏联高等教育的政策。这一具有方向性、颠覆性意义的政策导致了近代中国高等教育政策体系的彻底终结，促成了中国高等教育新模式和新体系的创建，并对其后数十年中国高等教育的发展与变革产生了深远的影响。在那场声势浩大的学习苏联高等教育经验的运动中，院系调整和教学改革是最具代表性和影响力的两大政策。院系调整以苏联的高等教育制度为蓝本，以近乎政治运动的形式，通过大重组、大转移、大变革，从根本上摧毁了旧的高等教育体制、秩序和结构，建立了全新的社会主义性质的高等教育制度。这场史无前例的大调整使中国高等教育规模得到扩充，科类、专业及布局结构得到一定改善，但其失误和由于失误造成的损失相当严重。

教学改革是另一场学习苏联经验的运动，这场中国有史以来最大规模的教学改革运动，目的是建立统一、有序的专业教育制度，加强国家对高等教育事业的统一控制，使高等教育适应社会主义工业化发展的需要。在短短几年内，中国把苏联高等学校的一整套教学制度移植过来，如制定专业目录，实施专业教育，制订统一的教学计划和教学大纲，大批翻译和引进苏联高等学校教材，借鉴苏联的教学组织、教学制度和教学方法，加强与苏联高等教育界的人员交流等。

通过全面学习苏联高等教育经验，中国高等教育发生了重大变革，社会主义性质的高等教育体系和政策得以初步建立。但在借鉴苏联经验的同时，各种问题也不断地暴露出来。1956 年毛泽东《论十大关系》的发表和党的八大的召开，推进了教育界对学习苏联经验的深刻反思，由此揭开了摆脱苏联模式、独立探索中国自己的高等教育发展道路的序幕。

（二）高等教育政策的“探索期”（1957—1965 年）

1958 年，伴随着如火如荼的“大跃进”运动，一场狂热的“教育大革命”席卷神州大地。同年 9 月，中共中央、国务院发出《关于教育工作的指示》，提出“应当大力发展中等教育和高等教育，争取在 15 年左右的时间内，基本上做到使全国的青年和成年，凡是有条件的和自愿的，都可以受到高等教育。我们将以 15 年左右的时间来普及高等教育，然后再以 15 年左右的时间来从事提高的工作”。此乃“教育大革命”中著名的“15 年普及高等教育”口号。“教育大革命”从本质上看是一场突破苏联模式的教育运动，是探索中国自己高等教育发展道路和体制的一次重要试验。但这场运动是在“左”倾思想指导下发动的，存在急躁冒进的严重倾向，造成了教育秩序混乱、质量下降等严重问题。因此，从 1960 年开始，中央在“调整、巩固、充实、提高”的“八字方针”指引下，对高等教育进行了调整。这次制定的调整政策颇为激进，调整幅度过大，大批高等学校被裁并。高等教育在得到充实和提高的同时，也受到了很大的伤害。

在 20 世纪 60 年代上半期的高等教育大调整中，《教育部直属高等学校暂行工作条例（草案）》（简称《高教六十条》）是最大的政策亮点。它是在时任中共中央总书记邓小平同志的直接领导下，由教育部制定的，分为总则、教学工作等 10 章共 60 条。它是新中国成立以来，中央制定的最为系统和详细的、具有法规性质的高等学校工作条例，具有承前启后的意义，对当时高等教育的调整与发展具有关键性的指导作用，对于“文化大革命”后教育领域“拨乱反正”及一系列教育政策的制定也有直接影响。

（三）高等教育政策的“破坏期”（1966—1976 年）

1966 年“文化大革命”爆发后，高等教育成为“重灾区”，新中国成立后前 17 年（简称“前 17 年”）通过艰难探索逐步建立起来的高等教育政策遭到严重破坏。这一时期的高等教育政策并未消失，而是以另一种扭曲和变异的形式存在下来，沦为替错误教育路线摇旗呐喊的工具，具体表现为对“前 17 年”高等教育政策的批判和对所谓“教育革命”的鼓噪。这些政治化、语录化的高等教育政策在中国高等教育政策史上写下了令人痛心的一页。

1976 年 10 月，“文化大革命”的动乱局面终于结束。此时的中国高等教育事业已是满目疮痍，迫切需要通过正确的方针政策拨乱反正，走上全面复兴之路。此时期，在邓小平同志的正确领导下，高等教育政策领域以推翻“两个估计”为突破口，以恢复高考制度为重大标志，开始了艰巨的拨乱反正和思想解放历程。

（四）高等教育政策的“重建期”（1976—1984 年）

恢复高考制度是 1977 年邓小平同志复出后作出的一个重大决策，也是中国高等教育政策史上一件具有深远影响、值得大书特书的重大事件。此后，根据邓小平同志的建议，中央又先后召开了全国科学大会和教育工作会议，陆续恢复和建立了一系列高等教育政策：恢复研究生教育制度，建立学位制度，大规模派遣留学生，加强重点大学建设，构建完备的成人高等教育体系等。这些重大政策激发了高等教育事业的生机和活力，推动高等教育事业走上了全面复兴之路。

1982年9月，党的十二大把教育工作确定为经济发展的战略重点。此后，教育部着手研究加速高等教育发展的政策。1983年4月，国务院批转了教育部、国家计划委员会《关于加速发展高等教育的报告》，提出了加快发展高等教育的一系列政策措施。同年国庆节前夕，邓小平同志为北京景山学校建校20周年题词："教育要面向现代化，面向世界，面向未来。"在"三个面向"的指引下，高等教育领域的改革悄然启动。

（五）高等教育政策的"改革期"（1985—1997年）

1985年是中国高等教育政策史上一个具有标志性意义的年份。同年5月，《中共中央关于教育体制改革的决定》比较系统地提出和阐明了教育体制改革的指导思想、目标、任务和具体措施。如果说恢复高考是教育领域拨乱反正的起点的话，该决定的颁布则开启了教育改革的历史征程。《中共中央关于教育体制改革的决定》颁布后，体制改革成为高等教育政策的重点。在宏观管理体制改革方面，加强省、自治区、直辖市人民政府对高等教育的统筹权，扩大高等学校的办学自主权；在办学体制改革方面，实行了中央、省（自治区、直辖市）、中心城市三级办学体制，探索跨部门、跨地区的联合办学，改变由政府包揽办学的单一体制；在高等学校招生和毕业生分配制度改革方面，改变高等学校全部按国家计划统一招生、毕业生全部由国家包下来分配的办法；在高校内部管理体制改革方面，试行校长负责制、教师聘任制和岗位责任制，启动后勤社会化改革。

与此同时，高等教育结构改革受到了高度重视，成为与体制改革密切相关的又一项重大战略性政策。在层次结构改革上，改变了专科、本科比例不合理的状况，着重加快高等专科教育的发展；在科类结构的改革上，加快了财经、政法、管理等薄弱系科和专业的发展，扶持新兴、边缘学科的成长；在形式结构的改革上，通过发展高等职业教育和成人高等教育，促进了高等教育的多样化发展。

1992年，以邓小平南方谈话和党的十四大为标志，中国的改革开放和现代化建设进入一个新的历史时期。1993年2月，中共中央、国务院颁布了《中国教育改革和发展纲要》。该纲要全面和充分地领会了邓小平建设有中国特色社会主义的理论，总结了新中国成立40多年来，特别是党的十一届三中全会以来教育改革和发展的经验，分析了教育工作面临的形势，坚持把教育摆在优先发展的战略地位，第一次明确提出了实现教育现代化的战略目标，从战略高度对20世纪末21世纪初我国的教育发展作出了总体规划。

《中国教育改革和发展纲要》颁布后，高等教育政策的重点仍然是体制改革。在宏观管理体制改革方面，重点理顺政府与高等学校、中央与地方、国家教委与中央各业务部门之间的关系，逐步建立政府宏观管理、学校面向社会自主办学的体制；在办学体制方面，改变政府包揽办学的格局，逐步建立以政府办学为主体、社会各界共同办学的体制；在投资体制方面，构建以财政拨款为主、多渠道筹措教育经费的新体制；在高等学校招生和毕业生就业制度改革方面，推行招生“并轨”、缴费上学、自主择业；在高校内部管理体制改革方面，推动人事分配制度的进一步深化。

与此同时，教学改革受到了前所未有的关注，成为高等教育政策的一个重要方面。1993年2月，国家教育委员会发布的《关于进一步深化普通高等学校教学改革的意见》，第一次明确提出了“在高等教育的改革和发展过程中，体制改革是关键，教学改革是核心”的基本政策，有力地推动了我国高等学校教学改革迈上一个新的台阶。

（六）高等教育政策的“振兴期”（1998—2009 年）

1998 年 8 月 29 日，第九届全国人大常委会第四次会议表决通过了《中华人民共和国高等教育法》（简称《高等教育法》），并于 1999 年 1 月 1 日正式实施。《高等教育法》是全面规范高等教育领域的各种法律关系、保障和推动我国高等教育事业改革与发展的重要法律，是我国教育法规体系的重要组成部分。1999 年 1 月 13 日，国务院批转的教育部制定的《面向 21 世纪教育振兴行动计划》提出了跨世纪教育改革和发展的施工蓝图，对高等教育发展目标、高层次创新人才培养、一流大学建设、体制改革等进行了规划。值得一提的是，该行动计划第一次明确提出到 2010 年“入学率接近 15%”的战略目标，正式吹响了实现高等教育大众化的战斗号角。1999 年 6 月 13 日，中共中央、国务院发布的《关于深化教育改革全面推进素质教育的决定》对全面推进素质教育，深化教育领域的改革提出了明确的目标和要求。

（七）高等教育政策的“深化期”（2010 年至今）

在此期间，我国高等教育政策进行了一系列的改革，其中《国家中长期教育改革和发展规划纲要（2010—2020 年）》中也对高等教育进行了深入的探讨。其中第七章“高等教育”中的第十八条全面提高高等教育质量、第十九条提高人才培养质量、第二十条提升科学研究水平、第二十一条增强社会服务能力、第二十二条优化结构办出特色等都对高等教育的未来发展提出了要求。另外，为了进一步提升我国教育发展水平、增强国家核心竞争力，实现我国从高等教育大国到高等教育强国的历史性跨越，2015 年 10 月，国务院印发了《统筹推进世界一流大学和一流学科建设总体方案》。其中包括总体要求（指导思想、基本原则、总体目标），建设任务（建设一流师资队伍、培养拔尖创新人才、提升科学研究水平、传承创新优秀文化、着力推进成果转化），改革任务（加强和改进党对高校的领导、完善内部治理结构、实现关键环节突破、构建社会参与机制、推进国际交流合作），支持措施（总体规划、分级支持，强化绩效、动态支持，多元投入、合力支持）以及组织实施（加强组织管理、有序推进实施）等内容。建设世界一流大学和一流学科，是中共中央、国务院作出的重大战略决策，对于提升我国教育发展水平、增强国家核心竞争力、奠定长远发展基础，具有十分重要的意义。与此同时，全国人民代表大会2015年12月修订了《高等教育法》，其中也体现了高等教育方面的一些政策新动向。

四、职业教育政策

（一）过渡时期的职业教育政策

新中国成立后，为了使职业教育更好地为社会主义建设事业服务，国家着手改变旧中国职业教育的半殖民地半封建社会的性质，建立社会主义职业教育体系。1949年中国人民政治协商会议制定的《共同纲领》指出："有计划有步骤地实行普及教育，加强中等教育和高等教育，注重技术教育，加强劳动者的业余教育和在职干部教育，给青年知识分子和旧知识分子以革命的政治教育，以适应革命工作和国家建设工作的广泛需要。"在建立社会主义职业教育体系的过程中，新政府做的第一件事就是接管和改造旧中国遗留下来的各种公立和私立职业学校，取消了原来的训导制度，建立了中国共产党对学校的领导，对教育管理体制进行了彻底的变革。从教育内容上，废除了国民党时期的公民、党义、军训等课程，代之以新民主主义论、共同纲领、中国革命常识、社会发展史等政治理论课程。在教育对象上，实行向工农开门的方针。

1951年，教育部召开了第一次全国中等教育工作会议，确定了对中等技术学校采取整顿和积极发展的方针。同年10月，政务院作出了改革学制的决定，正式将职业学校改称为中等专业学校。1952年3月，政务院发出《关于整顿和发展中等技术教育的指示》，要求各级各类中等技术学校实行专业化和单一化，正规的、速成的、业余的各种技术学校适当配合发展。1952年8月29日，教育部颁布的《中等技术学校暂行实施办法》明确规定，中等技术学校的培养目标是培养"具有必要的文化、科学的基本知识，掌握一定的现代技术，身体健康，全心全意为人民服务的初级和中级技术人才"。经过一系列教育政策的调控和指导以及广大职业教育工作者的努力，在1949年到1956年的这段时间内，我国的职业教育有了很大的发展。1956年，我国的中等专业学校已达到1 353所，约占中等教育学校总数的15%。

（二）全面建设社会主义时期的职业教育政策

1956年，随着社会主义改造的全面完成，我国社会主义事业的发展进入了一个新的阶段，职业教育同整个教育事业一样，在1956年到1966年的这段时间内，由于受当时极"左"路线的干扰，在发展过程中出现过大起大落。1957年的反"右"斗争，使职业教育在一定程度上受到冲击。1958年的"大跃进"，不只是工业和农业上的"大跃进"，也是教育事业的"大跃进"，当时，几乎是在一夜之间，在全国突然出现了上千所大学。职业教育也不例外，也掀起了"大跃进"的高潮。1959年，仅职业中学和农业中学，全国就达到22 302所。然而短短的几年之后，"大跃进"所吹起的各种各样的泡沫一个个都破灭了，各行各业的“大跃进”最终都以各行各业的大收缩、大整顿和大调整的失败结局而告终。职业教育的大泡沫同样也破灭了，全国中等专业学校的数目从1960年的6 225所压缩到1963年的1 355所。1963年，随着国民经济的全面好转，各行各业开始从“大跃进”的灾难性后果和三年困难时期的阴影中走了出来，教育事业也得到了恢复和发展。1963年11月，教育部着手编制中小学教育和职业教育的七年规划。1964年1月，教育部召开教育工作会议，根据党中央和刘少奇同志的指示，会议决定在教育工作中，要逐步实行两种教育制度，城市必须坚决执行普通教育与职业教育并举的方针，积极发展职业教育。这次会议明确指出：半工半读学校、半农半读学校是今后教育的发展方向。从这个时候起，职业教育以及整个教育事业都进入了一个稳定发展的时期。

(三)“文革”时期职业教育的灾难

1966年5月，“文化大革命”爆发，我国的教育事业陷入了前所未有的混乱之中，17年来建立的职业教育体系受到了严重的破坏。首先是大批的职业技术学校被撤销或停办，在“文化大革命”初期，林彪和“四人帮”两个反革命集团以批判“修正主义教育路线”和“两种教育制度”为借口，把职业中学和农业中学全部撤销；其次是职业教育机构的校舍被挤占；最后是职业教育的教师大量流失，1966年，中等技术学校的教师为4.8万人，到1971年仅有2.4万人。1971年林彪反革命集团垮台后，我国的教育事业一度有所恢复和发展。1971年，中等技术学校和技工学校的招生人数达到了1965年的水平，但半工半读学校、职业中学和农业中学还处于停办状态，中等教育结构还处于严重的比例失调状况之中。1973年7月，国务院批转了国家计划委员会和国务院科教组《关于中等专业学校、技工学校办学中几个问题的意见》，这个文件对职业教育的发展产生了一定的积极作用。然而，随着周恩来同志的去世和邓小平同志的第二次被打倒，职业教育的发展又遇到了第二次危机。

(四) 改革开放后的职业教育政策

1978年，在全国教育工作会议上，邓小平同志提出要考虑各级各类学校的比例，特别是要扩大中等专业学校、农业中学和技工学校的比例。1983年5月，教育部、劳动人事部、财政部和国家计划委员会联合颁发了《关于改革城市中等教育结构发展职业技术教育的意见》，这个文件提出要使职业教育逐步发展成为与普通教育并行的教育体系。1985年5月，《中共中央关于教育体制改革的决定》(简称《教育体制改革决定》)明确提出：调整中等教育结构，大力发展职业技术教育。《教育体制改革决定》进一步指出：社会主义现代化建设不但需要高级科学技术专家，而且迫切需要千百万受过良好职业技术教育的中初级技术人员、管理人员、技工和其他受过良好职业培训的城乡劳动者。没有这样一支劳动技术大军，先进的科学技术和先进的设备就不能成为现实的社会生产力。但是，职业技术教育恰恰是当前我国整个教育事业最薄弱的环节。一定要采取切实有效的措施改变这种状况，力争职业技术教育有一个大的发展。根据大力发展职业技术教育的要求，我国广大青少年一般应从中学阶段分流；初中毕业生一部分升入普通高中，一部分接受高中阶段的职业技术教育；高中毕业生一部分升入普通大学，一部分接受高等职业技术教育。自从《教育体制改革决定》这个纲领性文件颁布之后，我国中等教育结构有了明显的改变，中等职业技术教育有了长足的发展。而且，《教育体制改革决定》还首次在职业教育体系中增加了高等职业教育，为我国职业教育朝着更广阔的方向和更高的层次发展指明了方向。

进入20世纪90年代之后，随着社会主义现代化建设的发展，迫切需要更多的有知识、有技术的劳动者，职业教育在教育事业和现代化建设中发挥着越来越重要的作用。为了更好地发展职业教育，1991年10月17日，《国务院关于大力发展职业技术教育的决定》颁发了，这个文件的颁发与实施，对我国的职业教育产生了强大的促进作用。1993年2月，中共中央、国务院颁发的《中国教育改革和发展纲要》又明确提出：职业技术教育是现代教育的重要组成部分，是工业化和生产社会化、现代化的重要支柱。各级政府要高度重视，统筹规划，贯彻积极发展的方针，充分调动各部门、企事业单位和社会各界的积极性，形成全社会兴办多形式、多层次职业教育的局面。在这种精神的指引下，职业教育得到了蓬勃的发展。特别是在1996年5月，第八届全国人民代表大会常务委员会第十九次会议审议通过了《中华人民共和国职业教育法》（简称《职业教育法》），在职业教育发展史上具有里程碑意义。《职业教育法》的制定与施行，标志着我国职业教育进入了依法治教的新时代。

2002年7月，国务院在北京召开全国职业教育工作会议。会议的主要任务是，总结近年来职业教育的成就和经验，分析职业教育的形势，进一步确立职业教育的战略地位，明确"十五"期间职业教育改革发展的指导思想、目标和思路，研究制定推动职业教育改革发展的政策措施，努力开创职业教育工作的新局面。会后颁发《国务院关于大力推进职业教育改革与发展的决定》以及两个重要的配套文件：教育部、国家经济贸易委员会和劳动保障部制定的《关于进一步发挥行业组织、企业在职业教育和培训中的作用的意见》和劳动保障部、教育部和人事部制定的《关于进一步推动职业学校实施职业资格证书制度的意见》。

2005年11月，全国职业教育工作会议于在北京召开。会议的主要任务是，在全面分析我国经济社会发展形势的基础上，进一步明确职业教育在我国经济社会发展和教育工作中的重要地位和作用，提出今后一个时期我国职业教育改革发展的目标任务和政策措施。在这次会议上，职业教育的战略地位被提到了空前的高度。会议首次提出，要发展中国特色的职业教育，建立和完善有中国特色的现代职业教育体系；首次提出要逐步增加公共财政对职业教育的投入，并且明确在"十一五"期间中央财政带头投入100亿元；首次强调职业教育要关注个人需求，要资助困难家庭子女；首次提出加强职业教育基础能力建设，并以"四项工程""四大计划""四项改革"等非常具体切实的措施来保证职业教育的发展。

2014年6月，全国职业教育工作会议在京召开。中共中央总书记、国家主席、中央军委主席习近平就加快职业教育发展作出重要指示。习近平指出，要树立正确人才观，培育和践行社会主义核心价值观，着力提高人才培养质量，弘扬劳动光荣、技能宝贵、创造伟大的时代风尚，营造人人皆可成才、人人尽展其才的良好环境，努力培养数以亿计的高素质劳动者和技术技能人才。要牢牢把握服务发展、促进就业的办学方向，深化体制机制改革，创新各层次、各类型职业教育模式，坚持产教融合、校企合作，坚持工学结合、知行合一，引导社会各界特别是行业企业积极支持职业教育，努力建设中国特色职业教育体系。要加大对农村地区、民族地区、贫困地区职业教育支持力度，努力让每个人都有人生出彩的机会。会议召开前，国务院印发了《关于加快发展现代职业教育的决定》，进一步推动了我国职业教育的发展。

五、教育督导政策

我国教育督导历史源远流长，最早可以追溯至周朝，当时称为“视学”。如《文献通考·学校考》记载：“古者天子之视学，多为养老设也，虽东汉之时犹然。自汉以后，养老之礼浸废，而人主之幸学者，或以讲经、或以释奠，盖自为一事矣。”按照学者郭振有的观点，教育督导政策在我国的发展大致可分为如下五个时期：

（一）萌芽阶段（1977—1982 年）

1977 年 9 月，邓小平同志提出了恢复我国教育督导机构和教育督导制度的设想，之后，教育督导制度开始恢复，教育部设若干位巡视员，主管普通教育的一些部门也进行了一些视导工作。由于缺乏专门的教育督导部门，此时的教育视导是随机的、不系统和不规范的，无法适应我国教育的发展要求。

（二）恢复时期（1983—1985 年）

为解决教育督导中存在的问题，1983 年 7 月，在北京召开的全国普通教育工作会议中，教育部提出了《建立普通教育督导制度的意见》。随后，1984 年 8 月，教育部增设了视导室，并聘请了第一批视导员，负责巡视、检查和指导帮助全国各地开展普教工作。

（三）正式恢复时期（1986—1993 年）

1986 年 3 月，在六届全国人大四次会议关于“七五”计划的报告中提出：“要加强教育事业的管理，逐步建立系统的教育评价和监督制度。”1986 年 9 月，国务院正式批准国家教育委员会设立督导司，并在《关于实施〈义务教育法〉若干问题的意见》中确认“逐步建立基础教育督学（视导）制度”，“建立基础教育督学机构”，负责对全国或本地区范围内义务教育的实施进行全面视察、督促和指导。1986 年 10 月，国务院批准教育部视导室更名为国家教育委员会督导司，这标志着我国的教育督导制度的正式恢复和重新建立。1986 年底，召开了督导工作座谈会，随即发出《关于转发〈国家教委督导工作座谈会纪要〉的通知》，明确提出：“目前的任务是要推动全国教育系统逐步建立督导制度，并对督导机构的性质、任务，督学聘任的条件，各级督导人员的职权，以及各级督导机构建立的步骤，培训督导人员和开展督导工作试点等都作了原则性的规定。”1987 年 3 月，国家教育委员会发布了《全国教育督导工作座谈会纪要》，对教育督导工作的性质、任务、机构设置、督导人员的条件和职权等都作了明确的规定。1988 年 9 月，国家教育委员会、人事部联合发出《关于建立督导机构问题的通知》。这两个文件下达以后，全国各地纷纷建立了新的教育督导机构，掀开了我国教育督导史新的一页。1991 年 5 月，国家教育委员会正式颁布了《教育督导暂行条例》，成为我国恢复督导制度以来的第一个教育督导的规章性文件，标志着我国教育督导制度进入规范化、法制化的新阶段。

1993 年 2 月，中共中央、国务院印发《中国教育改革和发展纲要》，提出：“各级政府要认真贯彻执行《中华人民共和国义务教育法》及其实施细则，要建立检查、监督和奖惩制度，确保义务教育法的贯彻执行。”“建立各级各类教育的质量标准和评估指标体系。各地教育行政部门要把检查评估学校教育质量作为一项经常性任务。要加强督导队伍、完善督导制度，加强对中小学校工作和教育质量的检查和指导。”

（四）发展时期（1994—1998 年）

1995 年颁布的《教育法》规定：“国家实行教育督导制度和学校及其他教育机构教育评估制度。”教育督导与评估制度依法成为我国教育的一项基本制度，标志着教育督导逐步走上了法制化的轨道。

1998 年 7 月 21 日，国务院批准印发《教育部职能配置、内设机构和人员编制规定》，教育督导团办公室成为教育部 18 个职能司（厅、室）之一。其主要职责是：“承办教育督导团的日常工作，组织国家督学对各地中等及中等以下教育的督导评估和检查验收，宏观指导各地的督导工作。”

（五）完善时期（1999 年至今）

1999 年 6 月，中共中央、国务院召开全国教育工作会议，作出《关于深化教育体制改革全面推进素质教育的决定》，该文件指出，要“进一步健全教育督导机构，完善教育督导制度，在继续进行‘两基’督导检查的同时，把保障实施素质教育作为教育督导工作的重要任务”。督导工作开始进入新的阶段。1999 年 8 月教育部下发的《关于加强教育督导与评估工作的意见》提出：“各级政府和教育行政部门要进一步加强教育督导机构和队伍建设，争取经过几年的努力，从中央到地方初步形成教育督导的法规体系和依法督导的工作程序。”

2000 年 1 月，经国务院领导批准，将原国家教委教育督导团更名为“国家教育督导团”，并明确其主要职责是：“研究制定教育督导与评估的方针、政策、规章制度和指标体系；对地方人民政府贯彻执行国家有关教育方针政策的情况进行指导、监督、检查、评估、保障素质教育的实施和教育目标的实现。”由此，教育督导机构的“督政”职能有了依据。2001 年 6 月，国务院印发了《关于基础教育改革与发展的决定》，第三十九条提出，加强和完善教育督导制度。坚持督政与督学相结合，继续做好贫困地区“两基”评估验收工作，保证验收质量；对已实现“两基”的地区，建立巩固提高工作的复查和督查制度。积极开展对基础教育热点难点问题的专项督导检查。在推进实施素质教育工作中发挥教育督导工作的保障作用，建立对地区和学校实施素质教育的评价机制。“十五”期间，国家和地方对实施素质教育的先进地区、单位和个人进行表彰。

党政十六大提出“要进一步转变政府职能，按照精简、统一、效能的原则和决策、执行、监督相协调的要求，深化行政管理体制改革”“坚持发展是执政兴国的第一要务，把促进和保障教育发展作为督导工作的基本要求”。

2006 年 6 月，新修订的《义务教育法》第八条规定：“人民政府教育督导机构对义务教育工作执行法律法规情况、教育教学质量以及义务教育均衡发展状况等进行督导，督导报告向社会公布。”党的十七大报告指出，全面落实依法治国基本方略，加快建设社会主义法治国家，同时还提出“优先发展教育，建设人力资源强国”。它们都把完善监督机制和加强督导力度作为发展教育的保障。国务院第 215 次常务会议审议通过《教育督导条例》（国务院令第 624 号），自 2012 年 10 月 1 日起正式实施。《教育督导条例》是新中国成立以来的第一部教育督导行政法规，在教育改革和发展历史中具有里程碑意义。自此我国教育督导政策建设进入快速发展时期，国务院教育督导委员会办公室陆续发布了多个政策文件，对督学责任区建设、责任督学挂牌督导以及深化督导改革、转变管理方式等有关工作进行规范。

从我国教育督导制度的历史发展轨迹来看，教育督导经历了三次飞跃。第一次飞跃是从视到导的飞跃。开始时督导只是完成视的任务，后来才转变为视与导的结合，因为只视不导，不能从积极的方面促进督导对象改进工作。第二次飞跃是从导到督的飞跃。教育督导仅仅完成视与导还不够，还需要在视的同时进行监督，使静态的视变为动态的视，以便更好地指导。第三次飞跃是从督到导的飞跃。教育督导要由静态的视变为动态的视，需要辅之检查与评价等过程，从而为科学的指导奠定基础。就其对象而言，教育督导对象的变化呈现出两方面的特征：第一，宏观上由督学向既督学又督政转化；第二，微观上由单纯地督导教师向通过检验学生来督导教师转化。

六、《国家中长期教育改革和发展规划纲要（2010—2020 年）》

《国家中长期教育改革和发展规划纲要（2010—2020 年）》（简称《纲要》），已于 2010 年 7 月 29 日由中共中央、国务院正式全文发布。这是中共中央、国务院发布的 21 世纪第一个教育改革和发展的纲领性文件，是改革开放以来继 1985 年的《中共中央关于教育体制改革的决定》、1993 年的《中国教育改革和发展纲要》和 1999 年的《中共中央、国务院关于深化教育改革全面推进素质教育的决定》，党和国家关于教育改革和发展出台的第四个指导全局的纲领性重要文件。《纲要》共分 4 个部分，22 章，70 条，从我国现代化建设的总体战略出发，对未来十年教育改革和发展作出了具有战略性、前瞻性、针对性、操作性的全面规划和部署。

（一）提出了我国教育未来发展的总体战略

（1）提出了“优先发展、育人为本、改革创新、促进公平、提高质量”的二十字工作方针。

《纲要》指出，把教育摆在优先发展的战略地位。优先发展是党和国家提出并长期坚持的一项重大方针。各级党委和政府要把优先发展教育作为贯彻科学发展观的一项基本要求，切实保证经济社会发展规划优先安排教育发展、财政资金优先保障教育投入、公共资源优先满足教育和人力资源开发需要、充分调动全社会关心支持教育，并尽快形成科学规范的制度。

把育人为本作为教育工作的根本要求。人力资源是我国经济社会发展的第一资源，教育是开发人力资源的主要途径。要以学生为主体，以教师为主导，充分发挥学生的主动性，把促进学生健康成长作为学校一切工作的出发点和落脚点。

把改革创新作为教育发展的强大动力。教育要发展，根本靠改革。要以体制机制改革为重点，加快解决经济社会发展对高质量多样化人才需要与教育培养能力不足的矛盾、人民群众期盼良好教育与资源相对短缺的矛盾、增强教育活力与体制机制约束的矛盾。

把促进公平作为国家基本教育政策。教育公平是社会公平的重要基础。教育公平的关键是机会公平，基本要求是保障公民依法享有受教育的权利，重点是促进义务教育均衡发展和扶持困难群体，根本措施是合理配置教育资源，向农村地区、边远贫困地区和民族地区倾斜，加快缩小教育差距。

把提高质量作为教育改革发展的核心任务。要树立以提高质量为核心的教育发展观，注重教育内涵发展。建立以提高教育质量为导向的管理制度和工作机制，把教育资源配置和学校工作重点集中到强化教学环节、提高教育质量上来。制定教育质量国家标准，建立健全教育质量保障体系。

（2）提出了到2020年，基本实现教育现代化，基本形成学习型社会，进入人力资源强国行列的战略目标。

《纲要》指出，实现更高水平的普及教育；基本普及学前教育；巩固提高九年义务教育水平；普及高中阶段教育，毛入学率达到90%；高等教育大众化水平进一步提高，毛入学率达到40%；扫除青壮年文盲。新增劳动力平均受教育年限从12.4年提高到13.5年；主要劳动年龄人口平均受教育年限从9.5年提高到11.2年，其中受过高等教育的比例达到20%，具有高等教育文化程度的人数比2009年翻一番。形成惠及全民的公平教育。坚持教育的公益性和普惠性，保障公民依法享有接受良好教育的机会。提供更加丰富的优质教育，构建体系完备的终身教育，健全充满活力的教育体制。

（3）提出了坚持以人为本、全面实施素质教育的战略主题。

《纲要》指出，坚持以人为本、全面实施素质教育是教育改革发展的战略主题，是贯彻党的教育方针的时代要求，其核心是解决好培养什么人、怎样培养人的重大问题，重点是面向全体学生、促进学生全面发展，着力提高学生服务国家、服务人民的社会责任感，勇于探索的创新精神和善于解决问题的实践能力。要坚持德育为先，能力为重，全面发展相结合的培养策略。坚持文化知识学习与思想品德修养的统一、理论学习与社会实践的统一、全面发展与个性发展的统一。

（二）大力发展学前教育

改革开放以来我们的教育发展得很好，义务教育全面普及，高中教育加快发展，职业教育与高中阶段教育大体相当，高等教育进入到大众化阶段。但是学前教育成为一个薄弱环节。现在学前教育的普及率只有50.9%，农村地区的学前教育普及率只有36%，可以说这是我们整个国民教育体系的一个短板。对此，《纲要》明确指出，积极发展学前教育，到2020年，普及学前一年教育，基本普及学前两年教育，有条件的地区普及学前三年教育。重视0~3岁婴幼儿教育。建立政府主导、社会参与、公办民办并举的办园体制。大力发展公办幼儿园，积极扶持民办幼儿园。加大政府投入，完善成本合理分担机制，对家庭经济困难幼儿入园给予补助。制定学前教育办园标准，建立幼儿园准入制度。完善幼儿园收费管理办法。严格执行幼儿教师资格标准，切实加强幼儿教师培养培训，提高幼儿教师队伍整体素质，依法落实幼儿教师地位和待遇。教育行政部门加强对学前教育的宏观指导和管理，相关部门履行各自职责，充分调动各方面力量发展学前教育。努力提高农村学前教育普及程度，着力保证留守儿童入学，支持贫困地区发展学前教育。

（三）促进教育公平

教育公平是社会公平的重要基础。党的十七大报告中指出：教育是民族振兴的基石，教育公平是社会公平的重要基础。教育涉及千家万户，惠及子孙后代，是一项崇高的公益性事业。教育公平是促进人的全面发展和社会公平正义的必然要求，也是我国教育改革和发展坚定不移追求的目标。近年来，择校风盛行对教育质量和社会公平提出了严峻挑战，其根本原因是优质教育资源太少、教育资源不均衡。义务教育是国家最能够体现公益性和普惠性的教育，义务教育应该是一视同仁，实行强制性的教育。《纲要》提出要办好每一所学校，教好每一个学生。把义务教育均衡发展作为战略性的重点，率先在县域内基本实现义务教育均衡发展。帮扶的主要困难群体包括家庭经济困难学生、进城务工人员子女和特殊儿童。

《纲要》继续突出对农村教育和弱势群体教育的关照，指出促进教育公平“重点是促进义务教育均衡发展和扶持困难群体，根本措施是合理配置教育资源，向农村地区、边远贫困地区和民族地区倾斜，加快缩小教育差距”。《纲要》对农村教育和弱势群体（残疾人、留守儿童，经济困难人群等）教育的关注体现到了教学设施、教学环境、教师素质、教育投入等各个方面，是更为全面的关注。《纲要》中对相关内容提到的次数之多、涉及范围之广也是以前任何一项教育规划所不能比拟的。

(四) 加大教育体制改革和制度创新力度

教育要发展，根本靠改革。教育规划纲要以人才培养为核心，对教育改革进行了总体设计，明确了六项改革任务：一是改革人才培养体制；二是改革考试招生制度；三是建设中国特色现代学校制度；四是改革办学体制；五是改革管理体制；六是扩大教育开放。下面主要介绍前三项改革任务。

(1) 进行人才培养体制改革，人才培养模式将呈更加多样化的发展趋势。教育的根本任务是培养人，多出人才，出好人才，快出人才。怎样建立一个更有利于人才成长的体制机制呢?《纲要》要求，在观念上，要树立全面发展的观念、人人成才的观念、多样化人才观念和系统培养观念；在地位上，要“牢固树立人才培养在高校工作中的中心地位”；在人才培养质量上，要“着力培养信念执著、品德优良、知识丰富、本领过硬的高素质专门人才和拔尖创新人才”；在人才培养模式上，要“创新人才培养模式”“探索多种培养方式”；在具体措施和办学要求上，提出许多新思考、新办法、新举措，如“创立高校与科研院所、行业企业联合培养人才的新机制”，“严格教学管理”并推行学分制、导师制、弹性学制，创新创业教育，研究生实行双导师制和研究生创新教育计划；还要改革人才评价制度等。总之，人才培养模式规格、途径、方式都将成重点之一并向多样化方向发展。

(2) 推进考试招生制度改革。考试招生制度的改革是一个非常受关注的问题。考试招生制度是根指挥棒，它向哪里指，教育就向哪里发展。对于这个问题，《纲要》指出，以考试招生制度改革为突破口，克服一考定终身的弊端，推进素质教育实施和创新人才培养。按照有利于科学选拔人才、促进学生健康发展、维护社会公平的原则，探索招生与考试相对分离的办法，政府宏观管理，专业机构组织实施，学校依法自主招生，学生多次选择，逐步形成分类考试、综合评价、多元录取的考试招生制度。加强考试管理，完善专业考试机构功能，提高服务能力和水平。成立国家教育考试指导委员会，研究制定考试改革方案，指导考试改革试点。

(3) 建设中国特色现代学校制度。高校的行政化管理，近几年一直被认为是影响高校发展、制约文化生产力的因素之一。就逐步取消高校校长的行政化级别的问题，《纲要》指出，推进政校分开、管办分离。随着国家事业单位分类改革推进，探索建立符合学校特点的管理制度和配套政策，克服行政化倾向，取消实际存在的行政级别和行政化管理模式。

《纲要》还在多个方面保证办学自主权，包括：自主开展教学活动、科学研究、技术开发和社会服务，自主设置和调整学科、专业，自主制定学校规划并组织实施，自主设置教学、科研、行政管理机构，自主确定内部收入分配，自主管理和使用人才，自主管理和使用学校财产和经费。《纲要》还针对学术环境和学术质量提出改革思路——确立科学的考核评价和激励机制；建立高等学校质量年度报告发布制度。

(五) 完善教育保障措施

为保障教育事业科学发展、实现教育改革发展的战略目标，《纲要》提出了六项保障任务：一是加强教师队伍建设；二是保障经费投入；三是加快教育信息化进程；四是推进依法治教；五是加强和改善党和政府对教育工作的领导，切实履行推动教育事业优先发展、科学发展的职责；六是着眼于教育改革发展全局和人民群众关心的突出问题，以加强薄弱环节和关键领域为重点，提出了本届政府启动实施的重大项目和改革试点。下面主要介绍五项保障任务。

（1）进一步加大教育投入。20 世纪 90 年代中期以来，我国财政性教育经费占国民生产总值的比重，很少超过 3%。其中 2002 年达到 3.32% 的峰值，此后又有所回落。目前，高收入国家公共教育支出占 GDP 比重的均值为 4.8% 左右，中低收入国家的这个均值反而更高些。在高等教育方面，我国此项财政性经费只占 GDP 的 0.6%，而许多发展中国家已超过 1%，主要发达国家平均为 1.7%。相比之下，我国对教育的投入显然偏低。国内大学除少数民办外，绝大多数为公立大学，教育经费应主要来自政府拨款。针对我国对教育投入一直不足的情况，《纲要》指出要进一步加大教育投入，提高国家财政性教育经费支出占国内生产总值的比例，2012 年达到 4%。

充分调动全社会办教育的积极性，增加社会资源进入教育的途径，多渠道增加教育投入。进一步明确各级政府提供公共教育服务的职责，完善各级教育经费投入机制，保障学校办学经费的稳定来源和增长。义务教育全面纳入财政保障范围，实行国务院和地方各级人民政府根据职责共同负担，省、自治区、直辖市人民政府负责统筹落实的投入体制。非义务教育实行以政府投入为主、受教育者合理分担、其他多种渠道筹措经费的投入机制。进一步加大农村、边远贫困地区、民族地区教育投入。健全国家资助政策体系。加强经费管理，坚持依法理财。完善学校收费管理办法，规范学校收费行为和收费资金使用管理。坚持勤俭办学，严禁铺张浪费，建设节约型学校。

（2）加强教师队伍建设。教育大计，教师为本。有好的教师，才有好的教育。因此，一定要提高教师地位，维护教师权益，改善教师待遇，使教师成为受人尊重的职业。严格教师资质，提升教师素质，努力造就一支师德高尚、业务精湛、结构合理、充满活力的高素质专业化教师队伍。

对此，《纲要》指出，要加强师德建设，提高教师业务水平，以农村教师为重点，提高中小学教师队伍整体素质；以“双师型”教师（“双师型”教师指同时具备教师资格和职业资格，从事职业教育工作的教师。“双师型”教师是教育教学能力和工作经验兼备的复合型人才，对提高职业教育教学水平具有重要意义）为重点，加强职业院校教师队伍建设；以中青年教师和创新团队为重点，建设高素质的高校教师队伍。

依法保证教师平均工资水平不低于或者高于国家公务员的平均工资水平，并逐步提高。落实教师绩效工资。对长期在农村基层和艰苦边远地区工作的教师，在工资、职务（职称）等方面实行倾斜政策，完善津贴补贴标准。

完善并严格实施教师准入制度，严把教师入口关。逐步实行城乡统一的中小学编制标准，对农村边远地区实行倾斜政策。制定幼儿园教师配备标准。建立统一的中小学教师职务

(职称）系列，在中小学设置正高级教师职务（职称)。探索在职业学校设置正高级教师职务（职称)。制定高等学校编制标准。加强学校岗位管理，创新聘用方式。建立健全义务教育学校教师和校长流动机制。城镇中小学教师在评聘高级职务（职称）时，原则上要有一年以上在农村学校或薄弱学校任教的经历。

(3）进一步推进依法治教。依法治教是依法治国方略的重要内容，是教育改革和发展的有力保障。《纲要》指出，首先，要按照全面实施依法治国基本方略的要求，加快教育法制建设进程，完善中国特色社会主义教育法律法规。

其次，全面推进依法行政。各级政府要按照建设法治政府的要求，依法履行教育职责。探索教育行政执法体制机制改革，落实教育行政执法责任制，及时查处违反教育法律法规、侵害受教育者权益、扰乱教育秩序等行为，依法维护学校、学生、教师、校长和举办者的合法权益。完善教育信息公开制度，保障公众对教育的知情权、参与权和监督权。

再次，大力推进依法治校。学校要建立完善符合法律规定、体现自身特色的学校章程和制度，依法办学，从严治校，认真履行教育教学和管理职责。尊重教师权利，加强教师管理。保障学生的受教育权，对学生实施的奖励与处分要符合公平、公正原则。健全符合法治原则的教育救济制度，开展普法教育。

最后，完善督导制度和监督问责机制。制定教育督导条例，进一步健全教育督导制度。严格落实问责制。主动接受和积极配合各级人大及其常委会对教育法律法规执行情况的监督检查以及司法机关的司法监督。建立健全层级监督机制。加强监察、审计等专门监督。强化社会监督。

(4）加强师生安全教育和学校安全管理。针对我国近年来频发的校园安全事故和治安事件提出的重要举措。《纲要》提出：加强师生安全教育和学校安全管理，提高预防灾害、应急避险和防范违法犯罪活动的能力。根据中国教育学会中小学安全教育与安全管理专业委员会2009年在10省市开展的校园安全状况调查：溺水、交通事故、建筑物倒塌、食物中毒等仍是校园安全事故的主要原因，但随着近年来我国不断加强校园安全建设，此类事件发生率呈现下降趋势。然而不容忽视的是，频频发生的校园安全事件已成为影响青少年成长的重要因素。

针对一些学校安全意识淡漠、责任缺失，存在“重善后、轻预防”的错误的校园安全观的情况，《纲要》提出：完善矛盾纠纷排查化解机制，完善学校突发事件应急管理机制，妥善处置各种事端。此外，针对我国许多学校只有门卫、没有安保的情况，《纲要》提出“建立健全安全保卫制度和工作机制，完善人防、物防和技防措施”。《纲要》也强调了校园安全的大环境，提出“加强校园和周边环境治安综合治理”的措施。

(5）加快教育信息化进程。信息化是当今世界发展潮流。信息化的水平已经成为衡量一个国家现代化水平和综合国力的重要标志。改革开放以来特别是近10年来，党和国家高度重视教育信息化建设。经过多年的努力，我国教育信息化取得了显著的成绩，呈现出强劲的发展势头。为了继续扩大已有的教育信息化水平，建设我国的教育信息网络，《纲要》指出，到2020年，基本建成覆盖城乡各级各类学校的教育信息化体系，促进教育内容、教学手段和方法现代化。充分利用优质资源和先进技术，创新运行机制和管理模式，整合现有资源，构建先进、高效、实用的数字化教育基础设施。加快终端设施普及，推进数字化校园建设，实现多种方式接入互联网。重点加强农村学校信息基础建设，缩小城乡数字化差距。加快中国教育和科研计算机网、中国教育卫星宽带传输网升级换代。制定教育信息化基本标准，促进信息系统互联互通；加强优质教育资源开发与应用；强化信息技术应用；构建国家教育管理信息系统。

本章回顾

1. 改革开放后我国教育政策的发展概况主要包括建设具有中国特色社会主义时期的教育政策与建设新时期的教育政策。

2. 世界主要国家的教育政策变革一直追求两大目标：一是教育民主，使每个儿童都有受教育的权利和机会；二是教育质量，使每个儿童不仅能够受教育，而且能够接受高质量的教育。

3. 我国教育政策的基本框架包括：坚持为社会主义现代化建设服务，办人民满意的教育；全面深化教育综合改革，推动基本实现教育现代化；全面推进依法治教，引领教育事业改革发展；全面提高教育质量，推进各级各类教育内涵发展；大力推进教育公平，缩小教育差距。

4. 我国学前教育政策的发展经历了：学前教育政策的初步确立（1949—1957年）；学前教育政策的“跃进”与断裂（1958—1976年）；学前教育的发展与创新（1977年至今）三个阶段。

我国义务教育政策的发展经历了：义务教育政策的形成、义务教育政策的发展、义务教育政策的均衡推进等不同的时期。

我国高等教育政策的发展经历了：高等教育政策的“奠基期”（1949—1956年）、高等教育政策的“探索期”（1957—1965年）、高等教育政策的“破坏期”（1966—1976年）、高等教育政策的“重建期”（1976—1984年）、高等教育政策的“改革期”（1985—1997年）、高等教育政策的“振兴期”（1998—2009年）、高等教育政策的“深化期”（2009年至今）等不同的时期。

我国职业教育政策的发展经历了：过渡时期的职业教育政策、全面建设社会主义时期的职业教育政策、“文革”时期职业教育的灾难、改革开放后的职业教育政策等不同的时期。

我国教育督导政策的发展经历了：萌芽阶段（1977—1982年）、恢复时期（1983—1985年）、正式恢复时期（1986—1993年）、发展时期（1994—1998年）、完善时期（1999年至今）等不同的时期。

《国家中长期教育改革和发展规划纲要（2010—2020年）》提出了我国教育未来发展的

总体战略，十分重视发展学前教育、促进教育公平、加大教育体制改革和制度创新力度、完善教育保障措施。

学习视窗

顶层设计我国学前教育政策

2010年11月以来，国务院出台系列举措，重拳治理百姓“入园难、入园贵”问题。《国务院关于当前发展学前教育的若干意见》提出的十条新政被称为“国十条”：①把发展学前教育摆在更加重要的位置；②多种形式扩大学前教育资源；③多种途径加强幼儿教师队伍建设；④多种渠道加大学前教育投入；⑤加强幼儿园准入管理；⑥强化幼儿园安全监管；⑦规范幼儿园收费管理；⑧坚持科学保教，促进幼儿身心健康发展；⑨完善工作机制，加强组织领导；⑩统筹规划，实施学前教育三年行动计划。

“国十条”和《纲要》明确指出了我国学前教育发展的战略方向是“基本普及学前教育”，到2020年全国要实现基本普及学前教育；同时明确提出了“政府主导”学前教育事业发展。这在我国学前教育发展史上是具有里程碑意义的。但目前，由于长期学前教育发展被边缘化，在一些地区甚至被忽略、被“社会化”，在国家政策层面，对学前教育存在着许多政策盲区，亟须从高位入手，顶层设计，从根本上予以突破。

为保障我国中长期学前教育普及方向和基本普及规划目标的实现，迫切需要我们深入思考和厘清当前学前教育事业改革发展的主要矛盾和制约，抓住核心问题、关键矛盾，从高位入手，顶层设计，从根本上调整和完善我国学前教育事业发展政策，弥补国家教育政策的重要空缺。

要明确规定在中央和地方各级政府财政性教育预算中，应单项列支学前教育投入，并逐步加大各级政府教育财政性投入中学前教育经费的比例。首先，明确将学前教育经费从中小学教育预算中独立出来，在国家财政性教育预算中单项列支学前教育投入，实行学前教育财政投入预算单列制度。其次，逐步提高对学前教育投入的比例，专题组织研究提出学前教育经费占GDP的比例和学前教育预算内事业性经费占教育预算内事业性经费的比例，以从根本上解决并保障学前教育财政投入的稳定性与力度问题，使我国学前教育发展有长远可靠的制度化、稳定化的财政投入保障。

要尽早确立幼儿教师的编制、职称系列，明确规定在国家级培训和地方各级培训中应该制度化地包括幼儿教师培训。建议抓紧明确我国幼儿教师的法律身份，建立明确、科学、适宜我国学前教育事业长远发展的编制政策、职称政策和培训政策。根据《教育法》规定，我国学前教育是国民教育体系的奠基阶段，是基础教育的重要组成部分，因此，从事学前教育事业的教师即幼儿教师，理应是基础教育教师的一部分，因此理应享有与中小学或基础教育教师同等的政治、经济和社会待遇。相关政府部门应抓紧研究、明确我国幼儿教师的编制标准，结合全国实际和中长期发展需要，合理确定教师编制的基本数额、比例，特别是建立适宜的城乡教师编制制度，以使我国幼儿教师的地位和待遇切实得以落实。国家有关部门应明确将幼儿教师培训纳入基础教育教师培训规划之中，切实保障幼儿教师的培训权利，加强幼儿教师培训；并应抓紧研究建立单列的幼儿教师职称体系，以保障幼儿教师平等的职称评定权利。

要明确今后基础教育学校的重大的校园建设工程、校安工程、学校标准化建设工程等，原则上应包括学前教育阶段，包含幼儿园的建设和安全维护等。不同学段固然有其各自的特点，中小学建设的不少设施固然是学前教育阶段所不必的，正如学前教育阶段需配置的一些设施设备也是中小学所不需的。但是，在此需要明确和强调的是，作为基础教育阶段所必需的一些最基础性的设施和建设，比如坚实、安全的校舍，基本、结实的课桌椅，无毒、健康、安全的基本的玩教具和游戏设施等，学前儿童同样需要，或者说更需要！

我国学前教育政策的顶层设计，无疑非教育行政部门一家所能实现的。应在中央政府的统筹领导之下，相关部门共同参与、密切协作。财政、发展改革、机构编制、人力资源和社会保障等有关部门，应从大局出发，与教育行政部门一起，共同研究并对我国学前教育改革发展政策做出系统性的设计，着力在顶层上取得重大突破，特别是争取在政府责任落实，投入体制、管理体制、办园体制和教师队伍建设机制等重大学前教育体制机制和制度建设上取得根本性的突破，以保障和推动我国学前教育事业更加科学、健康、可持续地发展。

资料来源：庞丽娟，洪秀敏，孙美红. 高位入手 顶层设计我国学前教育政策. 教育研究，2012（10）：106—109.

学习演练

一、填空题

1. 1993 年 2 月，中共中央、国务院召开了改革开放以来第二次全国教育工作会议，并印发了__________，总结了自新中国成立 40 多年来特别是党的十一届三中全会以来教育改革和发展的经验，以建设有中国特色社会主义理论为指导，提出了 20 世纪 90 年代我国教育改革和发展的目标、方针、政策和措施。

2. 党的十八大报告把教育放在改善民生和加强社会建设之首，强调要__________，从坚持教育优先发展、全面贯彻党的教育方针、深化教育改革创新、推动教育协调发展、大力促进教育公平、加强教师队伍建设和加强高校党的建设等方面，明确提出了下一阶段教育事业科学发展的战略性目标和任务。

3. 我国教育督导历史源远流长，最早可以追溯至__________，当时称为__________。

二、不定项选择题

1. 在未来，我国进一步努力办好人民满意的教育的前进方向与重要任务主要包括：（　　）。

A. 全面贯彻党的教育方针　　B. 推动教育事业协调发展

C. 深化教育改革创新　　D. 加强教师队伍建设

2. 针对我国对教育投入一直不足的情况，《国家中长期教育改革和发展规划纲要(2010—2020年)》指出要进一步加大教育投入，提高国家财政性教育经费支出占国内生产总值的比例，2012年达到（ ）。

A. 2%　　B. 3%　　C. 4%　　D. 5%

三、简答题

1. 简述《国家中长期教育改革和发展规划纲要（2010—2020年)》中我国教育未来发展的总体战略。

2. 全面推进依法治教，应当始终坚持和把握哪些基本原则？

四、研究性论文

通过对我国教育公平政策的梳理，结合本章所学的有关推进教育公平的知识，对未来基于政策的教育公平发展发表自己的看法。

学习演练答案

一、填空题答案

1.《中国教育改革和发展纲要》

2. “努力办好人民满意的教育”

3. 周朝　“视学”

二、选择题答案

1. ABCD　2. C

三、简答题答案要点

1. 首先，提出了“优先发展、育人为本、改革创新、促进公平、提高质量”的二十字工作方针。其次，提出了到2020年，基本实现教育现代化，基本形成学习型社会，进入人力资源强国行列的战略目标。最后，提出了坚持以人为本、全面实施素质教育的战略主题。

2. 全面推进依法治教，应当始终坚持和牢牢把握以下基本原则：必须坚持党的领导，将坚定不移地走中国特色社会主义教育发展道路作为根本方向；必须坚持人民主体地位，把依法保障公民的受教育权利，维护师生的合法权益，维护教育公平公正作为出发点和落脚点；必须坚持法律面前、规则面前人人平等，将保证教育法律有效实施、依法规范和约束公权力作为核心任务；必须坚持依法治国与以德治国相结合，把大力弘扬社会主义核心价值观，着力加强师德建设、学校德育与重视发挥法治的规范作用、育人作用紧密结合作为重要路径；必须坚持从中国实际、教育实际出发，把运用法治思维和法治方式解决教育改革发展的重大问题，探索和发展具有中国特色、教育特点的法律规范和法治方式作为基本方法。

四、研究性论文答案要点

研究性论文标准：结合所学内容、研究规范、内容翔实、方法明确、观点科学。

第四章　教育法律概述

引　言

学习教育法律最重要的是要对教育法律的一些基本问题，如教育法律本身的含义、特点、地位、基本形式、效力和解释，以及教育立法、教育执法、教育法律关系和责任等有一定的了解。这些内容既是学习教育法律知识的起点，也是学习教育法律知识的重点，本章的主要内容就是围绕这些问题展开的。

学习目标

通过本章的学习，你应该能够做到：

1. 说出教育法律、教育法律关系的含义；
2. 阐明教育立法的概念以及教育法律实施与教育法律解释的含义；
3. 描述教育法律的表现形式和制定原则；
4. 阐释教育法律关系的构成要素、教育政策与教育法律的关系；
5. 说明我国重要法律的主要内容，并能结合实际对身边所发生的教育法律现象和案例进行分析。

问题情境

全国大学英语四、六级考试作弊案

2012 年，某高校学生何某为多赚点钱交学费，把目光瞄向了全国大学英语四、六级考试这一“市场”，计划贩卖全国大学英语四、六级考试作弊所需的电子设备及考试答案。不久，他通过网络联系到了“上家”，即宣称出售考试答案的网友“正爷”(另案处理)。做好准备后，2011 年初，何某通过印发名片，以在网上建立 QQ 群等方式在校园里广泛发布广告。很快，广告吸引了 20 多名正为英语四、六级考试而愁苦的学生，前来购买米粒耳机、“橡皮”等电子作弊设备及考试答案，每套售价数百元不等。为表示自家答案的“信誉”有保证，何某还向学生们承诺，考试不过予以退款。

2011 年 12 月，全国大学英语四级考试前夕，何某支付人民币 500 元向网友“正爷”购买考试答案。收到答案后，何某迅速通过无线电发射设备，向学校考点内的部分考生发送答案。正当何某“群发”答案时，作弊信号被无线电监测人员在考场附近截获，警方随即将何某抓获。

事后，经全国大学英语四、六级考试委员会办公室确认，何某获取并发送的答案，与2011 年 12 月全国大学英语四级考试试题内容具有高度的一致性，为机密级国家秘密。最后，何某被开除学籍，等待他的还有相应的刑事法律责任。

在这一案件中，有许多问题需要我们从教育法律的角度进行思考。例如，全国大学英语四、六级考试是什么性质的考试？贩卖电子作弊设备是不是就等于作弊？对什么样的学生可以给予开除学籍的处分？被给予处分的学生可不可以提出申诉？涉及学费等问题怎样处理？在现实生活中，无论是在大学、中学还是在小学、幼儿园，我们都会遇到一些令人困惑的教育法律问题。要解决这些问题，我们就要认真学习相关的教育法律知识。

第一节　教育法律基本原理

一、教育法律的概念

教育法律是法的一种形式，是狭义的教育法。教育法主要涉及教育法律关系主体的权利和义务问题。教育法亦有广义和狭义之分，广义上的教育法主要是指国家制定或认可并由国家强制力保证实施的教育行为规范体系及其实施所形成的教育法律关系和教育法律秩序的总和。它主要包括最高国家权力机关制定的法律、最高行政机关制定的行政法规、地方权力机关制定的地方性法规、中央政府各部委制定的规章和地方政府制定的规章。狭义的教育法是指由国家权力机关制定的教育法律。

二、教育法律的特点及本质

（一）教育法律的特点

教育法律的特点主要有以下几个方面：第一，教育法律有其特定的调整对象，即调整教育法律关系。教育法律除了调整国家行政管理关系之外，还有相当大的比重调整因教育主体的教育行为而产生的社会关系。第二，教育法律有独立的调整原则。教育法律的调整原则主要是：教育与社会经济发展相适应，遵循教育客观规律，坚持培养全面发展的合格人才，坚持民主办学等。第三，教育法律所调整的教育社会关系主体的地位不是单一的，既有处于平等地位的，也有处于非平等地位的，如学校与教育行政部门之间的关系。这是教育法律不同于民法和行政法的重要特征。

（二）教育法律的本质

从根本上来说，教育法律是统治阶级在教育方面的意志的体现。在阶级社会中，人类被分成统治阶级和被统治阶级，在教育方面他们都有自己的意志，但并不是每个阶级的教育意志都能体现为教育法律。只有在经济上占统治地位，并且在阶级斗争中取得胜利，从而政治也占统治地位的那个阶级的教育意志，才能表现为教育法律。社会主义国家的教育法律是工人阶级领导的广大人民的教育意志的体现。

三、教育法律的地位及作用

（一）教育法律的地位

我国教育法学研究者对我国教育法律地位的讨论，概括起来大致有以下观点：

（1）完全独立说，即主张教育法律是以特有的教育关系作为调整对象，因而有特有的法律关系主体和法律基本原则，并有相应的处理方式。

（2）隶属说，即认为教育法律隶属于行政法，是行政法律部门的一个分支，不是独立的法律部门，不具备构成部门法的条件。

（3）相对独立说，即认为教育法律应脱离行政法，与文物保护法、卫生法等共同组成文教科技法，教育法律是其中的一个分支。

（4）发展说，即认为目前教育法律的调整对象仍以行政法律关系为主，调整方法也属于行政法范围，但教育法律同时调节着具有纵向隶属特征的行政法律关系和具有横向平等性质的教育民事法律关系。

实际上，教育法律的地位还依赖于教育法律关系的进一步明晰，而教育法律关系的确定还要受到各个国家的法律习惯及法律关系的影响。从世界法学的发展趋势来看，往往会有更多的法律独立于原有的法律，成为单独的法律部门。随着教育科学自身的发展以及我国教育改革的继续深入，教育法律关系会逐步明晰、独立，所以教育法律的独立应该是大势所趋的。

（二）教育法律的作用

法律实际上就是肯定的、明确的、普遍的规范，教育法律就是人们在教育方面的行为规范。具体来说，教育法律的作用可以分为五种：

（1）指引作用。法律调整人们的行为，它规定人们可以怎样行为、应该怎样行为和不应该怎样行为，并且还规定违反者所应承担的法律责任。通常情况下，教育法律通过命令性规范和禁止性规范两个方面指引人们的行为方向。

思考题

我国《义务教育法》第十一条规定："凡年满六周岁的儿童，其父母或者其他法定监护人应当送其入学接受并完成义务教育；条件不具备的地区的儿童，可以推迟到七周岁。适龄儿童、少年因身体状况需要延缓入学或者休学的，其父母或者其他法定监护人应当提出申请，由当地乡镇人民政府或者县级人民政府教育行政部门批准。"

上面的法条规定，属于命令性规范，还是禁止性规范？

(2) 评价作用。法律是一个重要的、普遍的评价标准，即人们可以根据法律来判断某种行为是合法的还是违法的。我国的教育法律就为人们提供了评价各个行为主体教育行为的标准，因此具有评价作用。

(3) 教育作用。法律的教育作用是指通过法律的实施而对人们的行为所产生的影响。不仅制裁违法行为对一般人具有教育作用，而且鼓励合法行为对人们的行为也具有示范作用。通过教育法律的实施，教育人们自觉地遵守法律，可以更有力地推动教育法律的实施和教育事业的发展。

(4) 预测作用。法律规范的预测作用是指依据作为社会规范的法律，人们可以预先估计到他们彼此之间将如何协调行为。法律的这种预测作用，对教育事业的正常进行和健康发展具有重要意义，如教育规划就涉及行政单位、培养单位、用人单位等诸多部门。有了法律规范，彼此可以相互预测对方的行为，才能更有效地保障教育规划的实现。

(5) 强制作用。对违法犯罪行为的制裁惩罚，是建立法律的重要条件。法律是用来调整社会关系的，但它并非是调整社会关系的唯一手段。在法律之外，还有经济、行政、思想以及文化等其他手段。在许多情况下，特别是在某些社会关系领域或某些问题上，采用法律手段反而不适宜，如师生思想领域等问题，只能通过教育手段加以解决，而不宜采用法律手段。

四、教育法律的形式

教育法律的形式就是指它的渊源，即它的具体表现形式。因为教育法律是人们在教育工作中必须遵守的行为规则，所以必须用一定的形式表现出来，才能使大家了解并真正发挥它的作用。教育法律的形式与一般法律的形式无区别。

在我国，法的主要形式是宪法和法律，习惯只是在个别情况下经过国家机关制定和认可才具有法律效力。国家机关在其职权范围内就个别事件、个别场合、个别人所发布的适用法律规范的法律文件，虽具有法律效力，但不是法律的形式，如判决书、任免令、逮捕证等。这与有的国家不同，如美国的联邦最高法院的判决也是法的形式。我国教育法律的形式，主要是宪法和法律中有关教育的条款和有关教育的法律，如果再细致划分，还可分为中央行政法规、地方性法规、部门规章和政府规章等。

（1）宪法。宪法是国家的根本大法，具有最高的法律效力。在教育方面，所有其他形式的教育法都必须遵守宪法原则。如《中华人民共和国宪法》（简称《宪法》）第四十六条规定："中华人民共和国公民有受教育的权利和义务。国家培养青年、少年、儿童在品德、智力、体质等方面全面发展。"该条款就是教育法律形式的组成部分。

（2）法律。宪法以下是法律。法律一词可作广义和狭义两种理解。广义的法律与法通用。当法律作广义使用时，是把宪法和法律都包括在内的，这时就分为宪法性法律和普通法律。狭义的法律即享有立法权的国家权力机关依照立法程序制定和颁布的规范性文件。这里所用的是法律的狭义概念。法律源于宪法，效力仅低于宪法，高于其他法规。我国的《义务教育法》和《教师法》都属于教育法律的狭义法律形式。

（3）行政法规。行政法规是指由国家最高行政机关，即国务院制定，以国务院令形式颁布的在全国范围内施行的有关国家行政管理活动的法律规范。行政法规一般采用"条例"的命名，如《教育督导条例》《中外合作办学条例》等。行政法规在法律效力上低于法律，需要依据法律的原则或者规定作出。如《中外合作办学条例》就是依据《教育法》第八十五条，"境外的组织和个人在中国境内办学和合作办学的办法，由国务院规定"而制定的。

（4）地方性法规。地方性法规是指省、自治区、直辖市的国家权力机关及其常设机关为执行和实施宪法、法律和中央行政法规，根据本行政区域的具体情况和实际需要，在法定权限内制定、发布并报全国人大常委会备案的规范性文件。此外，省、自治区的人民政府所在地的市和经国务院批准的较大的市人大常委会，也可以拟定本市需要的地方性法规草案，提请省、自治区人大常委会审议制定，并报全国人大常委会和国务院备案。地方性法规的名称，通常有条例、办法、规定、规则、实施细则等。地方性法规只在本行政区域内有效，并且不能同宪法、法律和中央行政法规相抵触；地方各级人大依法通过和发布的决议和地方各级人民政府依法发布的决议和命令等，在其特定行政区域内具有法律效力。由民族自治区地方的国家权力机关行使自治权力所制定、发布的自治性规范性文件，也属于地方性法规。

（5）部门规章和政府规章。国务院教育行政部以部长令形式发布的部门规章，以及省、自治区、直辖市人民政府发布的政府规章，也是教育法律的组成部分。规章的效力低于国务院制定的行政法规、决定和命令等，其内容也不得与宪法、法律以及国务院制定的行政法规相抵触。

对法律起辅助作用的还有各种专业组织的标准。对于有些法律无法干涉的问题，学术专业组织负责处理。因此，学术专业组织的标准也被看作教师权利和义务的来源，也具有法律效力。不过，其他有权机关的法规和各专业组织的标准对立法机关的法律起辅助作用，只能在立法机关制定的法律的基础上制定，并随着法律的改变而改变，而不是相反。各个学校为了完成自己的任务制定的规章制度不是教育法律的形式。它们所制定的规章制度必须符合宪法和法律、法规的原则，在不违背宪法、法律、法规的情况下，各个学校的规章制度可以看作法的补充和具体化。

典型案例 4－1

出台校规禁止学生早恋案

广西某市一中学为防止学生早恋，出台了《男女同学交往若干规定》，规定男女同学单独交谈、结对散步和就餐等为“非正常交往”，三次违纪将被勒令退学。

请思考：学校出台这样的规定是否合法？

五、教育法律与教育政策的关系

（一）教育法律与教育政策的相同之处

教育法律与教育政策是教育活动的两个重要方面，二者在本质上是一致的，都是由处于统治地位的政党或政府为实现其教育意志、有效管理教育活动而制定的教育领域的行动规范和准则。

第一，教育法律与教育政策都属于社会的上层建筑，由特定历史时期的社会经济水平决定。在教育管理的实践中，教育法律与教育政策均发挥着导向、调控、协调、制约、管理和分配等作用。

第二，教育法律与教育政策是针对公共性教育问题而制定的，而不是为个人制定的。只有当社会上大多数人或相当一部分人遇到了共同的教育问题，且这些问题迫切需要解决时，政府才会制定相应的教育法律与教育政策。

第三，教育法律与教育政策都是现代国家管理教育的基本依据和重要手段。要深化教育改革，全面推进素质教育，构建充满生机的中国特色社会主义教育体系，为实施科教兴国战略奠定坚实的人才和知识基础，必须借助制定、实施教育法律与教育政策的手段。

（二）教育法律与教育政策的不同之处

教育法律与教育政策虽然有相同之处，在本质上具有一致性，但教育法律与教育政策毕竟是两个概念，存在着重大区别。

第一，教育法律与教育政策的制定机关不同。教育法律是由特定国家机关制定的，而教育政策可以有多个制定主体，既可以是各级政府及其组成部门，也可以由政党制定。政党在教育政策的制定过程中起着重要作用，尤其是处在执政地位的政党。在我国，从国务院到地方各级人民政府，从教育部到地方各级教育行政部门，都直接参与教育政策的制定。

第二，教育法律与教育政策的表现形式不同。教育法律的表现形式有宪法中的教育条款、教育行政法规、地方性教育法规和教育行政规章等；而教育政策与之不同，它主要体现在党章和代表大会所作的决定，以及党中央发出的指示、决议、纲要、通知、意见中。

第三，教育法律与教育政策的层次范围不同。与教育法律相比，教育政策的涵盖面极广，可以从不同的角度对教育政策进行分类，如从层次上可将其分为教育基本政策和具体政策；从其发挥的作用可分为鼓励性政策和限制性政策；从其对实施对象所产生的影响可分为直接性政策和间接性政策；从其内容可分为各项部门的政策；等等。

第四，教育法律与教育政策的实施方式不同。教育法律的作用主要表现为国家强制性，对全社会成员都有约束力，必须向全社会公布；而教育政策不具有国家强制性，只对某部分人有约束力，主要是指导性作用，只在一定的范围内公布。所以，教育法律的贯彻和实施与其他法律、法规一样，以国家强制力为后盾，要求社会成员必须遵照执行，所有违反教育法律的个人和组织都要受到惩罚和制裁。而教育政策的贯彻主要靠党的纪律和宣传教育，通过人们的表率作用、组织约束、舆论引导等途径来实现。只有被制定为教育法律的那部分教育政策，才能依靠强制手段来实现。

第五，教育法律与教育政策的稳定程度不同。应该说教育法律与教育政策都具有稳定性，但由于二者的目的、任务、对象和特点的不同，决定了二者的稳定性不同。教育法律是比较成熟和定型的教育政策，制定和修改程序都较严格，因而相对来说比较稳定，而教育政策具有指导性、探索性，时间性也很强，因此调整得较为频繁。

（三）教育法律与教育政策的相互联系

教育法律与教育政策的紧密联系表现在教育法律是根据教育政策而制定的，教育政策是教育法律的灵魂，教育政策不仅指导着教育法律的立法过程，体现在教育法律当中，而且也指导着教育法律的运行和实施。也就是说，教育政策是制定教育法律的依据，教育法律是教育政策的具体化，每一项教育法律都是一项政策。教育政策是制定教育法律的依据，很多教育法律条款都是从较为稳定的、对全局有重大影响的，以及在实践中获得了巨大成功的那些教育政策的基础上发展起来的，成为教育政策的具体化和条文化体现。教育政策决定教育法律的性质，教育法律的内容体现了党和国家的教育政策；成熟了的教育政策，可通过法定程序转化为教育法律。只有在党的教育政策指导下适用和实施教育法律，才能更好地发挥教育法律为教育政策服务的作用。在教育管理的实践过程中，有法依法，无法依政策。教育法律一旦确定下来又会对教育政策产生影响和制约，贯彻实施教育政策不能与教育法律相抵触。如果两者发生矛盾，应以法律为准绳，依法办事。

第二节　教育法律关系

一、教育法律关系的含义和特征

教育法律关系是由教育法律规范所确认和调整的人们在教育活动过程中所形成的权利义

务关系。教育法律关系是我国社会主义法律关系的重要组成部分，它由三个要素构成，即教育法律关系的主体、内容和客体。

教育法律关系是教育法学研究的基本范畴，明确教育法律关系对于理解和运用教育法律都具有重要意义。在发生教育法律纠纷时，如何确定法律纠纷的性质，如是行政法律纠纷，还是民事法律纠纷；如何确定法律纠纷中的原告和被告；如何提出合法的要求；等等，这些问题都与教育法律关系的内容有着密切关系，如某位老师想要到法院状告学校侵权并要求学校作出赔偿，首先就需要弄清相应的法律主体、法律内容和法律客体。

教育法律关系除具有一般法律关系的特征外，还具有如下特征：

（1）教育法律关系主体的地位既有平等的，也有非平等的。在很多教育法律关系中，其主体的地位是平等的，不存在谁领导谁、谁管理谁的问题，而且双方的权利义务是对等的，如学校之间因课题合作、编写教材而建立的关系，学校和其他教育机构同企事业单位建立的协作关系等，其主体的法律地位完全是平等的。在教育法律关系中，还有主体处于非平等地位的，主体之间存在领导与被领导、管理与被管理的关系，双方的权利义务也不是对等的。如教育行政部门对学校及其他教育机构进行管理而建立的关系，教育行政部门对教育教学人员进行管理而建立的关系等，其主体的法律地位是不平等的。

（2）权利义务具有同一性。这是教育法律关系与一般法律关系不同的突出特点。根据我国宪法规定，受教育既是公民的权利，同时又是公民的义务。这种权利义务的同一性在教育法律关系中表现得最为集中、突出。

二、教育法律关系的主体

（一）法律关系主体的含义

法律关系主体亦称权利主体，是指法律关系的参加者，即在法律关系中依法享有权利和承担义务的人或组织。任何一种法律关系，没有享有一定权利和承担一定义务的主体参加，都是不可能成立的。法律关系的主体，是法律关系构成的要素之一。

法律关系主体的范围极其广泛，公民不分性别、种族、民族和社会出身、财产状况等，都可以成为法律关系主体，都平等地享有法定的权利和平等地履行义务。国家机关、企事业单位、社会团体和国家都可以成为法律关系主体。法律关系主体的多少因法律关系性质的不同而有所差异，但不能少于两个。

（二）权利能力和行为能力

无论公民或组织，要成为具体法律关系的主体，即作为权利享有者和义务承担者的主体，必须具有权利能力和行为能力。

1. 权利能力

权利能力是指法律关系的参加者依法享有权利和承担义务的能力或资格。我国《教育法》规定："中华人民共和国公民享有受教育的权利和义务。"这表明凡是中华人民共和国公民，就都具备享有这一权利和承担这一义务的资格，无论其年龄和身份状况如何。公民的权利能力，可以分为一般权利能力和特殊权利能力两种。一般权利能力是指公民从出生到死亡都享有的权利能力；特殊权利能力是指在特定条件下才享有的权利能力，一般要受法定年龄和政治条件等的限制。一个组织的权利能力开始于该组织的依法成立，结束于它的解散和撤销。这种权利能力的内容和范围是由有关法律或章程加以规定的。

2. 行为能力

行为能力是指法律所规定的法律关系的参加者能够以自己的行为依法行使权利和承担义务的能力。对公民来说，成为法律关系主体必须具有权利能力，但并不一定都具有行为能力。公民有无行为能力，是以公民是否具有辨认自己行为意义的能力为条件的。根据我国民法规定，公民的民事行为能力分为三种：完全民事行为能力、限制民事行为能力和无民事行为能力。我国《义务教育法》第十一条规定，凡年满6周岁的儿童应当入学接受义务教育，这就表明公民只有达到6周岁才能享受义务教育。有些公民虽然年龄达到了6周岁，但是患有精神疾病等，也不具有接受义务教育的行为能力。一个组织的行为能力和权利能力是同时存在的，它的产生、终止、内容和范围都与其权利能力相同。

资 料

民事行为能力的解释

《中华人民共和国民法通则》（简称《民法通则》）第十一条规定：十八周岁以上的公民是成年人，具有完全民事行为能力，可以独立进行民事活动，是完全民事行为能力人。十六周岁以上不满十八周岁的公民，以自己的劳动收入为主要生活来源的，视为完全民事行为能力人。

第十二条规定：十周岁以上的未成年人是限制民事行为能力人，可以进行与他的年龄、智力相适应的民事活动；其他民事活动由他的法定代理人代理，或者征得他的法定代理人的同意。不满十周岁的未成年人是无民事行为能力人，由他的法定代理人代理民事活动。

第十三条规定：不能辨认自己行为的精神病人是无民事行为能力人，由他的法定代理人代理民事活动。不能完全辨认自己行为的精神病人是限制民事行为能力人，可以进行与他的精神健康状况相适应的民事活动；其他民事活动由他的法定代理人代理，或者征得他的法定代理人的同意。

第十四条规定：无民事行为能力人、限制民事行为能力人的监护人是他的法定代理人。

六周岁以上的未成年人不能辨认自己行为的，适用前款规定。

虽然在现实生活中，不满六周岁的未成年人的智力水平相差较大，不否认个别的智力水平较高，有如八九岁的孩子，但总体来说，他们仍不具有综合的认识能力和判断能力，故应由其法定代理人代理其民事活动。但在实践中，不满六周岁的未成年人进行与他的年龄、智力相适应的民事活动，根据日常生活习惯，应认定其民事行为的效力。例如，不满六周岁的未成年人到商店购买文具盒、练习本以及买票乘坐公共汽车等，应确认其效力。

由于判断精神病人是否能够辨认自己的行为比较困难，故《民法通则》规定，应经利害关系人申请，由人民法院根据司法精神病学鉴定或者参照医院所作的诊断、鉴定宣告其为无民事行为能力人。在不具备诊断、鉴定条件的情况下，也可参照群众公认的当事人的精神状态认定，但应以利害关系人没有异议为限。

法律规定已满十六周岁、不满十八周岁的人，以自己的劳动为主要生活来源的，视为完全民事行为能力人。主要生活来源是指收入是否达到当地的平均生活水平。

（三）教育法律关系主体的范围

能够成为教育法律关系主体的范围非常广泛，主要有国家、社会、学校、家庭和学生及其他受教育者。如果再具体划分，则包括各级人民政府，各级教育行政机关及其工作人员，学校及其他教育机构，教职员工、学生及父母或其他监护人，其他国家机关、企事业单位、社会组织，以及一些公民个人，等等。

典型案例 4-2

体育课受伤案

一天上午上体育课时，某小学学生张某私自到其他年级体育课场地玩耍，该校体育老师李某追过去用手拽住张某的红领巾推搡，并杵其一拳。张某当时感到胸部发闷，中午回家后全身抽搐。经送医院诊断，张某被确诊为植物神经功能紊乱。因治疗效果不佳，又先后去其他医院治疗。

请考虑，本案中涉及的教育法律关系主体都有哪些?

三、教育法律关系的内容

（一）权利和义务的含义

法律上的权利是指法律关系主体依法享有的某种权力或利益，它表现为权利享有者可以自己做出或不做出一定的行为，也可以要求他人做出或不做出一定的行为。一切法定权利都受到国家的保护，当权利受到侵害时，权利享有者有权向司法机关和国家有关机关申诉和请求保护。

法律权利可以根据不同标准进行分类。根据权利主体的不同，可以分为公民的权利和国家机关、企事业单位及公职人员在行使公务时的职权。公民的权利是指法律规定的公民享有的各种权能，通常又称公民权。我国公民的权利具有空前的广泛性、真实性和平等性。职权，是指国家机关、企事业单位及其工作人员依法执行公务时所具有的某种权能，也称权力。“职权”与“权利”是两个不同的概念，不能混淆。

法律上的义务是指法律关系主体依法承担的某种必须履行的责任，它表现为义务承担者必须做出或不做出一定的行为。一切法定义务都由国家强制力保证其履行，当义务的承担者拒绝履行义务时，司法机关和国家有关机关有权强制其履行。

法律义务也可以根据不同标准进行分类。根据义务主体不同，可分为公民的义务和国家机关、企事业单位及其公职人员在执行公务时所必须履行的义务（亦称职责）。公民的义务是指由法律规定和国家强制力保证的公民必须履行的某种社会责任，是维护国家和社会利益，实现公民个人权利的前提。职责是国家机关、企事业单位及其公职人员依法行使职权时所必须承担的相应的义务。

（二）权利和义务的关系

法律权利和义务，作为构成法律关系内容的两个不可分离的方面，存在于法律关系的统一体中，彼此之间相互联系，不可分割，相辅相成，互为条件。没有无义务的权利，也没有无权利的义务。一方享有权利，就意味着另一方承担义务；一方承担义务，就意味着另一方享有权利。一般来说，每一个法律关系主体都是既享有权利，同时又承担义务的。

权利和义务在本质上具有一致性和统一性。我国宪法明确规定，中华人民共和国公民在法律面前一律平等。任何公民享有宪法和法律规定的权利，同时必须履行宪法和法律规定的义务。这表明在我国不允许有只享受权利而不履行义务的人，也不允许有只尽义务而不享有权利的人。

四、教育法律关系的客体

（一）法律关系客体的含义及种类

法律关系客体亦称权利客体，是指法律关系主体的权利和义务所指向的对象。如果没有客体，权利和义务就失去了目标，成为无实际内容的东西。

公民在法律面前一律平等，人只能是法律关系主体。任何时候都禁止将人身和人格作为法律关系客体。

一般来说，法律关系客体包括以下三种：

（1）物，指在法律关系中可以作为财产权利对象的物品或其他物质财富。

（2）行为，指具有法律意义的法律关系主体的行为，包括作为和不作为两种。

（3）精神财富，指法律关系主体从事智力活动所取得的成果，包括科技发明、学术著作、技艺成果等。

（二）教育法律关系客体的范围

教育法律关系客体的种类和一般法律关系客体的种类是一致的。

作为客体的“物”主要包括：教育经费、基建投资、校舍、场地及其他基本教学设施、教育仪器、图书资料和文娱、体育、卫生器材等。

作为客体的行为主要包括：确定教学制度、教学内容、课程设置，审订教科书，受教育者接受教育以及学校和教师的教育教学活动，家长对子女进行教育等一系列作为形式；还包括教育主管部门的失职，教师不履行教育教学职责，家长不对子女进行教育等一系列不作为形式。在教育法律关系中，作为客体的行为是大量的，也是最重要的。

作为客体的精神财富主要包括：教材的著作权、教学方法和仪器的发明权、教师和学生的名誉权等。随着我国教育科学文化的发展和我国知识产权制度的进一步健全，智力成果将会越来越多地成为教育法律关系客体。

典型案例 4－3

初中女生服毒案

宁夏某中学初二女学生彭某被班主任潘某停课 7 天后在家中服毒，经抢救无效死亡。经查，彭某在与同班同学讨论事情时对班主任出言不逊，后来班主任潘某知道此事后对彭某进行了严厉的批评，并作出了不让她上学的惩罚。彭某知事态严重，多次与家长一起向潘某道歉。然而潘某仅同意其在办公室自学，仍然不允许她上课。学校领导在此事发生后 5 天方知晓实情，正欲开会讨论之时，彭某已服毒。

请考虑，在本案中班主任让彭某停课，涉及什么法律关系客体？

五、教育法律关系的产生、变更和消灭

（一）教育法律关系的产生、变更和消灭的含义

教育法律关系的产生，是指在教育法律关系主体之间形成了法律上的权利义务关系。如学龄儿童入学接受教育与国家、社会、学校之间形成了权利义务关系。

教育法律关系的变更，是指教育法律关系主体、内容和客体发生的部分变化。主体的变更是指教育法律关系的权利或义务从这一主体转移到另一个主体或主体人数的增加或减少。客体的变更是指主体的权利或义务所指向的对象发生了变化。内容的变更是指教育法律关系主体间的权利义务的依法改变。

教育法律关系的消灭，是指教育法律关系主体之间权利义务的终止。

（二）法律事实是教育法律关系产生、变更和消灭的根据

法律关系的存在是以相应的现行法律规范为前提的，没有相应的法律规范，就不可能产生相应的法律关系。但是，有了法律规范这一前提，并不意味着具体的法律关系会自动出现。而只有当法律规定的情况出现时，才能引起具体的法律关系的产生、变更和消灭。教育法律关系的产生、变更和消灭也是如此。

法学上将能够直接引起法律关系产生、变更和消灭的情况和现象，称为法律事实。它可以分为两类：一类是法律事件，指能够直接引起法律关系产生、变更和消灭而又不以人的主观意志为转移的客观现象，如适龄儿童达到接受义务教育的年龄，自然灾害造成校舍倒塌等都属于能够引起教育法律关系产生、变更或消灭的事件。另一类是法律行为，指能够直接引起法律关系产生、变更和消灭的人们的有意识活动。它分为合法行为和违法行为两种。合法行为是指内容和方式都符合法律规定的行为，如学校依法进行教育教学，家长及其他监护人依法送适龄子女或被监护人入学等均为合法行为。违法行为是指行为的内容或方式违背法律规定的行为，如侵占、克扣、挪用教育经费，扰乱教育教学秩序等均属违法行为。

思考题

在计划经济时代，教师任用制度为任命制，学校与教师的关系是什么法律关系？改革开放以来，随着市场经济的迅猛发展，教师聘任制的出现，教师与学校之间出现了一种新型的法律关系，这种法律关系应当是什么，有什么特点？

第三节　教育立法

一、教育立法概述

（一）教育法律制定的概念

教育法律的制定就是国家权力机关按照一定的法律程序，以法的形式和手段把国家的教育政策和人民的教育意愿固定下来，使之成为国家的意志。

16 世纪德国最先颁布了强迫教育法令，虽然这一法令在当时并未得到认真执行，但是它是国家以法律的形式干预和控制教育活动的开始。19 世纪，大部分西方国家先后制定了义务教育法。20 世纪中期以后，教育法律制定进入了大发展时期。现今世界上的许多国家，教育法规已成为相对独立、自成体系的部门法。我国的教育立法开始于清朝末年。1902 年清政府颁布了《钦定学堂章程》。改革开放以来，我国制定和颁布了《教育法》等七部教育法律，大大促进了教育事业的发展，现在正在继续进行健全和完善我国教育法律的工作。

2000 年 3 月 15 日，第九届全国人民代表大会第三次会议通过，并于 2015 年 3 月 15 日，第十二届全国人民代表大会第三次会议修订的《中华人民共和国立法法》是教育法律制定的重要依据。

（二）教育法律制定的原则

（1）方向性原则。我国教育立法必须坚持四项基本原则，同时，教育立法还要保证教育为社会主义建设服务的方向，保证社会主义建设所需人才的培养，保证国家教育目的的实现。

（2）实事求是原则。教育法律制定要从我国的具体国情出发，充分认识到我国社会、历史特点和现实状况，使教育法规制定具有中国特色，而且是切实可行的。

（3）民主性原则。教育法律的草案应尽可能广泛征求有关方面尤其是教育工作者的意见。法律草案应向全社会公布征求意见。

（4）原则性与灵活性相结合的原则。原则性是指一切法律所特有的确定性、规范性、可操作性和国家强制性等，不能体现原则性即丧失了法律的意义和作用。但在制定教育法律时也要体现一定的灵活性。灵活性是实现原则性的具体措施和手段。教育法律只有适应各地的不同情况，只有对教育的发展变化有较强的适应力，才不至于流于形式。

（5）稳定性与适时调整相统一的原则。稳定性是法律的内在属性之一。法律是一种明确、肯定、普遍的行为规范，它必须在一定时期内具有稳定性。当然，随着政治、经济、文化等各种条件的发展变化，法律也必须相应变化，不断进行法律的修正、废止或制定新的法律。但是，在这一过程中，必须保持法律的连续性，使法律不致随意中断。

二、教育立法程序

教育法律制定的程序是指国家机关在制定、修改或废止法律规范的活动中，必须履行的法定步骤和手续。任何法律的制定都必须经过一定的程序，才能立法，才具有法律效力。一般来说，教育立法程序可分为以下四个步骤：

（1）法律议案的提出。法律议案一般是由具有法律提案权的国家机关和人员向制定机关提出。在提出法律议案的同时，还必须提交法律、法规草案和其他有关资料。因此，在提交议案之前，有关机关和人员要做好法律、法规草案的准备工作。

（2）法律草案的讨论。提交法律议案后，立法机关对列入议事日程的法律草案进行审议和讨论。

（3）法律的通过。根据我国宪法和有关法律规定，法律和其他议案需由全国人民代表大会全体代表过半数通过。全国人大常委会审议的法律案，需由常委会以及全体组成人员过半数通过。地方各级人大及常委会通过决议，皆以代表或全体成员的过半数通过为有效。

（4）法律的公布。法律通过后，立法机关用一定的形式予以正式公布。法律公布时，要在法律文本中写明该法实施的日期。

思考题

如何理解教育立法的合法性、合规性？

第四节　教育法律实施

一、教育法律实施概述

（一）教育法律实施的含义

教育法律的实施，是指教育法律规范在现实生活中的具体运用和实现。教育法律的制定和教育法律的实施是两个密切联系但又有区别的过程。教育法律的制定一般从提出某一教育法议案开始直到教育法律的通过、公布并宣告在一定时日开始施行为止。这里所说的“开始施行”是指该教育法律开始生效，即发生效力而并非是指这一法律已在社会实际生活中真正实施已取得预期的成效。

教育法律的实施，不外乎两种方式：一种是教育法律关系主体自己去实施，这叫作自律性的实施，即教育法律的遵守；另一种是教育法律关系主体自己不去实施，则由国家专门机关强制实施，这叫作他律性的实施，即教育法律的适用。

（二）教育法律的适用

教育法律的适用指国家机关和公职人员依照法定的权限和程序，将法律适用于具体人和组织的专门活动。教育法律的适用方式主要有行政执行和司法执行两种。行政部门执行教育法律主要通过组织工作，包括布置任务、选择执行人员、确定执行机构的职责范围、督促执行、检查执行工作的结果、总结经验教训、实行纪律处分等。在我国，执行教育法律的行政部门可分为中央和地方。在中央层面，国务院是最高行政机关，由总理负责，在国务院内主持教育工作的是教育部。在地方一级，地方各级人民政府是地方各级国家权力机关的执行机关，县级以上地方各级人民政府教育行政部门，具体负责本地区教育工作。除了行政执法外，还有司法执行。教育法律的司法执行内容一般涉及教育方面的权利、义务和程序有关的问题，而超出这个范围的问题，法院一般是无权干涉的。如在教师工资晋级方面，由于晋级是由许多因素决定的，如专业水平和能力的提高等，这些因素法院没有资格评价，而且也不易证明，即使学校领导在这方面有不正当的动机，法院也无法对学校领导的这方面权力进行干涉。当然如果涉及法律，法院是要干涉的。如课程设置有宗教内容、教学方法有体罚行为等，法院有权干涉。

二、教育法律解释

（一）教育法律解释的含义

教育法律解释就是根据教育政策和该项教育法的立法意图，对教育法律的具体内容和含义作必要的说明。之所以要对教育法律进行解释，原因是：第一，通过对教育法律的解释可以阐明该项立法的目的以及该项立法的过程。这样，可以使人们更深刻地理解该项立法，有利于执行和遵守；第二，通过对教育法律的解释可明确该项立法的具体含义、适用条件，这样便于司法机关和行政机关具体适用和执行，保证教育法律的统一性；第三，通过对教育法律的解释，可以讲清该项教育法的具体意义和作用，这样可以培养广大人民群众的法制意识，起到宣传和预防的作用，有利于教育法律的实施。如果没有对教育法律的正确解释，人们就不会准确地理解教育法律，那么，必然不能正确执行和遵守教育法律。

（二）教育法律解释的分类

法律解释的形式是多种多样的。在我国，根据解释的主体和效力的不同，可分为法定解释和学理解释两大类。

1. 法定解释

法定解释又称有权解释、正式解释，是指由特定的国家机关依照宪法和法律所赋予的职权，对有关法律规定进行的解释。我国的《宪法》规定，全国人民代表大会常务委员会行使下列职权：①解释宪法，监督宪法的实施……；④解释法律……。这说明在我国，解释宪法和法律的最终权力掌握在全国人民代表大会常务委员会手里。全国人民代表大会常务委员会所作的解释被称为立法解释。

需要指出的是，由于全国人民代表大会常务委员会所作的解释只是一般的原则性的，并不具体针对哪个案件，也不具体针对哪个部门或地区的具体情况，因此，司法部门和行政部门在适用或应用法律时，还需要根据具体案件或具体情况进一步解释法律，当然它们的解释不能违反全国人民代表大会常务委员会的解释原则。司法部门对法律的解释被称为司法解释，行政部门对法律的解释被称为行政解释。因为我国的宪法是统一的，因此它们的解释应当一致，以全国人民代表大会常务委员会的解释为准。立法解释、司法解释和行政解释都属于法定解释。

2. 学理解释

学理解释又称无权解释、非正式解释、法理解释，一般是指社会组织、学者和报刊等对有关法律所进行的法理性的、法制宣传性的解释。学理解释属于研究性质。这种解释的特点，就是在法律上没有约束力，不能作为实施法律的法律依据。尽管如此，这种解释仍然是十分必要的，它对正确理解法律和实施法律，以及提高广大干部和人民群众的法律意识，增强法制观念，加强社会主义法制，具有不可忽视的作用。

法定解释与学理解释之间是互相联系的。首先，立法机关、司法机关、行政机关工作人员都需要学习法学理论，用以指导自己的立法、司法和执法工作，这样学理解释就可能变为法定解释。其次，法学理论工作者通过调查研究，摆事实，讲道理，可以充分使人们认识到现行法定解释是错误的、片面的，因而法定解释就会被改正或补充，因此，从法学理论上对法律进行探讨是完全有必要的。同样，对如何解释教育法律进行探讨也是完全有必要的。

（三）教育法律解释的方法

法律解释的方法不同，对法律的理解也就不同，其含义也会因之而变。所以了解法律解释的方法，对正确执行法律至关重要。法律解释的方法一般来说有两种：严格解释和自由解释。

1. 严格解释

严格解释是指法律所规定的项目不仅是授权而且也是对权力的限制。一般来说，对规定使用教育经费的权力的法律应作严格解释，也就是说，教育机关只能按照法律所列举的项目使用经费，不能超出范围，法律没有列举的项目，教育机关无权使用经费。

2. 自由解释

自由解释是指对法律的解释应当有利于实现法律的目的，也就是应当考虑立法机关的意图。对规定义务教育年限的法律一般采用自由解释的方法，也就是说，地方各级人民政府所规定的义务教育年限可以超出法律规定，但不能低于它。法律规定的是最低标准，按照立法机关的意图来看，并不限制提供更长的义务教育年限。如果法律规定义务教育年限为九年，而地方政府根据自己的实际情况确定为十年，那是允许的。

对法律的解释并不是固定不变的，随着形势的不断变化，法律规范本身在不断变化，解释也在不断变化。解释的变化是为了保持法律的稳定性。世界各国对法律的解释都是随着形势而变化的。我们在执行法律时对解释法律也应给予足够的重视。

学习活动

请结合实际，谈一谈如何理解教育法律解释中的严格解释和自由解释。

三、教育行政执法

（一）教育行政执法的含义

这里法的执行是狭义上法的执行，指国家教育行政机关依照法定职权和程序针对特定事项和特定的教育行政管理相对人，适用教育法律规范并产生法律效力的活动。教育行政执法是教育法实施的重要方面。

一般来讲，教育行政执法有如下特点：首先教育行政执法是以国家的名义对教育活动进行全面管理；其次，教育行政执法的主体，是国家各级教育行政机关以及法律授权的单位，这就把教育行政机关与其他国家机关执法活动区别开来；再次，教育行政机关执行法律的过程同时也是行使执法权的过程；最后，教育行政执法是将法律法规适用具体行政相对人或事的活动。

（二）教育行政执法的原则

（1）依法执行原则。指教育行政机关必须根据法定权限、法定程序和法治精神进行管理，越权无效。这是现代法治国家行政活动的一条最基本的准则。

（2）权责统一原则。指在教育行政执法活动中，教育行政机关有权对教育行政相对人适用教育法律规范，同时，也要承担由实施行政执法行为而产生的法律后果，即权力的行使和责任的承担要统一，不能只行使权力而不承担责任。

（3）合理性原则。这是针对行政执法中享有的自由裁量权而提出的。行政机关应当是执行法律的机关，其行为皆应依法实施，但由于行政事务的复杂性，立法机关不可能通过严密的法律规范完全约束其行政行为，不得不在事实上和法律上承认行政机关享有一定程度的行为选择权，即自由裁量权。但与此同时，由于自由裁量权较少受到法律的约束，就出现了被滥用的现象或出现具体行政行为显失公正的后果。本着既能承认自由裁量权的作用，又应加强对自由裁量权的控制，在行政执法上提出合理性原则。

四、法律制裁与法律救济

1. 法律制裁

法律制裁是由特定的国家机关对违法者（或违约者）依其所应承担的法律责任而实施的强制惩罚措施。根据违法行为和法律责任的性质不同，法律制裁可以分为民事制裁、刑事制裁和行政制裁。

民事制裁是由人民法院所确定并实施的，对民事违法者或应该承担责任的其他组织和个人，依其所应承担的民事责任而给予的强制性惩罚措施。刑事制裁或称刑罚，它是人民法院对于犯罪行为者根据其所应承担的刑事责任而实施的惩罚措施。行政制裁是指国家行政机关对行政违法者所实施的强制性惩罚措施。根据行政违法的社会危害程度、实施制裁的方式等不同，行政制裁又可分为行政处分、行政处罚等。

2. 法律救济

法律救济是指当相对人的权益受到侵害时，相对人可以通过法定程序和途径使受损害的权益获得法律上的补救（详见本教材第八章的有关内容）。

典型案例 4－4

中学生球场丧命案

2005 年，厦门市某中学学生王某在足球场上玩耍时，助跑并反手抓握足球门框引体向上，致使足球门框倒塌，铁框架将王某砸伤，造成特重开放性颅脑损伤，经抢救无效，王某于1月8日死亡。王某的父母在与学校多次协商无果的情况下，将学校告上法庭，要求学校支付死亡赔偿金129 929元，精神损害抚慰金20万元。法院在审理中查明，该足球框是该学校举办一次青年足球赛时留下的可移动的活动框架，学校平时没有对门框进行加固或加一个警示标志告知危险；平时也有学生把足球门框当作单杠吊玩。法院对此案作出一审判决：学校赔偿死者父母经济损失83 116.6元；精神损害抚慰金30 000元；合计113 116.6元。

第五节　教育法律监督

一、教育法律监督概述

广义上的教育法律监督是指中国共产党、国家机关、社会组织或公民依法对教育法律实施情况进行的监督活动。狭义上的教育法律监督是特指国家专门的法制监督机关，即人民检察院依据法定权限和程序对教育法实施情况进行的监督活动。教育法制监督从横向的角度来看，可以分为国家监督和社会监督；从纵向的角度来看，国家监督可以分为国家权力机关的监督、行政机关的监督以及司法机关的监督。社会监督可以分为民主党派的监督、其他社会组织的监督、社会舆论的监督及人民群众的监督。它们互相交错、互相结合，构成我国的教育法制监督体系。

二、教育法律监督的种类

教育法律监督的种类主要包括：中国共产党的监督、国家权力机关的监督、国家行政机关的监督、国家司法机关的监督、社会监督。

三、教育法律监督的体系

（一）中国共产党监督

中国共产党是我国的执政党，是中国社会主义事业的领导核心。党对教育事业的领导和监督，除通过制定教育政策外，还通过各种渠道和组织措施以及党的纪律发挥对教育的法制监督作用。中国共产党监督是指通过各级党组织特别是党的纪律委员会监督教育法律的实施，并提出改进的意见和建议；通过对教育领域中的党员干部进行考察及对违纪党员干部进行处分，实现监督职能；通过党员权利和义务的发挥对教育法律的实施情况进行监督。

(二) 国家监督

国家权力机关的监督是指最高国家权力机关和地方国家权力机关在其职责范围内对教育立法和教育法实施情况的监督。权力机关的监督是最高层次的监督，具有最高的权威性。国家行政机关的监督是指各级政府部门及其所属的教育行政部门和有关职能部门对教育法律实施情况的监督。这种监督分为自上而下的监督和自下而上的监督。前者指上级国家行政机关及其工作人员，对下级国家行政机关及其工作人员的教育行政管理活动是否遵守和执行教育法律实行监督。后者指下级国家行政机关及其工作人员，对上级国家行政机关及其工作人员执行和遵守教育法律的情况进行监督，提出批评、建议。国家司法机关的司法监督是指国家检察机关和国家审判机关对教育法律实施情况实行的监督和制裁活动。

1. 国家权力机关的监督

依据宪法的规定，国家权力机关对教育立法的监督主要表现在：①全国人民代表大会有权制定、修改教育基本法和其他主要的教育法律。②全国人民代表大会常务委员会有权制定、修改除教育基本法和其他主要教育法律以外的有关教育法律；有权撤销国务院制定的同宪法、法律相抵触的教育方面的行政法规、决议和命令；有权撤销省、自治区、直辖市权力机关制定的同宪法、法律、行政法规相抵触的地方性教育法规和决定。③各级人民代表大会及其常务委员会有权撤销本级人民政府有关教育方面的不适当的规定、决议和命令；有权改变或撤销下级人民代表大会有关教育方面的不适当的决议和命令。

国家权力机关对教育法实施情况进行的监督主要表现在：①全国人民代表大会及其常务委员会有权听取和审议国务院关于教育工作的报告，有权审查和批准国家教育实施方案和教育发展规划，审查和批准教育经费预算和决算情况，监督并保证教育法的全面贯彻实施。②各级人民代表大会及其常务委员会在开会期间有权就教育工作的有关问题向政府机关及其教育主管部门提出质询和询问，受质询的机关必须予以答复。③各级人民代表大会及其常务委员会有权代表人民监督教育行政部门、教育机构及其工作人员，对违法失职人员的行为，可以向人民代表大会及其常务委员会或者向有关教育管理机关、教育机构要求调查处理。④各级权力机关可以受理各种申诉和意见，督促有关部门采取措施予以纠正，从而保证教育法律的正确贯彻实施。⑤各级权力部门有权对教育执法情况进行视察和检查。

2. 国家行政机关的监督

国家行政机关的监督主要有各级政府的监督、教育行政部门的监督、行政监察和审计监督及其他有关政府部门的监督。

(1) 各级政府的监督。中央人民政府即国务院是最高国家行政机关。根据宪法和法律规定，国务院有权发布有关教育工作的行政法规、命令和指示，制定教育事业的发展规划，领导和监督教育行政管理部门的工作，检查和督促教育法在全国的贯彻执行情况；有权改变或撤销所属部委发布的指示、命令和规章；有权改变或撤销地方各级政府有关教育的不适当的决定和命令，有权对教育行政部门工作人员实行奖惩。各级地方政府可在本行政区域内行使相应的监督权。各级教育督导部门有权对下级人民政府的教育工作、下级教育行政部门和学校的工作进行监督、检查，包括对教育执法情况的监督、检查。与此同时，下级政府也可以依法定程序监督上级政府的教育管理活动。

（2）教育行政部门的监督。中央教育行政部门有权根据宪法、教育法律、教育行政法规制定和颁布教育工作的规章、指示，制定教育行政措施和方案，负责组织监督、检查教育事业计划的实施情况，贯彻国家教育方针，检查督促办学条件、教育教学质量。地方教育行政部门负责本地区教育法的实施，有权根据地方政府及有关部委的指示，检查、督促教育法律贯彻执行情况并及时报告，制定本地区、本部门的教育工作的行政措施、方案，并组织实施。教育行政部门还对学校的教育活动进行监督和指导，奖励教育管理和教书育人的先进模范工作者，查处违反教育法律的单位和个人，从而保证教育事业的顺利发展。

（3）行政监察和审计监督。行政监察是国家各级行政监察机关在所在人民政府和上级检察机关的领导下，在自己的职权范围内，对教育行政机关、教育机构及其工作人员是否履行职责，是否遵守国家法律纪律进行检查，并对发现的问题进行处理的专门的政府监督活动。审计监督则是国家机关或政府授权从事审计工作的机构，通过审计方式对教育行政系统的财政法纪情况和教育机构的财政收支情况进行专门的检查和监督活动。行政监察和审计监督都是保障教育法律的正确贯彻实施的有效监督形式。

（4）其他有关政府部门的监督。其他有关政府部门主要是指计划、财政、劳动、人事、文化、体育、卫生、科技、出版等政府部门。这些部门在其各自的工作和业务范围内，依法行使自身专门的行政职权和管理功能，从不同方面对教育法律的实施情况进行专项的检查和监督，查处有关的违法现象，以保障教育法律的全面贯彻执行。

3. 国家司法机关的司法监督

（1）国家检察机关的监督。国家检察机关是指各级人民检察院，它们行使国家检察权。《宪法》第一百二十九条规定："中华人民共和国检察院是国家的法律监督机关。"根据宪法和有关法律的规定，人民检察院在国家司法系统内部对法院的审判活动，特别是对刑事案件的侦察、审判活动和刑事案件判决、裁定的执行是否合法享有监督权，其中当然包括有关教育方面的案件。此外，检察机关对于各级政府及其工作人员在进行国家教育行政管理活动过程中是否坚持依法办事和廉洁奉公，也同样享有监督权。

（2）国家审判机关的监督。各级人民法院是国家的审判机关，行使审判权。对教育法律实施的审判监督，主要通过审理教育刑事案件、教育民事案件、教育行政案件，对教育法律的实施情况进行检查和督促。通过审判监督，能及时以国家强制力解决各种教育违法问题，能有效地追究违法者的法律责任并给予法律制裁，从而维护教育法制和教育秩序，保护教育机构的合法权益，保护教师和学生的教育权利和受教育权利，保护广大师生的人身权利和其他权利，为教育法律的正确贯彻和全面实施提供直接的法律保护和强大的法律威慑力。

（三）社会监督

（1）民主党派的监督。对教育工作，或对教育问题的处理，民主党派可以提出自己的建议，进行批评等。

（2）人民政协的监督。人民政协是联系各方面群众的纽带，政协会议与人民代表大会同时召开，政协委员通过列席人民代表大会会议或常务委员会的某些会议，听取或讨论政府工作报告，从而对政府和教育行政部门进行监督；政协委员通过视察教育工作，能对教育法律的实施情况提出意见、批评和建议；还可以通过其他方式对教育法律的实施情况进行监督。

（3）社会团体的监督。群众自治组织是教育法制监督的重要力量。工会、共青团、妇联、城市居民委员会、农村村民委员会可以通过建议、检举、申诉等形式监督教育法律的实施情况。

（4）社会舆论的监督。广大人民群众可以通过发表对教育工作的看法形成社会舆论，并对其进行监督。社会舆论监督一般通过报纸、电台、广播等舆论工具把问题公布出来，影响大、时效快，是一种有效、独特的监督形式。

（5）公民的监督。《宪法》第四十一条第一款规定："中华人民共和国公民对于任何国家机关和国家工作人员，有提出批评和建议的权利；对于任何国家机关和国家工作人员的违法失职行为，有向有关国家机关提出申诉、控告或者检举的权利，但是不得捏造或者歪曲事实进行诬告陷害。"第二十七条第二款规定："一切国家机关和国家工作人员必须依靠人民的支持，经常保持同人民的密切联系，倾听人民的意见和建议，接受人民的监督，努力为人民服务。"因此，公民可以通过信访、舆论、批评、建议、申诉、检举、控告等方式对教育法律的实施情况进行监督。

第六节　我国教育法治的发展

一、新中国教育法治的发展

自中华人民共和国成立以来，党和政府在教育立法方面做了许多工作，取得了一定的成绩。例如1951年政务院颁布《关于改革学制的规定》，对旧的学制进行了改革，建立了社会主义新学制。1953年政务院颁布《关于整顿和改进小学教育的指示》，1963年颁布《全日制小学暂行工作条例（草案）》《全日制中学暂行工作条例（草案）》等一系列规定，对我国教育事业的发展起了很重要的作用。

在"文化大革命"期间，许多法律遭到破坏，教育立法更是惨遭厄运，无法可依的教育事业到了濒临崩溃的境地。学生欲学不能，教师欲教不得，教育已经完全背离了它最初的含义。痛定思痛，教育无法的严重后果从反面使我们认识到了依法治教的重要性。"文革"以后，历届全国人民代表大会都有许多有识之士倡议抓紧教育立法工作。国家也采取实际行动，进行调查研究，制定和准备制定一批重要的教育法律。

我国于1980年颁布了《中华人民共和国学位条例》；1986年颁布了《中华人民共和国义务教育法》；1993年颁布了《中华人民共和国教师法》；1995年颁布了我国教育的根本大法，即《中华人民共和国教育法》；1996年颁布了《中华人民共和国职业教育法》；1998年颁布了《中华人民共和国高等教育法》。这些重要法律的颁布实施，结束了我国教育工作无法可依的局面，初步形成了我国的教育法律基本体系。

随着民主、法治思想日益深入人心，同时，为了适应转型时期政治、经济的发展需要，促进教育的健康和谐发展，党和国家适时地修订和颁布了教育法规，进一步丰富和完善了我国的教育法律体系。2000年10月31日第九届全国人民代表大会常务第委员会第十八次会议通过《中华人民共和国国家通用语言文字法》，2002年12月28日第九届全国人民代表大会常务委员会第三十一次会议通过《中华人民共和国民办教育促进法》，2006年6月29日第十届全国人民代表大会常务委员会第二十二次会议修订了《中华人民共和国义务教育法》。2015年12月27日第十二届全国人民代表大会常务委员会第十八次会议修订了《中华人民共和国教育法》和《中华人民共和国高等教育法》。

国务院先后发布和批准了《学位条例暂行实施办法》《教师资格条例》《扫盲工作条例》《学校体育工作条例》《学校卫生工作条例》《中外合作办学条例》《民办教育促进法实施条例》《教育督导条例》等16项教育行政法规。国务院教育行政部门单独或与其他部委联合发布了近百个教育规章，其内容涉及基础教育、普通高等教育、职业教育、成人教育、教育国际交流、教师队伍建设、教育经费及其他物质条件保障等各个方面。各省、自治区、直辖市以及有地方立法权的城市，也制定了大量的地方性教育法规或规章。

二、我国重要的教育法律解读

（一）《中华人民共和国教育法》

《中华人民共和国教育法》（简称《教育法》）于1995年3月18日经第八届全国人民代表大会第三次会议审议通过，并于1995年9月1日开始实施。《教育法》是我国最高权力机关——全国人民代表大会审议通过的，是我国历史上颁布的第一部全面规范教育领域的大法，在国家法律体系中处于国家基本法律的地位。此法是国家全面调整各类教育关系，规范我国教育工作的基本法律，在我国教育法规体系中，处于“母法”的地位，具有最高的法律权威。《教育法》作为有关教育的总法，是全面规范全国各种教育关系的重要法律，其他单行教育法律、法规的制定和实施，都要以《教育法》为基本依据，不得与《教育法》确立的原则和规范相违背。在我国法律体系中，《教育法》是《宪法》之下的国家基本法律，与《中华人民共和国刑法》（简称《刑法》）、《民法通则》等基本法律处于同等的法律地位。随着我国教育立法步伐的加快和教育法规体系的逐渐完善，《教育法》的地位也日益突出。

《教育法》确立了具有中国特色的社会主义现代教育制度的法律基础。《教育法》规定了我国的教育基本制度，包括学校教育制度、义务教育制度、职业教育制度和成人教育制度、国家教育考试制度、学业证书制度、学位制度、教育督导制度和教育评估制度等。这些制度的确立，奠定了我国终身教育体系的基础，对于为公民提供广泛的受教育的机会，保障公民受教育权的实现，使教育活动有序地进行，具有重要意义。

《教育法》分别确立了各教育关系主体的法律地位及权利、义务，把教育关系主体的行为纳入了法制化、规范化的轨道。同时，还规定了保护教育关系主体合法权益的法律措施。教育关系主体主要包括学校及其他教育机构、教师和其他教育工作者、受教育者、家长、国家及其他社会组织。

《教育法》针对确定的义务性规范和禁止性规范，结合我国实际，对违反《教育法》的各种行为，确定了相应的法律责任。《教育法》中规定的需要追究责任的具体行为有：

（1）不按照预算核拨教育经费和挪用、克扣教育经费的行为。

（2）破坏学校及其他教育机构教育教学秩序和财产以及侵占学校及其他教育机构的财产的行为。

（3）明知校舍或者其他教育教学设施有危险，应当采取措施而不采取措施，致使造成严重危害后果的行为。

（4）违法向学校或其他教育机构收取费用的行为。

（5）非法举办学校或其他教育机构的行为。

（6）违反国家规定招收学员的行为。

（7）招生工作中徇私舞弊的行为。

（8）学校及其他教育机构向受教育者违法收费的行为。

（9）在国家教育考试中作弊和非法举办国家教育考试的行为。

（10）违法颁发学位证书、学历证书或者其他学业证书的行为。

（11）侵犯教师、受教育者、学校或其他教育机构合法权益的行为。

2016 年 6 月 1 日起实施的新修订后的《教育法》明确规定了三个方面的内容：

第一，国家采取措施促进教育公平，推动教育均衡发展。国家制定学前教育标准，加快普及学前教育，构建覆盖城乡，特别是农村的学前教育公共服务体系。

第二，考生在国家教育考试中有非法获取考试试题或者答案的；携带或者使用考试作弊器材、资料的；抄袭他人答案的；让他人代替自己参加考试的；其他以不正当手段获得考试成绩的作弊行为。有上述行为之一的，由组织考试的教育考试机构工作人员在考试现场采取必要措施予以制止并终止其继续参加考试；组织考试的教育考试机构可以取消其相关考试资格或者考试成绩；情节严重的，由教育行政部门责令停止参加相关国家教育考试一年以上三年以下；构成违反治安管理行为的，由公安机关依法给予治安管理处罚；构成犯罪的，依法追究刑事责任。

第三，学校或者其他教育机构违反国家有关规定招收学生的，由教育行政部门或者其他有关行政部门责令退回招收的学生，退还所收费用；对学校、其他教育机构给予警告，可以处违法所得五倍以下罚款；情节严重的，责令停止相关招生资格一年以上三年以下，直至撤销招生资格、吊销办学许可证；对直接负责的主管人员和其他直接责任人员，依法给予处分；构成犯罪的，依法追究刑事责任。

（二）《中华人民共和国义务教育法》

《中华人民共和国义务教育法》（简称《义务教育法》）于1986年4月12日第六届全国人民代表大会第四次会议通过，2006年6月29日第十届全国人民代表大会常务委员会第二十二次会议修订，2006年6月29日中华人民共和国主席令第五十二号公布，自2006年9月1日起开始施行。在全面建设小康社会和构建社会主义和谐社会的新形势下，对《义务教育法》进行修订是我国教育事业发展进程中的一件大事，可以看作中国教育事业发展的又一新的里程碑，我国义务教育发展史也将翻开崭新的一页。

义务教育的对象是义务教育的适龄儿童和少年。《义务教育法》第四条规定："凡具有中华人民共和国国籍的适龄儿童、少年，不分性别、民族、种族、家庭财产状况、宗教信仰等，依法享有平等接受义务教育的权利，并履行接受义务教育的义务。"第十一条又进一步规定："凡年满六周岁的儿童，其父母或者其他法定监护人应当送其入学接受并完成义务教育；条件不具备的地区的儿童，可以推迟到七周岁。"我国规定六周岁为入学年龄，是具有科学依据的，它不仅符合我国儿童身心发展的客观规律，而且符合我国社会的实际情况和世界义务教育的发展趋势。但目前我国绝大多数地区，小学入学年龄为七周岁，如果在短期内各地都一下子改为六周岁，势必给师资、校舍、设备等带来人为的困难。所以，不具备条件的地区，尤其是农村，可以将小学入学年龄推迟到七周岁，但各地都应从实际出发，创造必要条件，使小学入学年龄逐步过渡到六周岁。

我国《义务教育法》第七条规定："义务教育实行国务院领导，省、自治区、直辖市人民政府统筹规划实施，县级人民政府为主管理的体制。县级以上人民政府教育行政部门具体负责义务教育实施工作；县级以上人民政府其他有关部门在各自的职责范围内负责义务教育实施工作。"这一条款规定了政府及其有关部门对义务教育管理的原则，明确了各级政府及其有关部门对义务教育实施管理职责。与1986《义务教育法》规定的"义务教育事业，在国务院领导下，实行地方负责，分级管理"的管理体制相比，新修订的《义务教育法》进一步明确了地方的管理职责。

在教师资格方面，《义务教育法》第三十条规定："教师应当取得国家规定的教师资格。"为了适应九年制义务教育的需要，要发展和改革师范教育，培养和补充新师资。对此我国《义务教育法》第三十三条规定："国务院和地方各级人民政府鼓励和支持城市学校教师和高等学校毕业生到农村地区、民族地区从事义务教育工作。国家鼓励高等学校毕业生以志愿者的方式到农村地区、民族地区缺乏教师的学校任教。县级人民政府教育行政部门依法认定其教师资格，其任教时间计入工龄。"

《义务教育法》第四十二条规定："国家将义务教育全面纳入财政保障范围，义务教育经费由国务院和地方各级人民政府依照本法规定予以保障。国务院和地方各级人民政府将义务教育经费纳入财政预算，按照教职工编制标准、工资标准和学校建设标准、学生人均公用经费标准等，及时足额拨付义务教育经费，确保学校的正常运转和校舍安全，确保教职工工资按照规定发放。国务院和地方各级人民政府用于实施义务教育财政拨款的增长比例应当高于财政经常性收入的增长比例，保证按照在校学生人数平均的义务教育费用逐步增长，保证教职工工资和学生人均公用经费逐步增长。”这是对义务教育经费保障总体要求的规定。

《义务教育法》用一章共十条对违法行为所应承担的法律责任进行了详细而明确的规定，对违法行为也进行了列举。其中包括对未履行义务教育经费保障职责所应承担的法律责任的规定，县级以上地方人民政府及其相关工作人员违法所应承担的法律责任的规定，区分重点校和重点班、改变公立学校性质以及未采取措施组织入学或防止辍学所应承担的法律责任的规定，侵占、挪用义务教育经费以及向学校非法索取或摊派费用所应承担的法律责任的规定，学校违规收取费用和相关人员违反教科书编写规定所应承担的法律责任的规定等。

(三)《中华人民共和国教师法》

《中华人民共和国教师法》(简称《教师法》) 于 1994 年 1 月 1 日起开始施行，这是我国教育界的一件大事。中共中央宣传部、全国人民代表大会教科文卫委员会、国家教育委员会、司法部、国务院法制局、全国教育工会联合发出《关于认真学习、宣传〈中华人民共和国教师法〉的通知》，特别强调了学习、宣传《教师法》的重要性。

《教师法》《中华人民共和国教师资格条例》(简称《教师资格条例》)、2000 年 6 月 22 日教育部发布的《〈教师资格条例〉实施办法》等法律法规都对获得教师资格的条件作了规定。

《教师法》规定：“学校和其他教育机构应当逐步实行教师聘任制。”也就是说当事人取得了教师资格之后，如果未被学校或其他教育机构聘任，那么还不能成为教师。只有在被聘任并直接承担教育教学职责之后，当事人才能成为教师。

《教师资格条例》中还规定，对有下列情形之一的，由县级以上人民政府教育行政部门撤销其教师资格：

(1) 弄虚作假骗取教师资格的。

(2) 品行不良，侮辱学生，影响恶劣的。被撤销教师资格的，自撤销之日起五年内不得重新认定教师资格，其教师资格证书由县级以上人民政府教育行政部门收缴。对于在教师资格考试中有作弊行为的，其考试成绩作废，三年内不得再次参加教师资格考试。

《教师法》主要对教师的职业权利作了规定，包括以下六项：

(1) 进行教育教学活动，开展教育教学改革和实验。这项权利可以称为“教育教学权”。

(2) 从事科学研究、学术交流，参加专业的学术团体，在学术活动中充分发表意见。这项权利可以称为“学术研究权”。

（3）指导学生的学习和发展，评定学生的品行和学业成绩。这项权利可以称为“学生管理权”。

（4）按时获取工资报酬，享受国家规定的福利待遇以及寒暑假期的带薪休假。这项权利可以称为“报酬待遇权”。

（5）对学校教育教学、管理工作和教育行政部门的工作提出意见和建议，通过教职工代表大会或者其他形式，参与学校的民主管理。这项权利可以称为“参与管理权”。

（6）参加进修或者其他方式的培训。这项权利可以称为“进修培训权”。

《教师法》对教师的职业义务规定如下：

（1）遵守宪法、法律和职业道德，为人师表。这项义务可称为“遵守法规义务”。

（2）贯彻国家的教育方针，遵守规章制度，执行学校的教学计划，履行教师聘约，完成教育教学工作任务。这项义务可称为“教育教学义务”。

（3）对学生进行宪法所确定的基本原则的教育和爱国主义、民族团结的教育，法制教育以及思想品德、文化、科学技术教育，组织、带领学生开展有益的社会活动。这项义务可称为“思想教育义务”。

（4）关心、爱护全体学生，尊重学生人格，促进学生在品德、智力、体质等方面全面发展。这项义务可称为“尊重学生人格义务”。

（5）制止有害于学生的行为或者其他侵犯学生合法权益的行为，批评和抵制有害于学生健康成长的现象。这项义务可称为“保护学生权益义务”。

（6）不断提高思想政治觉悟和教育教学业务水平。这项义务可称为“提高水平义务”。

依据《教师法》，教师可能承担法律责任、受到法律制裁的行为，主要有三种：

（1）故意不完成教育教学任务给教育教学工作造成损失的。如无故不上课、不批改作业、泄露考试题目等。

（2）体罚学生，经教育不改的。包括真正体罚和变相体罚。真正体罚指拳打脚踢、捆绑等；变相体罚种类较多，如罚站、罚饿、罚冻、罚劳动、超过限量的重复训练（如罚一篇课文抄写 1 000 遍、罚做一个动作上百次等）、关禁闭等。

（3）品行不良、侮辱学生，影响恶劣的。包括猥亵、奸污女学生，辱骂学生，批斗学生，让学生吃屎等。

《教师法》规定侵犯教师权益的行为主要有以下四种：

（1）侮辱、殴打教师。

（2）对依法提出申诉、控告、检举的教师进行打击报复的。

（3）拖欠教师工资。

（4）侵犯教师其他合法权益。

《教师法》所列举的侵犯教师权益的行为是比较常见和比较典型的。还有一些行为列在其他法规中，如妨碍教师教育教学工作、诬陷教师、泄露教师隐私、侵犯教师通信自由等。我们应结合其他法律的有关规定，全面理解侵犯教师权益的行为。

典型案例 4－5

教师偷考题案

河北省某县小学三年级教师梁某，由于会驾驶，经常晚上加班开车，有时白天不能给学生上课。由于梁老师不负责任，学生的成绩急剧下降。原来数一数二的优等生在该镇的抽查考试中竟然不及格。在期末考试前，梁老师为了让“学生们考个好成绩”，竟偷来了考题，做出答案并让学生抄下来牢记。临考前他竟又“加班”，给学生们抄了一道写作题。此做法引起学生家长的强烈不满。

（四）《中华人民共和国高等教育法》

《中华人民共和国高等教育法》（简称《高教法》）是由国家立法机关依照法律程序制定的规范高等教育活动，调整高等教育活动中所形成的各种法律关系的行动准则。《高教法》主要依据《宪法》和《教育法》，并参照《刑法》《民法通则》等重要法律制定。1998 年 8 月 29 日第九届全国人民代表大会常务委员会第四次会议通过，并于 2015 年进行了修订。《高教法》是高等教育工作者必须遵守的行为规范。

关于高等教育的任务，《高教法》第五条规定：“高等教育的任务是培养具有创新精神和实践能力的高级专门人才，发展科学技术文化，促进社会主义现代化建设。”高等教育任务的核心是培养高级专门人才。只有培养出合格和优秀的高级专门人才，才能发展科学技术文化，才能促进社会主义现代化建设，才能造就一大批高素质的领导人才。

《高教法》第十三条规定：“国务院统一领导和管理全国高等教育事业。省、自治区、直辖市人民政府统筹协调本行政区域内的高等教育事业，管理主要为地方培养人才和国务院授权管理的高等学校。”这一规定明确了建立中央和省级人民政府两级管理，以省级政府统筹为主的条块相结合的高等教育管理体制。关于有关行政部门管理高等教育的职责，《高教法》第十四条规定：“国务院教育行政部门主管全国高等教育工作，管理由国务院确定的主要为全国培养人才的高等学校。国务院其他有关部门在国务院规定的职责范围内，负责有关的高等教育工作。”

《高教法》第十五条规定：“高等教育包括学历教育和非学历教育。高等教育采用全日制和非全日制教育形式。国家支持采用广播、电视、函授及其他远程教育方式实施高等教育。”

我国的高等教育制度包括以下具体内容：

（1）高等学历教育制度。《高教法》第十六条规定：“高等学历教育分为专科教育、本科教育和研究生教育。”

（2）高等学校招生制度。《高教法》第十九条规定：“高级中等教育毕业或者具有同等学力的，经考试合格，由实施相应学历教育的高等学校录取，取得专科生或者本科生入学资格。本科毕业或者具有同等学力的，经考试合格，由实施相应学历教育的高等学校或者经批准承担研究生教育任务的科学研究机构录取，取得硕士研究生入学资格。硕士研究生毕业或者具有同等学力的，经考试合格，由实施相应学历教育的高等学校或者经批准承担研究生教育任务的科学研究机构录取，取得博士研究生入学资格。允许特定学科和专业的本科毕业生直接取得博士研究生入学资格，具体办法由国务院教育行政部门规定。"

（3）证书制度。《高教法》第二十条规定："接受高等学历教育的学生，由所在高等学校或者经批准承担研究生教育任务的科学研究机构根据其修业年限、学业成绩等，按照国家有关规定，发给相应的学历证书或者其他学业证书。接受非学历高等教育的学生，由所在高等学校或者其他高等教育机构发给相应的结业证书。结业证书应当载明修业年限和学业内容。"

（4）自学考试制度。《高教法》第二十一条规定："国家实行高等教育自学考试制度，经考试合格的，发给相应的学历证书或者其他学业证书。"

（5）学位制度。国家实行学位制度。学位分为学士、硕士和博士。

根据《高教法》的有关规定，高等学校校长有以下权利：

（1）拟订发展规划，制定具体规章制度和年度工作计划并组织实施。

（2）组织教学活动、科学研究和思想品德教育。

（3）拟定内部组织机构的设置方案，推荐副校长人选，任免内部组织机构的负责人。

（4）聘任与解聘教师以及内部其他工作人员，对学生进行学籍管理并实施奖励或者处分。

（5）拟定和执行年度经费预算方案，保护和管理学校财产，维护学校的正当权益。

（6）章程规定的其他职权。

这基本上等同于高等学校的权利。

高等学校的主要义务主要有：

（1）教育教学义务。《高教法》第三十一条规定："高等学校应当以培养人才为中心，开展教学、科学研究和社会服务，保证教育教学质量达到国家规定的标准。"

（2）经费、财产义务。《高教法》第三十八条第二款规定："高等学校不得将用于教学和科学研究活动的财产挪作他用。"

（3）接受监督的义务。《高教法》第四十四条规定："高等学校应当建立本学校办学水平、教育质量的评价制度，及时公开相关信息，接受社会监督。"

《高教法》对教师及其他教育工作者的规定体现了高等教育的特点。《高教法》第四十六条规定："高等学校实行教师资格制度。中国公民凡遵守宪法和法律，热爱教育事业，具有良好的思想品德，具备研究生或者大学本科毕业学历，有相应的教育教学能力，经认定合格，可以取得高等学校教师资格。不具备研究生或者大学本科毕业学历的公民，学有所长，通过国家教师资格考试，经认定合格，也可以取得高等学校教师资格。"《高教法》第四十七条规定：“高等学校实行教师职务制度。高等学校教师职务根据学校所承担的教学、科学研究等任务的需要设置。教师职务设助教、讲师、副教授、教授。”《高教法》第四十八条规定：“高等学校实行教师聘任制。教师经评定具备任职条件的，由高等学校按照教师职务的职责、条件和任期聘任。高等学校的教师的聘任，应当遵循双方平等自愿的原则，由高等学校校长与受聘教师签订聘任合同。”《高教法》第四十九条规定：“高等学校的管理人员，实行教育职员制度。高等学校的教学辅助人员及其他专业技术人员，实行专业技术职务聘任制度。”

由于《教育法》对学生已作出比较详细的规定，这些规定也适用于高等学校的学生，因此，《高教法》对学生的规定比较简略。我们在理解高等学校的学生权利时，应结合《教育法》和《宪法》以及其他相关法律的有关规定。《教育法》对学生义务的规定，适用于高等学校的学生。此外，《高教法》也对此作了一些规定：

（1）守法义务、养成义务及学习义务。《高教法》第五十三条规定：“高等学校的学生应当遵守法律、法规，遵守学生行为规范和学校的各项管理制度，尊敬师长，刻苦学习，增强体质，树立爱国主义、集体主义和社会主义思想，努力学习马克思列宁主义、毛泽东思想、邓小平理论，具有良好的思想品德，掌握较高的科学文化知识和专业技能。”

（2）缴纳学费的义务。《高教法》第五十四条规定：“高等学校的学生应当按照国家规定缴纳学费。家庭经济困难的学生，可以申请补助或者减免学费。”

此外，新修订的《高教法》还明确规定了两个方面的内容：

第一，高等学校设立学术委员会，审议学科建设、专业设置，教学、科学研究计划方案；评定教学、科学研究成果；调查、处理学术纠纷；调查、认定学术不端行为；按照章程审议、决定有关学术发展、学术评价、学术规范的其他事项。

第二，高等学校应当建立本学校办学水平、教育质量的评价制度，及时公开相关信息，接受社会监督。教育行政部门负责组织专家或者委托第三方专业机构对高等学校的办学水平、效益和教育质量进行评估。评估结果应当向社会公开。

三、全面推进“依法治教”

党的十八届四中全会提出全面推进依法治国。依法治国在教育领域最核心、最本质的要求就是依法治教。可以说全面推进依法治教是贯彻落实十八届四中全会精神的必然要求，也是实现教育治理体系和治理能力现代化的必由之路。依照党的十八届四中全会中对“依法治国”提出的要求，依法治教需要进一步深化与发展，具体说来包括以下四个方面：

1. 用法治思维和方式推进教育综合改革

推进教育综合改革的前提是提高运用法治思维和法治方式的能力和水平，充分发挥法治对教育综合改革的引领、规范、推进和保障作用。《宪法》第四十六条规定，公民有受教育的权利和义务。《教育法》第九条规定，公民不分民族、种族、性别、职业、财产状况、宗教信仰等，依法享有平等的受教育机会。对于教育综合改革来说，法治思维的核心要义，就是实现平等的受教育权；根本理念，就是促进教育公平、增进人民福祉。从法治而言，程序大于实体。在全面推进依法治国和依法治教的总体框架下，要健全决策程序，完善决策的酝酿提出、咨询论证、风险评估、集体讨论等机制，切实提高教育改革决策质量；要尊重基层首创精神，鼓励地方大胆创造，支持学校勇于创新，积极探索差别化推进。

以法治思维和法治方式推进教育综合改革，关键在于各地教育行政部门和各级各类学校要真落实。例如，在转变教育管理方式、深化招生考试制度改革、落实学校办学自主权、推进管办评分离等群众高度关切的重大改革过程中，要切实推进依法行政，建立行政权力清单制度；健全教育依法决策机制，加大教育执法力度。凡属重大改革都要于法有据，确保在法治轨道上推进改革，让法治精神渗透在各项具体改革领域里，让教育改革走在法治的轨道上。具体到学校管理上，也须以法治思维和方式推进，要以建设现代学校制度为目标，落实和规范学校办学自主权，形成学校依法办学、自主管理，教师依法执教，学生依法维权的局面；还要以健全权利保障和救济机制为着力点，不断增强运用法治思维和法律手段解决学校改革发展中突出矛盾和问题的能力。

2. 切实加强中小学法治教育工作

党的十八届四中全会决定明确提出，要把法治教育纳入国民教育体系，从青少年抓起，在中小学设立法治知识课程。把法治教育纳入国民教育体系，凸显了法治教育的重要性和必要性。从青少年抓起，强调了法治意识要从小培养，注重启蒙教育，打好一生法治素养的基础。在中小学设立法治知识课程，明确了学校法治教育的载体，确保法治教育在学校教育中的制度化、常态化。

鼓励和支持地方编写出版符合中小学学生认知特点和理解接受能力的法制教育教学资源；鼓励学校组织模拟法庭、法制征文、法制绘画等活动；让学生参与学校建章立制过程和社会公共事务，提高学生的公民意识和法律运用能力；鼓励各地开发网络教育课程，使农村和边远贫困地区学生都能够接受到法制教育。充分利用全国法制宣传日、禁毒日等时间节点，集中开展相关的法制宣传教育主题活动。

要积极探索在中小学设立法制教育专职岗位，鼓励高校法律专业毕业生到中小学任教，鼓励其他教师参与法制教育。学校要将法制教育纳入学校工作总体规划和年度计划，将所需经费纳入年度预算。各级人民政府教育督导机构要将学校法制教育纳入教育督导范围之内。

3. 创新机制，提高法治人才培养质量

“创新法治人才培养机制”是十八届四中全会对高等法学教育提出的最直接、最明确的要求。提高法治人才培养质量要以教材为重要载体，在法治人才培养中全面贯彻中国特色社会主义法学理论，全面采用国家统一组织编写的法律类专业核心课程的重点教材，并将其列为高校法学专业考核的重要内容和学生必修的基本教材。在实践中，要通过课程轮训、集中研修等方式，对全国高校法学专业骨干教师开展专题培训，同时，健全政法部门和法学院校人员双向交流机制，深入实施高校与法律实务部门人员互聘“双千计划”。建设专兼结合的法学专业教学团队，加强中国特色社会主义法治人才培养的课程体系和教材体系建设，加强实践教学环节和教学方式方法改革，持续提升教学科研水平，努力打造一支高水平教师队伍。充分发挥法学院校和政法部门的各自独特优势，构建法治人才培养共同体。

4. 强化督导工作，规范办学行为

规范办学行为，是教育督导工作的重要内容和任务。规范办学行为最重要的内容之一是政府履行教育职责，为学校规范办学提供保障。地方政府要遵循教育职责督导制度，督导地方政府对学校政策引导、财政投入、监督管理等教育职责的履行情况，还要完善专项督导制度，及时做好教育重大突发事件和教育热点难点问题专项督导，督促地方政府和学校积极应对和妥善解决，保障学校工作正常开展。依据我国《义务教育法》的要求，地方政府还要进一步完善义务教育均衡发展督导工作，督促地方政府优先发展义务教育，加大对义务教育资源均衡配置，改进学校办学条件，促进教育公平。

在督导学校依法依规办学方面，要重视制度建设，尤其是进一步健全中小学校责任督学挂牌督导制度，并开展依法治校的专项督导工作。研究建立学校综合督导机制，开展学校综合督导工作，其中，可以充分利用现代网络和通信技术，建立学校自评、信息公开、督学督导评估的学校管理评价机制。还要完善督导结果使用制度，为实现依法治校提供抓手，重视教育督导结果公开，建立与媒体的联动机制，督促各地各校依法整改，接受社会监督，同时还要完善问责机制，加大督导约谈、通报、复查和问责力度，发现问题责令限期整改。把督导结果作为资源配置、干部任免和表彰奖励的重要依据。

本章回顾

1. 教育法有广义和狭义之分，广义上的教育法主要是指国家制定或认可并由国家强制力保证实施的教育行为规范体系及其实施所形成的教育法律关系和教育法律秩序的总和。它主要包括最高国家权力机关制定的法律、最高行政机关制定的行政法规、地方权力机关制定的地方性法规、中央政府各部委制定的规章和地方政府制定的规章。狭义的教育法是指由国家权力机关制定的教育法律。

教育法律的作用可以分为五种：指引作用、评价作用、教育作用、预测作用、强制作用。我国教育法律的形式，主要是宪法和法律中有关教育的条款和有关教育的法律，如果再细致划分，还可分为中央行政法规、地方性法规、部门规章和政府规章等。

2. 教育法律关系是我国社会主义法律关系的重要组成部分，它由三个要素构成，即教育法律关系的主体、内容和客体。

法律关系主体亦称权利主体，是指法律关系的参加者，即在法律关系中依法享有权利和承担义务的人或组织。无论公民或组织，要成为具体法律关系的主体，即作为权利享有者和义务承担者的主体，必须具有权利能力和行为能力。

权利能力是指法律关系的参加者依法享有权利和承担义务的能力或资格。行为能力是指法律所规定的法律关系的参加者能够以自己的行为依法行使权利和承担义务的能力。

法律关系的内容主要是指法律关系主体的权利和义务。法律上的权利是指法律关系主体依法享有的某种权力或利益，它表现为权利享有者可以自己做出或不做出一定的行为，也可以要求他人做出或不做出一定的行为。一切法定权利都受到国家的保护，当权利受到侵害时，权利享有者有权向司法机关和国家有关机关申诉和请求保护。法律上的义务是指法律关系主体依法承担的某种必须履行的责任，它表现为义务承担者必须做出或不做出一定的行为。一切法定义务都由国家强制力保证其履行，当义务的承担者拒绝履行义务时，司法机关和国家有关机关有权强制其履行。法律权利与义务，作为构成法律关系内容的两个不可分离的方面，存在于法律关系的统一体中，彼此之间相互联系，不可分割，相辅相成，互为条件。法律关系客体亦称权利客体，是指法律关系主体的权利和义务所指向的对象。一般来说，法律关系的客体包括三种：①物；②行为；③精神财富。

3. 教育法律制定的原则主要有：方向性原则、实事求是原则、民主性原则、原则性与灵活性相结合的原则、稳定性与适时调整相统一的原则。

4. 教育法律的实施，是指教育法律规范在现实生活中的具体运用和实现。教育法律的实施，不外乎两种方式：一种是教育法律关系主体自己去实施，这叫作自律性的实施，即教育法律的遵守；另一种是教育法律关系主体自己不去实施，则由国家专门机关强制实施，这叫作他律性的实施，即教育法律的适用。

教育法规的适用指国家机关和公职人员依照法定的权限和程序，将法律适用于具体人和组织的专门活动。教育法律的适用方式主要有行政执行和司法执行两种。教育法律的司法执行内容一般涉及教育方面的权利、义务和程序有关的问题，而超出这个范围的问题，法院一般是无权干涉的。

法律解释根据解释的主体和效力的不同，可分为法定解释和学理解释两大类。法定解释又称有权解释、正式解释，是指由特定的国家机关依照宪法和法律所赋予的职权，对有关法律规定进行的解释。学理解释又称无权解释、非正式解释、法理解释，一般是指社会组织、学者和报刊等对有关法律所进行的法理性的、法制宣传性的解释。法定解释与学理解释之间是互相联系的。法律解释的方法一般来说有两种：严格解释和自由解释。严格解释是指法律所规定的项目不仅是授权而且也是对权力的限制。自由解释是指对法律的解释应当有利于实现法律的目的，也就是应当考虑立法机关的意图。对法律的解释并不是固定不变的，随着形势的不断变化，法律规范本身在不断变化，解释也在不断变化。

狭义上法的执行，指国家教育行政机关依照法定职权和程序针对特定事项和特定的教育行政管理相对人，适用教育法律规范并产生法律效力的活动。教育行政执法的原则有：依法执行原则、权责统一原则、合理性原则。

法律制裁是由特定的国家机关对违法者（或违约者）依其所应承担的法律责任而实施的强制惩罚措施。根据违法行为和法律责任的性质不同，法律制裁可以分为民事制裁、刑事制裁和行政制裁。

5. 广义上的教育法律监督是指中国共产党、国家机关、社会组织或公民依法对教育法律实施情况进行的监督活动。狭义上的教育法律监督是特指国家专门的法制监督机关，即人民检察院依据法定权限和程序对教育法实施情况进行的监督活动。教育法制监督从横向的角度来看，可以分为国家监督和社会监督；从纵向的角度来看，国家监督可以分为国家权力机关的监督、行政机关的监督以及司法机关的监督。社会监督可以分为民主党派的监督、其他社会组织的监督、社会舆论的监督及人民群众的监督。它们互相交错、互相结合，构成我国的教育法制监督体系。

6. 我国先后颁布的《教育法》《义务教育法》《教师法》《高等教育法》等重要教育法律法规，加速了我国的教育法治化进程。

学习视窗

教育立法的基本原则是维护教育的公益性，如何理解教育的公益性？

教育的公益性是指教育活动应当尊重社会全体成员的共同利益。我国教育具有公益性是我国法律明确规定的，也是教育的基本属性决定的。在社会主义市场经济条件下，正确认识和维护教育的公益性，对于政府制定正确的教育政策，保证教育事业的顺利发展，办出让广大人民群众满意的教育具有重要的意义。

教育公益性的内涵：第一是全局性，即教育事业是涉及全局性的事业。教育以培养人为己任，而每个人的活动都不可避免地对社会产生影响。因此，教育绝不是私人的活动，它通过对每个人的影响而影响全社会。第二是全体性，即所有公民都有受教育的权利。在现代社会，受教育已经是一个人生存、发展的必要条件。没有受过教育的公民难以融入现代社会，其个性、尊严和基本需求也得不到充分发展和实现。第三是利益性，即教育维系着国家、民族的根本利益，同时，教育又是作为一种人人应该享有的利益由国家提供给全体公民的。从这一点来讲，它与营利性是相对的。以谋求社会公共利益为目的而设立的法人，有些法学家称之为公益法人。承担着独立办学责任的法人应该是公益法人。作为公益法人，必须以全局为重，不能坑害受教育者，不能坑害社会。第四是公共性，即教育事业应该纳入社会共同承担、共同管理、共同监督的范围。如果把教育这样的公益性事业完全交给某个人或某个群体去负责，事业的公益性就会大打折扣。可以说，没有公共性，教育的公益性就得不到保障。第五是公平性，即教育活动应该遵循公平原则。例如，在学校招生时，招生的标准应该是公平的，招生的程序应该对所有人都相同，任何违背公平原则的外加条件都不符合教育的公益性要求。

教育公益性的这些特性是相互联系的。只有全面理解这些特性，才能对教育的公益性有正确的认识。

资料来源：张维平．维护教育的公益性．求是，2005（14）：48.

学习演练

一、填空题

1. 根据我国宪法规定，行使国家立法权的机构是________________。

2. 教育法律解释就是根据________和该项教育法的立法意图，对教育法律的具体内容和含义作必要的说明。

3. 义务教育法对义务教育阶段收费的规定是________________。

二、不定项选择题

1. 教育法律关系产生的前提是（　　）。

A. 教育法律规范的存在　　B. 教育法律现象的存在

C. 教育法律制度的存在　　D. 教育法律意识的存在

2. 学校及其他教育机构专有的权利是（　　）。

A. 财产所有权　　B. 司法监督权

C. 办学自主权　　D. 行政处罚权

3.《教育法》规定，明知校舍或者教育教学设施有危险，而不采取措施，造成人员伤亡或者重大财产损失的，对直接负责的主管人员和其他直接责任人员，依法追究（　　）。

A. 民事责任　　B. 刑事责任　　C. 一般责任　　D. 行政责任

三、简答题

1. 简述教育立法的程序。

2. 如何理解教育法律关系？

四、论述题

两名中学生星期天在居民区空地上踢足球，在争球时，不慎将球踢到了邻居的阳台上，不仅造成阳台玻璃破碎，而且使阳台上的一名儿童被玻璃划伤。

问：邻居财产损失及人身伤害的民事责任应由谁承担？

五、案例分析题

小学生武某上课时，起立回答问题，后排的同学陈某用脚将武某的椅子移开，结果导致武某重重地坐到了地上。武某当时身体没有任何异样，老师也只批评了陈某几句，就继续上课。可是三天后，武某感到腿脚发麻，后来发展为没办法正常坐着上课。父母将她送往医院诊断，经检查为尾椎受挫伤，导致下半身麻痹，需要长期治疗。

问：对这起事故，谁应该担负责任？

学习演练答案

一、填空题答案

1. 全国人大及其常委会

2. 教育政策

3. 不收学费和杂费

二、选择题答案

1. A　2. C　3. B

三、简答题答案要点

1. 教育立法的程序包括：

(1) 法律议案的提出。

(2) 法律草案的讨论。

(3) 法律的通过。

(4) 法律的公布。

2. 教育法律关系是我国社会主义法律关系的重要组成部分，它由三个要素构成，即教育法律关系的主体、内容和客体。法律关系主体亦称权利主体，是指法律关系的参加者，即在法律关系中依法享有权利和承担义务的人或组织。法律关系的内容主要是指法律关系主体的权利和义务。法律关系客体亦称权利客体，是指法律关系主体的权利和义务所指向的对象。一般来说，法律关系的客体包括三种：①物；②行为；③精神财富。

四、论述题答案要点

应由两名学生的家长（监护人）承担民事责任。《民法通则》规定：无民事行为能力人、限制民事行为能力人有造成他人损害的，由监护人承担民事责任。

五、案例分析题答案要点

主体分析：本案的涉案主体主要包括，学校、学生及其监护人。

法理分析：本案当中直接的侵权主体是陈某，受害主体是武某。陈某上课时用脚将武某的椅子移开，是导致武某重重坐到地上的直接原因，陈某应当对武某的损失负主要责任。由于陈某是无民事行为能力人或限制民事行为能力人，陈某不是此事件的责任主体，陈某的监护人应当承担相应的民事赔偿责任。陈某的监护人是此次事故的责任主体。

此外，由于事情发生在上课期间，老师对课堂管理存在瑕疵是导致武某受伤的间接原因。事情发生后，老师以为武某受伤情况不严重，并没有及时告知武某的监护人，耽误了对武某病情的诊断，也是导致武某伤情扩大的间接原因，所以，学校应当承担此次事故的次要责任。

责任分析：学生陈某负主要责任，由其监护人负责赔偿。学校负有管理失职责任，负次要责任，应进行相应赔偿。

启示分析：该案例启示我们，学校在进行学生管理时，要与学生监护人保持良好的沟通，对于学校里发生的特殊事情，学校要及时告知学生的监护人。监护人也应该加强对子女的教育，防止发生类似事故。

第五章　依法治校

引　言

学校是组织教育教学活动的相对实体，也是进行教育教学活动的主要时空场所。然而，一些学校中的违法案例与现象时有发生。为此，大力推进依法治校，进一步明确学校的法律地位、权利与义务，依法进行学校章程与制度体系建设，完善学校的治理结构，是规范学校办学行为，保证学校正常运行的前提，也是本章所要学习与讨论的重点内容。

学习目标

通过本章的学习，你应该能够做到：

1. 说出依法治校、学校章程的含义；
2. 阐明学校法律地位的含义和特点，学校设立的基本条件及程序；
3. 描述中小学学校章程建设的内容、主要依据、基本原则和制定程序；
4. 阐释学校的治理结构，描述中小学校长负责制度、教代会制度、家委会制度、学生参与制度的含义、构成及任务等；
5. 结合实际，对当前学校校规的含义、现存的法律问题及合法性审查进行分析；
6. 结合实际，阐述学校的权利与义务，并对相关案例进行分析。

问题情境

学校中的"雷人"校规

"没有最雷，只有更雷。"这是最近坊间对各地一些校园里的"雷人"校规发出的感叹。

例如，有的学校规定："男女生不得同桌吃饭""上学必须背双肩包"；也有的学校规定："学生必须通过游泳测试，否则体育成绩作不及格处理，且不发毕业证书"；还有的学校规定：学生"周末在家不准看湖南卫视，建议看中央电视台""生日不能跟同学过""不能使用电子产品，包括PSP、手机、计算机、MP3、MP4等"……

又如，四川一学校规定："学生必须买春秋两套学生装和一套保暖上衣，不买就不允许参加考试。”浙江一学校规定，学生“不得戴美瞳，女生内衣不穿吊带衫，男女同学平时距离不能小于50厘米”。更有学校规定：“学生每天应按时大便两次”，还有的学校要求学生“每天早上7时前和晚上睡觉前各大便一次”。

这些无奇不有、千奇百怪的校规，究竟“规范”得了什么呢？如此校规又能塑造出什么样的人才呢？常言道：“没有规矩不成方圆。”但究竟一校之规应该怎样才能起到有效管理、人性管理和科学管理之功效呢？

看了上述案例，你有哪些想法？你认为这些“雷人”校规是否合法？是否侵犯了学生的合法权益？产生此类校规的原因主要是什么？学校的问题究竟出在什么地方？应采取怎样的措施才能避免类似事件的发生？学校应如何推进依法治校进程？……

让我们带着这些问题来一起学习本章的内容吧。

第一节　依法治校的意义

一、依法治校的背景和含义

（一）依法治校的背景

1986年《义务教育法》和1995年《教育法》的颁布为我国全面开展依法治教工作奠定了坚实的法律基础。1999年，教育部就提出了依法治校的要求，为适应社会经济发展和教育改革的需要，2003年7月17日，教育部发布了《关于加强依法治校工作的若干意见》，对各级各类学校开展依法治校工作作出全面部署；2012年11月22日，教育部又发布了《全面推进依法治校实施纲要》，要求各级各类学校深入贯彻科学发展观，全面落实依法治国要求，大力推进依法治校，加快建设现代学校制度。2016年1月教育部颁发了《依法治教实施纲要（2016—2020年）》，进一步强调要深入推进各级各类学校依法治校。依法治校是依法治教的重要内容，也是推进法治社会建设，构建多层次、多形式法治创建活动的重要组成部分。要抓住重点，进一步深化落实《全面推进依法治校实施纲要》的相关要求，将各级各类学校的依法治校工作推向深入。

（二）依法治校的含义

依法治校，简单地讲，就是指学校依照法律的规定，组织和实施教育教学活动以及其他有关教育的活动。它包括两层含义，一是依法组织和实施教育教学活动，依法加强学校管理，规范办学行为；二是依法维护学校、教职工和学生的合法权益，与违法侵权行为作斗争。

墨子说：“天下从事者，不可无法仪；无法仪而其事能成者，无有也。”《教育法》和《义务教育法》以及一些相关的教育法令对中小学校办学行为作出了一系列具体的法律规定，包括学校享有的权利、应尽的义务以及办学过程应注意的一些问题和相关的处置程序等。这些法令条文就是针对教育事业的“法仪”。要搞好教育，就必须依照这些“法仪”而为，方可成其事，成方圆。

依法治校既要求学校的办学过程遵守法律章程，按法律办事，也赋予学校以法律为依据保障学校、教职工和学生的正当权益的权利。也就是说，依法治校的内在要求即实现学校教育管理的法治化。

资料5-1

对依法治校含义的不同诠释

人们从不同的角度理解，依法治校有着不同的形式和内容，既可以是教育行政部门以学校为对象实施管理，也可以是学校校长等管理者（也包括教职员工及学生）以学校的各项内部事务为对象进行管理。

从这个意义来看，依法治校并不仅仅是各级各类学校内部的事，也包括教育行政部门依法管理教育的活动等。

并且，处于不同教育阶段的学校由于教育对象、所处环境等方面的不同，依法治校的实施过程也不尽相同。在此，我们主要探讨的是处于中小学阶段的学校依法组织和实施教育教学活动以及其他有关教育活动的内容。

二、依法治校的意义

依法治校是教育领域落实依法治国基本方略的必然要求，也是建立依法办学、自主管理、民主监督、社会参与的现代学校制度，构建政府、学校、社会之间新型关系的必由之路。

（一）依法治校是学校自身建设、发展的需要

首先，依法治校是学校管理方式的重大改革。过去上级教育行政部门对学校统得过死、管得过细、干涉过多，学校没有办学自主权。学校在内部管理上无法可依，单靠行政指令开展工作，决策不够民主，监督机制不健全，不利于调动广大教师的工作积极性。为此，学校依法行政，依法办学，是推进学校管理方式的重大变革，即从封闭的集权式管理向开放式的民主化管理转变。

其次，有利于规范办学行为。应该说，目前国家出台的法律法规及规章，从总体上已经覆盖了学校工作的方方面面，学校各项工作已置于统一规范之下，认真执行这些法律法规，将有利于规范办学行为，提高学校管理水平。与此同时，依法治校也有利于营造学校的法制氛围，积极推动全社会依法维护学校的合法权益、依法支持学校建设。对教师依法从教和学生遵守法纪也有积极作用。

最后，有利于维护学校及师生的合法权益。一是对外当学校及师生的合法权益受到不法侵害时，要寻求法律保护，严惩不法行为者；二是对内明确学校与教师、学校与学生、教师与学生之间的法律关系，规范各方的行为，依法保护学校、教师、学生各自的合法权益。

（二）有利于我国教育事业的整体发展和进步

学校教育是整体教育事业的核心部分。目前，我国的继续教育事业尚不发达，终身教育概念才引入不久，国民教育主要靠学校教育来完成，如何提高学校管理水平，充分发挥学校教育的主渠道作用，是我国社会发展走向新的历史时期迫切需要解决的一个问题。依法治校的实施将对我国教育事业的发展和进步起到重大的推动作用。

20 世纪 60 年代，西方国家学校行政管理突出领导的作用，从幼儿园到高中阶段普遍强调领导个人因素对学校的影响，如领导和员工的关系质量、管理权的分配、领导职责等。这种领导权变理论有它积极的一面。然而经验表明，这种管理模式也有其缺陷：一是具有不确定性；二是经验性、科学性、稳定性差。我们并不是否认领导者在学校管理中的作用，但从学校发展的可持续性上讲，在依法治校的基础上，强调领导者的作用，就更具有稳定性和可靠性，更容易进入良性循环，学校发展也不至于因领导者的好恶而产生太大的起伏跌宕。

（三）适应现代学校制度建设的必然要求

世界各国的学校教育都是国民教育的主要途径。学校管理的科学化、法制化程度又直接影响学校教育的质量，进而影响到国民的整体素质和一个国家的综合国力。法国、英国、德国、美国、日本等发达国家，都向世人昭示了这一点。战后的日本，在大力发展教育、增加教育投入的同时，制定了完整的《学校教育法》，通过法治途径规范学校管理、发展学校教育，以学校教育为主渠道提高国民的科技和文化素质，从而促进了社会生产力的快速发展，提高了日本的综合国力。据统计，日本在 1950—1972 年，科教在国民经济发展中的贡献率达到了 52%，美国自 1915 年以来，产出增长的一半以上得益于教育和科技的进步，这不能不引起我们的深思。

我国科教兴国战略的实施，离不开学校教育。面对新的发展机遇和挑战，我们必须增强学校管理的法治化，不断提高办学质量和效率，这是依法治校的价值定位，是我国迈入教育发展新阶段的必然选择。

思考题

何为依法治校？它与依法治教、依法治国有何关系？结合你所在地区或学校的工作实际，说明当前最应从哪些方面推进依法治校工作。

三、依法治校的实施

在我国中小学校中贯彻、落实依法治校的必要性和紧迫性是显而易见的。依法治校的建设和完善是一个渐进的过程，这个过程既包括物质、制度等载体的转换过程，同时也包括观念意识的转变过程。

（一）学校管理者应树立依法治校观念

学校管理者能否树立明确的法治观念，认清依法治校的必要性和迫切性，是学校实施法制化管理的前提和基础。学校管理者应将依法治校上升到依法治国的高度，并将依法治校作为依法治国重要的组成部分来认识。在实施过程中要力戒形式主义，应不断完善学校的治理结构，强化组织领导、落实管理制度、更新校内管理体制、健全民主管理机制、充分保障师生的合法权益。

（二）加强教育法制宣传

目前，我国有关教育发展、学校管理的各项法律、法规陆续出台，为依法治校提供了最基本的依据。广大师生员工知法懂法，是依法治校的前提。为此，学校应将教育法制学习与宣传纳入工作职责范围，在学校管理人员及师生员工中开展法制教育宣传教育与讲座；通过校报、广播、校园网和宣传栏等进行法制宣传；召开座谈会、讨论会，促进师生员工的学习与交流。在宣传教育过程中，校领导应率先垂范，带头学法、守法、用法，使校园内从管理者到广大师生都能了解并掌握相关的法律法规，为管理者依法实施学校管理、教师依法执教、学生依法维权等奠定基础。

（三）正确处理法与国家政策、法与学校规章制度的关系

在实施依法治校的过程中，应消除一种非此即彼的错误认识，即不能简单地认为，依法治校就是排斥学校管理中的政策性规范及领导的工作主动性而制定各项具体措施。实践证明，国家政策只要和法律相一致，就要贯彻执行，学校的规章制度只要和法律不矛盾，就要继续遵守，而且它们对国家法律是一种有效的支持和保障，会对学校法制化管理产生推动作用，因此是绝对不可偏废的，如协调学校与家长、学校与社会关系时订立相关的合同，必须依法遵循和依法保障。

学校在对教师、学生、内部员工及教育教学活动等诸多方面进行管理时，可将相关的法律、法规延伸到各个环节，制定各种规章制度，将学校工作能动地与学校内部规章制度相结合，在此过程中，需要注意的是，学校规章制度的建设应以不违反国家的法律法规为基本前提。所以，依法治校，更要体现学校管理者依照法律程序办事。

此外，依法治校体现的是一种法治精神，强调的是依法办事，但并不排斥在学校管理过程中运用经济手段、行政手段及其他手段进行综合治理。

（四）贯彻落实《全面推进依法治校实施纲要》

在2012年教育部印发的《全面推进依法治校实施纲要》中，对全面推进依法治校的指

导思想和总体要求，加强章程建设，健全学校依法办学自主管理的制度体系，健全科学决策、民主管理机制，完善学校治理结构，依法办学，落实师生主体地位，形成自由、平等、公正、法治的育人环境，健全学校权利救济和纠纷解决机制，有效化解矛盾纠纷，深入开展法制宣传教育，形成浓厚的学校法治文化氛围，加强组织与考核，切实提高依法治校的能力与水平，转变政府职能，加强对学校依法治校的保障等多方面内容进行了规定与阐述。各个学校应以此为基础，研究制定本校依法治校的具体方案，并采取有效措施，切实推进依法治校的发展。

学习活动

对《全面推进依法治校实施纲要》的内容进行自主学习，在学习过程中针对某个主题进行问题分析，并形成一篇学习心得。

第二节　学校的法律地位

一、学校法律地位的含义

法律意义上的学校是指经主管机关批准或登记注册，以实施学制系统内各阶段教育为主的教育机构。所谓学校的法律地位，是指法律根据学校这种社会组织的目的、任务、性质和特点而赋予其一种同自然人相似的“人格”。要理解学校的法律地位这个概念，我们需要把握以下三个方面：

1. 学校法律地位的实质是它的法律人格

在法学上，借用“人格”一词，是把社会组织看作一个“人”，在民法上，称之为“法人”。它的人格主要是指该社会组织从事某种活动的权利能力、行为能力和相应的责任能力，并且主要以这三种能力在法律关系中取得主体资格。学校的法律人格，是从它从事教育活动的权利和义务中反映出来的。

2. 学校的法律地位体现它的任务、条件和特点

从民法意义上来讲，学校的法人权利能力的范围取决于成立该法人的宗旨和业务范围，法人没有权利进行违背它的宗旨和超越其业务范围的民事活动。《义务教育法》规定的义务教育阶段学校的具体权利，都体现了学校培养有理想、有道德、有文化、有纪律的社会主义建设者和接班人的教育宗旨。所以，不同条件和特点的学校，如中小学和高等学校，其权利和义务的内容是不同的。

3. 学校法律地位在形式上是由法律赋予的

学校是相对独立的组织教育活动的实体，必须具有相应的法律地位，这是毋庸置疑的。

但是，学校要成为法人实体，则必须符合我国《民法通则》规定的条件。这些条件是：①要依据法律成立；②要有必要的财产或者经费；③有自己的名称、组织机构和场所；④能够独立承担民事责任。

同时，学校取得法人资格也是有限制的。这种限制主要表现在四个方面：其一，财产限制。国有资产不得流失，不得用于担保等。其二，责任限制。《教育法》规定："学校及其他教育机构兴办的校办产业独立承担民事责任。"其三，行为限制。学校法人在权利能力和行为能力方面是存在限制的。它必须严格按照国家法律及学校章程规定的活动范围来从事有关教育的活动。其四，程序限制，学校取得法人资格是有程序的。

此外，学校的法律地位不仅包括它在民事法律关系中的法人地位，也包括它在行政法律关系中的法律地位。而学校在行政法律关系中的法律地位，则是由宪法和行政法律所规定的。

思考题

何谓学校的法律地位？学校要成为法人实体的条件是什么？其受到哪些方面的制约？

二、学校法律地位的特点

学校法律地位具有公共性、公益性、多重性三个特点。

（1）学校法律地位的公共性，指的是学校具有公共性，体现了"公"的特点或者说是国家的特点。我国十分强调学校的公共性质，这是因为学校的法律地位是依据有行政法性质的《教育法》确立的，学校的设立、变更、终止都有专门的注册登记程序，而且必须经国家教育行政部门审批决定。另外，学校设立的目的是提高全民族的素质，培养国家需要的人才。国家要承担与国家教育权相应的责任，为教育事业的发展提供必要的财政来源和其他条件。国家对教育的投入，同时也体现了国家的利益。其实，学校行使的教育权，实质上属于国家教育权的一部分。《教育法》中明确规定学校享有教育教学实施权利，对学校来说，这既是国家授予的权利，又是国家交给的任务，只能正确行使，而不能放弃。

（2）学校法律地位的公益性。《民法通则》规定，我国民法上的法人，依法人创立的目的和活动内容的不同可以分为企业法人和事业法人。其中，事业法人指的是经济活动以外，从事社会公益事业，以满足群众文化、教育、卫生等需要为目的的各类社会组织，包括科学、文化、卫生、艺术，还有教育等事业单位法人。将学校规定为公益性机构是世界各国的通例。尤其是在义务教育阶段，《义务教育法》第二条规定："义务教育是国家统一实施的所有适龄儿童、少年必须接受的教育，是国家必须予以保障的公益性事业。"

（3）学校法律地位的多重性，是指开展学校活动时，根据条件和性质的不同，可以有多重主体资格。当学校参与教育行政法律关系，取得行政权利和承担行政义务时，它就是教育行政法律关系主体。而当学校参与教育民事法律关系，取得民事权利和承担民事义务时，学校就是教育民事法律关系主体。教育行政法律关系，是指学校在实施教育活动中，与国家行政机关或是当学校获得法律法规授权行使某些行政管理职权，取得行政主体资格时，与教师、学生发生的关系。教育民事法律关系是学校与包括政府在内的社会组织和个人之间发生的另一类法律关系。在这类关系中，当事人之间的地位是平等的、自愿的，相互之间的关系一般是等价的、有偿的，双方在财产、土地、学校环境、人身及知识等方面涉及的权益都可能发生民事所有和流转上的关系。

除上述两种法律关系之外，学校还会与国家发生涉及国家对学校的财政拨款、国家对学校兴办产业给予税收优惠等经济法律关系，成为经济法律关系主体，具有经济法上的权利和义务。

思考题

联系实际，说说你对学校法律地位的公益性是如何认识的？学校的行政法律关系与民事法律关系有何不同？

三、设立学校的基本条件及程序

典型案例 5－1

学校突然倒闭，资金无影无踪案

湖北某外国语学校是由全国知名的教育专家、武汉某大学的原校长刘某兴办的。该校具有先进的办学理念和办学模式，并且学校聘请的顾问还是武汉市的副市长，因此名气颇高。不少家长都十分放心地将孩子送到该校上学。但新生入学后不久，该校却由于资金运转问题而倒闭，致使该校在读的学生被迫另行择校。同时，教育局也发出了疏散学生的通知。

然而，由于学生在上学之前都与学校签订了新生入学合同书。并且，合同中规定，学生入学前需交纳 13 万元的教育储备金，待毕业后，学校将钱如数退还。该合同是经过市公证处公证过的，具有法律效力。

面对这种情况，学生家长要求学校的上级主管部门——武汉市教育局责令学校退款。但教育局认为，当初该外国语学校申办程序规范，且各项设施到位，故此才予以颁发办学许可证的。事实上，学校在申办成立时，投资方的资金并没有到位，就连印章也不符合财务制度规定，不能当作验资报告的构成要素申办学校。而这份验资报告却轻易过了关，这不能不说明武汉市教育局对学校申办把关不严、监管不力。

由上述案例可以看出，本案发生的主要原因在于学校的资金不到位，因而不具备办学条件。此外，教育局把关不严、监管不力也是导致本案发生的原因之一。那么，设立学校应当具备哪些条件呢？学校应当怎样避免出现这样的情况呢？

（一）举办学校的主体资格

举办学校的主体资格是指对哪些组织和公民可以举办学校的能力限定。《宪法》第十九条规定：“国家鼓励集体经济组织、国家企业事业组织和其他社会力量依照法律规定举办各种教育事业。”由此可知，《宪法》对举办学校的主体资格作了原则性规定，但是为了保证社会主义市场经济下学校的公益性，根据国家有关教育政策法规的原则性精神，国家对办学的主体资格作如下规定。

（1）国家机关、国有企业事业组织、集体经济组织、其他经济组织、农村、城镇基层自治组织、社会团体及其他组织或者公民可以依法举办或者合作举办学校及其他教育机构。这一规定首先在法律上明确肯定了国家、集体社会组织团体和个人都可以办学，成为承办学校的主体，确立了多渠道办学的法律地位；其次也规定了国家、集体、社会组织、团体、公民个人要举办学校，成为主体必须依据相关法律规定进行。

（2）下列组织或公民不得举办学校：

①不具备法人资格的社会组织。社会组织要举办学校必须具备法人资格，才可依法成立学校。法人是具有民事权利能力和民事行为能力，能够独立享受民事权利、承担民事义务的组织。社会组织要举办学校，只有具备法人资格，才能以一个法律主体的资格参加到法律关系中去，或者说取得平等的、合法的法律地位，独立享受权利，重要的是承担民事责任。如果社会组织不具有民事权利能力和民事行为能力，那就无法享受权利，承担义务，故不能举办学校。

②限制民事行为能力人或无民事行为能力人。公民的民事行为能力是公民以自己的行为行使民事权利和承担民事义务的能力，根据是否达到法定年龄和具备一定理智可以划分为完全民事行为能力人、限制民事行为能力人、无民事行为能力人。限制民事行为能力人和无民事行为能力人，包括精神病人、间歇性精神病人或未成年人，自己不能独立享受民事权利、承担民事义务，应由其监护人或法定代理人行使、承担。因此限制民事行为能力人或无民事行为能力人不能举办学校。

③被剥夺政治权利的或被判处有期徒刑以上刑罚正在服刑者。根据《刑法》的规定，被剥夺政治权利的罪犯不能担任国家机关职务，不能担任企事业单位人民团体领导职务；被判处徒刑以上刑罚正在服刑者，即使没判附加剥夺政治权利，实质上在服刑期间也没有担任国家机关职务的权利，没有担任企事业单位人民团体领导职务的权利。所以，他们都不能举办学校。

（二）举办学校必须具备的条件

学校设立必须有保证教育教学活动正常实施的办学条件，否则就无法保证教育质量。《教育法》规定，设立学校必须具备四个条件，也可简称为“四有”，即“有章程、有教师、有设施、有经费”。

1. 有章程，即要“有组织机构和章程”

学校以社会组织整体作为主体身份出现，健全的组织机构和规章制度是必不可少的。学校章程应该明确办学目的、招生对象、学习期限、课程设置、教师资格、毕业去向、经费来源、收费标准等。

学校的举办人可根据国家的有关规定，确定所办教育机构的领导管理体制，实行校长负责制。中国共产党设在各级各类学校中的基层组织，保证党和国家的方针、政策在学校的贯彻执行和学校教育教学工作的社会主义方向。学校还应当根据实际情况设立相应的咨询机构、审议机构以及监督机构，保证教师、学生以及社会有关人士参与学校事务决策，执行民主管理和监督。建立和完善各种民主管理制、岗位责任制、量化考核制。抓紧制定各项规章制度，使各部门工作协调运转。

2. 有教师，即要“有合格的教师”

学校是培养人的场所，需要有履行教育教学职责的专业人员以及教学教育辅导人员、管理人员。教师扮演着传道授业解惑者的角色，其通过一系列的教育教学工作向学生传递知识技能、培养学生的能力、形成学生一定的行为习惯。

举办学校对教师的要求主要包括两个方面：一是要求学校必须拥有与其办学规模、任务相适应的教师数量。不同性质和层次的学校，对教师数量的要求也有所不同。学校在设立时必须保证有稳定的教师来源，能够通过聘任专职、兼职教师，建立一支数量达到国家规定标准的教师队伍。如果拟从事教学人员数量低于教学规模的要求，或是教师和教学科目结构比例失调，都不符合法律规定的学校设立条件。二是由于教师担负教书育人的重要责任，所以学校还要保证承担教育教学任务的人员必须具备相应的教师资格，并取得相应的教师资格证书。学校必须拥有一支数量和质量都合格的教师队伍才能依法设立，学校必须根据《教师法》《教师资格条例》等相关法律文件，聘任合格的教师。

3. 有设施，即要有符合设置标准的教学场所及设施、设备等

教学场所及设施、设备都是进行教育和教学活动所必需的，国家对此都制定了标准。如《小学电化教学设备配备标准》明确规定了小学电化教育设备的配备标准，其他一些法规、规章等对应配备哪些音乐、体育教学器材等，对各类学校的面积等也都有具体规定。

4. 有经费，即要有必备的办学资金和稳定的经费来源

这是学校作为权利主体，进行各种法律活动，独立享受权利和承担义务（责任）的物质基础。必备的办学资金和经费是指自己有独立的财产，这种财产要与自己业务性质、规模、范围大体相适应。对于公立学校来说，中央和地方财政预算内安排的教育经费（含基

建投资）应当逐年增长，并切实保证学生公用经费同步增长。民办学校的举办者有保证学校具有稳定办学经费的义务。

（三）举办学校的程序

学校的设立除要具备法律规定的一般实体要件之外，还要符合程序性的规定才能取得合法地位。根据机构的性质不同，我国对学校的设立、变更和终止的管理分别实行审批制度和登记制度。

审批较登记注册要严格，符合条件和设置标准的不一定会批准建校，还要受到规划、布局、资金等多种因素的影响；而注册相对来说程序要简单得多，受影响的因素也要比审批少得多。

思考题

结合实例，说说你对举办学校的主体资格和设立学校的基本条件是如何认识的。

第三节　学校的权利与义务

一、学校的权利

学校作为依法实施教育教学活动的专门机构，为完成其基本职能，必须享有不同于其他社会组织的特定的权利并承担相应的义务。

学校的权利是指其为了实现办学宗旨而独立自主地进行教育教学管理、实施教育教学活动的资格和能力，即通常所说的办学自主权。

根据《教育法》的规定，学校享有九种权利，可分别简称为：办学自主权、组织教学权、招收学生权、管理学生权、颁发证书权、聘任教师权、管理设施权、拒绝干涉权和法定其他权。

(1) 按照章程自主管理，简称“办学自主权”。

章程是指为保证学校的正常运行，主要就办学宗旨、主要任务、内部管理体制及财务活动等重大的基本问题，制定的全面而规范的自律性文件。它是学校自主管理的基本依据。学校按照章程自主管理的权利，也是落实学校法律地位的重要保证。

学校章程是举办学校的必备条件。但据调查，现有很多学校还没有章程，这是不符合法律规定的。

(2) 组织实施教育教学活动，简称“组织教学权”。

教育教学活动是学校的基本活动。组织实施教育教学活动是学校的最基本权利。依据这项权利，学校有权根据国家有关教学计划、教学大纲和课程标准等方面的规定，因校制宜，自主组织学校教育教学活动的实施。

典型案例5－2

学校打分评选“最差教师”引争议

从2010年11月28日开始，宜川县某中学高二年级组在教师中开展了一次评选“最差教师”活动。

首先，由各备课组通过听课，对教师实行打分，选出“最差教师”，然后再由年级组对这些“最差教师”重新听课，以对其再行认定，最终选出高二年级的“最差教师”。

这项活动使该校高二年级组的60名教师人心惶惶、不知所措。

学校声称，评选“最差教师”一方面是为了找出教学实力弱的教师，帮助其提高教学能力；另一方面是想通过反向激励措施，增强教师的危机意识和紧迫感，以促进教学质量。

不过，对于这项评选活动，高二年级组的多数教师表示不能接受。本来繁重的教学任务已让他们不堪重负，这一活动更让许多教师对教学失去了信心。有的教师认为，这是对教师人格的不尊重。

你认为，学校举办此项活动是否合法？为什么？

（3）招收学生或其他受教育者，简称“招收学生权”。

招生权是学校的一项重要权利。学校有权根据自己的办学宗旨、培养目标、任务以及办学条件和能力，依据国家有关规定进行招生。任何组织和个人都不得非法干预。在义务教育阶段，学校要遵循免试、就近入学的原则招收学生。

典型案例5－3

郑州某中学群发垃圾招生广告

2015年2月，郑州某中学违规获取他人手机号码，以号码互换或购买形式，与其他教育机构或通信公司互换、购买他人的联系方式。针对学生家长发送垃圾商业广告短信，大肆发送虚假、夸大的招生广告，内容现“史上最牛留学班、河南首家”等语句，并在个别媒体刊登广告。对此，郑州市相关管理部门已对其违法行为进行了调查。

（4）对受教育者进行学籍管理，实施奖励或者处分，简称“管理学生权”。

学校有权根据主管部门的学籍管理规定，针对受教育者的不同层次、类别，制定有关入学与报名注册、纪律与考勤、休学与复学、转学、退学等方面的管理办法，实施学籍管理活动。学校有权根据国家有关学生奖励、处分的规定，结合本校的实际，制定具体的奖励与处分办法。在义务教育阶段，对违反学校管理制度的学生，学校应当予以批评教育，不得将其开除。

典型案例 5-4

被判缓刑的 17 岁学生是否可以重返学校上学？

17 岁的林某是一名在校学生。一天，林某将学校的两台电脑盗走。

因林某犯罪时年龄不满 18 周岁，法庭予以从轻处罚，以盗窃罪判处其有期徒刑两年，缓刑两年。庭审中，林某痛心疾首，表示想回学校继续读书。

为了能与学校一起做好帮教工作，办案法官和律师动员林某就读的学校派人参加庭审旁听，宣判后让林某返校学习。

不料，学校已在公安机关对林某采取强制措施后，取消了其学籍，声称学校与林某已不存在任何关系。面对办案法官的多次解释和劝说，校长以收留一名盗窃犯会给学校带来不良影响为由，拒绝林某重返学校。

你认为，学校这样做是否合理、合法？请依法进行分析。

(5) 对受教育者颁发相应的学业证书，简称“颁发证书权”。

向受教育者颁发相应的学业证书，这是学校自主实施教育教学活动所享有的权利，从保护受教育者合法权益的角度讲，这也是学校应尽的义务。学校有权根据国家有关学业证书的管理规定，对经考核成绩合格的受教育者，按其类别，颁发毕业证书、结业证书等学业证书。

目前，学校拒绝颁发学业证书的缘由很多，从而引起的法律纠纷也频繁见诸报端。学校是否有拒绝颁发学业证书的权利要视具体情况而定。

(6) 聘任教师及其他员工，实施奖励或者处分，简称“聘任教师权”。

学校有权根据国家及主管部门的有关规定，从本校的办学条件、办学能力和编制等实际情况出发，制定本校的教师及其他职工聘任办法，自主决定聘任、解聘有关教师和其他职工，自主对教师及其他员工实施包括奖励、处分在内的具体管理活动。即学校对教师及其他员工依法享有管理权。

(7) 管理、使用本单位的设施和经费，简称“管理设施权”。

学校对其占有的场地、教室、宿舍、教学仪器等设施设备、办学经费以及其他有关财产，享有财产管理权和使用权，必要时可对其占有的财产进行处理。学校在行使这项权利时，应遵守国家有关国有资产管理、教育经费投入及学校财务活动的管理规定，符合国家和社会公共利益，有益于学校正常发展，有利于提高办学效益。

(8) 拒绝任何组织和个人对教育教学活动的非法干涉，简称“拒绝干涉权”。

这是为维护学校正常的教育教学秩序，抵制非法干涉而确立的一项重要权利。学校有权对来自国家机关、企事业单位、社会团体及个人的非法干涉，予以拒绝和抵制，并可通过有关教育行政部门予以治理。这里所谓的"非法干涉"，是指行为人违背法律、法规和有关规定，做出的不利于教育教学活动的行为，如乱收费、乱罚款、乱摊派、随意要求学校停课等。

(9) 法律、法规规定的其他权利，简称"法定其他权"。

除上述权利外，学校还享有现行法律、行政法规以及地方性法规赋予的其他权利，同时，还包括将来制定的法律、法规确立的有关权利。

《教育法》在列举了学校的上述权利后，同时规定："国家保护学校及其他教育机构的合法权益不受侵犯。"如果学校的上述合法权益受到非法侵害，国家将对违法行为采取制裁措施。

上述学校的九种权利，都是学校办学自主权的具体体现。由此可见，学校办学自主权是学校不同于其他社会组织而特有的、基本的权利，不享有这种权利就意味着在法律上不享有实施教育教学活动的资格和能力，也就不能成为教育法律关系主体。并且，学校的办学自主权本质上是一种公共权利，即学校在行使时必须贯彻国家的教育方针、遵守法律规定，不能违反和滥用，也不能放弃和转让，否则将会承担相应的法律责任。例如，有的学校组织学生参加商业活动，学校行使的是管理学生权，但此活动若与学校本身的教育教学活动无关，则属于学校滥用了自身的权利；若此活动以营利为目的，则违反了教育法；而若此活动占用了学生的正常上课时间，则属于学校侵犯了学生的受教育权；而当此活动由于发生意外造成对部分学生的人身伤害时，则侵犯了学生的人身权（具体来说是生命健康权）。为此，学校必须对自身的行为及其造成的后果承担相应的行政和民事法律责任。

思考题

结合实际，说明你对学校的各项权利是如何认识的？你认为，学校应如何行使和保护自身的法定权利？

二、学校的义务

学校的义务是指学校依法应当承担的责任。权利和义务是相对应的，学校在享有权利的同时也要承担相应的义务。《教育法》在规定学校权利的同时也规定了学校应履行的义务。

学校的义务具体包括六个方面，可分别简称为：遵守法律义务、贯彻方针义务、维护权益义务、提供情况义务、照规收费义务和接受监督义务。

(1) 学校要遵守法律、法规，简称"遵守法律义务"。

学校不仅要履行一般社会组织所应承担的法律义务，还应特别履行教育法律、法规、规章中为学校设立的特定义务。例如，个别学校以让学生实习的名义，让学生参与"三陪"，那就违法了，就要依法追究其法律责任。

（2）学校要贯彻国家的教育方针，执行国家教育教学标准，保证教育教学质量，简称“贯彻方针义务”。

学校在实施教育教学活动的过程中，要贯彻国家教育方针和教学标准，走教育与社会相结合的道路，全面推行素质教育，培养综合性人才。例如，学校不能向学生宣传“法轮功”，不能组织学生去政府门前静坐，等等，这些都是学校贯彻教育方针的体现。

与此同时，学校还要执行国家教育教学标准，努力改善办学条件，加强育人环节，保证教育教学活动和学生的素质达到国家的教育教学质量要求。

（3）学校要维护受教育者、教师及其他职工的合法权益，简称“维护权益义务”。

这项义务包括两个方面的含义：

一方面，要求学校不得侵犯受教育者、教师及其他职工的合法权益，例如，不得克扣教师工资、不得拒绝符合入学条件的受教育者入学等。

另一方面，当学校以外的其他社会组织和个人侵犯受教育者、教师及其他职工的合法权益时，学校有义务以合法的方式，维护受教育者、教师及其他职工的合法权益，积极协助有关单位查处违法行为人，维护受教育者、教师及其他职工的合法权益。

（4）学校要以适当的方式为受教育者及其监护人了解受教育者的学业成绩及其他有关情况提供便利，简称“提供情况义务”。

学校不得拒绝受教育者及其监护人行使这项权利，同时还应为其行使此项权利提供便利条件，如通过家长接待日、家长会议、教师家访，或找个别学生谈心等适当的方式来进行。在此需要指出的是，学校在提供受教育者的学业成绩及其他有关情况时，不得侵犯受教育者的隐私权、名誉权等合法权益，不得伤害受教育者的身心健康。

典型案例 5－5

张贴学生成绩侵权吗？

2002 年 12 月的一天，江西省赣州某中学的校门口贴出一大张成绩单，上面列出该校初三年级（2）班全体学生的一次模拟考试成绩，并对张某等三名排名在最后三位的同学点名批评。张某之父听说此事后，找到学校领导，要求学校立即停止张贴成绩单的行为，并向张某赔礼道歉。几次协商未果，张某之父起诉到法院，并要求学校赔偿 200 元。学校辩解说公布成绩单的目的是促使学生更加努力学习，所谓“知耻而后勇”。最终法院判定：学校立即停止张贴成绩单的行为，并向张某赔礼道歉，赔偿损失。

（5）学校要遵照国家有关规定收取费用并公共开收费项目，简称“照规收费义务”。

学校应根据中央和地方各级政府及其有关部门的收费规定，确定具体的收费标准，不得巧立名目、乱收费用，甚至把办学当作牟利的工具。同时，要向家长和社会公开收费项目、接受其监督。

(6) 学校要依法接受监督，简称“接受监督义务”。

学校对来自权力机关、行政机关和司法机关的监督，以及来自社会、本校师生员工的监督，应当积极予以配合，不得拒绝，更不得妨碍检查、监督工作的正常进行。

总之，规定以上六个方面的义务对于规范学校的办学行为，促进学校教育教学活动的实施，提高教育质量，具有十分重要的意义。如学校不履行法律、法规规定的义务，则要承担相应的法律责任。例如，在“典型案例 5－1”中，某外国语学校在设立之时就存在着经费问题，而在招生时又利用政府批文，招摇撞骗，以取得家长信任，并没有真正遵守国家的法律法规，贯彻教育方针。并且，在招生过程中，还收取了相当数额的教育储备金，这是非法集资的一种表现，严重违反了其所应当承担的照规收费义务。同时也侵犯了学生的受教育权和财产权，理应受到法律制裁。

思考题

你对学校的各项义务是如何认识的？结合实际说明学校应当如何依法履行自身的法定义务？

第四节　学校章程与制度

一、学校章程的含义与意义

(一) 学校章程的含义

学校章程是指为保证学校的正常运行，主要就办学宗旨、内部管理体制及财务活动等重大的、基本的问题，作出全面规范而形成的自律性基本文件。学校章程是学校自主管理、自律及政府监督管理的基本依据。

一般说来，学校章程应包括以下内容：学校名称、办学宗旨、主要任务、教育教学形式、内部管理体制（包括决策机构、执行机构、监督机构、咨询机构、反馈机构等）、财务和人事管理制度、举办者及其权利与义务、章程的修改程序以及其他必要事项。

(二) 学校章程的意义

《教育法》第二十七条明确规定，设立学校及其他教育机构，必须具备“章程”等基本条件。《关于实施〈中华人民共和国教育法〉若干问题的意见》进一步强调，“各级各类学校及其他教育机构，原则上应实行‘一校一章’”。《全面推进依法治校实施纲要》中明确提出，“到 2015 年，全面形成一校一章程的格局”。

1. 学校章程是推进现代教育发展的需要

现代教育除了指技术手段的现代化，更重要的是指教育工作的法制化。制定学校章程，依据章程规范学校管理，是教育工作法制化的要求，也是当今国际教育发展的必然产物。

2. 学校章程是对学校加强监督、管理的需要

《教育法》规定，学校及其他教育机构要“按照章程自主管理”，“依法接受监督”。由此确立了章程的法律地位，并且学校是否按照章程办学，也就成了我国政府及社会监督、管理学校的基本依据。随着社会主义市场经济的发展，政府管理职能的转变（即由对学校的直接管理为主变为间接管理为主，由具体管理为主变为宏观管理为主），如果学校没有章程，政府及社会对学校的监督和管理将会产生随意性和盲目性，学校的办学自主权也不可能真正得到落实。

3. 学校章程是学校自我管理、自我发展的需要

从微观上来看，学校章程是学校各项工作有序、有效进行的保证；是统一思想、建立良好校纪校风的依据；是学校自主管理、自我发展的需要；是学校持续发展的支点。《教育法》明确规定了学校及其他教育机构“按照章程自主管理”的权利。

学校章程可以制定具体的管理规章和发展规划，自主作出管理决策，并建立完善自身的管理系统，组织、实施管理活动，不必事无巨细地请示主管部门或举办者。

目前，我国许多学校尚未制定章程，尚未通过章程将学校重大问题明确和规范下来，因而工作中存在着较大的随意性，这极不利于学校的自主办学和自我发展。为此，学校应根据教育法等法律法规的要求尽快制定或完善本校章程，真正按照章程确定的原则和规范自主进行内部管理。

二、中小学学校章程建设

要制定出科学有效的学校章程，首先必须对学校章程的制定依据、原则、程序等有一个基本的认识。

1. 制定学校章程的主要依据

制定学校章程的主要依据包括客观依据和法律依据两个方面。

客观依据是指学校的客观实际，包括学校各方面的实际情况。各学校情况不同，制定出的学校章程也就不可能一样。如学校章程中有关学校领导体制的内容，因各学校实行的体制不同而不一样。

法律依据，当前主要包括全国人大及其常委会制定的《教育法》《义务教育法》《职业教育法》《教师法》和《学位条例》等法律，国务院制定的《教师资格条例》《教学成果奖励条例》《普通高等学校设置条例》《学校体育工作条例》《学校卫生工作条例》等法规，国家教育行政部门制定的《小学管理规程》等规章，以及地方权力机关和行政机关、民族自治地方立法机关制定的有关教育的地方性法规、自治法规及规章等。

2. 制定学校章程的基本原则

学校章程的制定必须遵循下述原则：

第一，必须符合法律法规及规章的规定，不得与法律、法规和规章，以及其他具有法律效力的规范性文件相抵触。如法律规定学校“应当遵照国家有关规定收取费用并公开收费项目”，学校章程就不能规定本校收费标准不得公开。

第二，不能越权，不能超越本校的职权或被授权范围，将本应由法律、法规规定的内容规定在章程中。如学校章程不能对政府、有关行政部门和非本校人员等提出义务或禁止性要求。

第三，要将原则性与可操作性相结合。学校章程作为学校的“小宪法”，须对学校重大的基本的问题作出原则的规定，而对于学校某一方面的工作及许多具体问题不可能也没有必要作出具体规定。对于这些局部性问题，须通过制定其他管理规章来加以规范，并形成完备的学校内部管理规章体系。同时，学校章程的法律地位也要求其必须有较强的可操作性，以便政府监督调控和学校自主管理的正常运行。

第四，要从本校实际出发。制定学校章程必须从学校的实际情况出发，而不能脱离本校现实的办学条件和特点、生搬硬套别的学校的经验。当然不容否认，同一类学校由于具有诸多共同的特性，决定了其学校章程的基本内容是大致相同的。

3. 制定学校章程的程序

在我国，学校章程的制定程序一般为：①由学校成立专门的起草工作小组，负责章程的调研起草工作；②起草工作小组在深入调查研究及广泛征求有关部门和专家学者的意见后，完成学校章程草案；③在起草工作小组反复修改的基础上，将章程草案提交学校教职工代表大会修改、讨论；④在充分听取教职工代表意见后，交由学校决策机构（校长办公会、校务委员会或党组织、董事会）审议通过；⑤经学校决策机构审议通过后，将学校章程报送学校的主管教育行政部门核准；⑥经主管部门审核批准后，学校章程的制定程序也就宣告结束。此时的章程，也就具有了法律上确立的地位。

与此同时，外界形势的变化以及学校自身的改革与发展，对学校章程不断提出修改的要求。学校章程的修改程序为：由学校提出章程中需修改的事项，经学校决策机构审议通过后，报主管的教育行政部门核准。

思考题

结合实际，谈谈你对学校章程重要性的认识，以及应如何科学、合理、合法地制定学校章程？

三、校规的含义

校规是学校规定的学生必须遵守的各项规则的总称，是学校管理的重要依据，一般包括品德、学习、生活等各方面的行为准则，有的还规定奖惩办法，主要有请假制度、考核制度、奖惩制度、作息制度、值日制度、考试制度、课堂规则、升留级制度、学籍管理制度、清洁卫生制度、图书阅览制度、实验室规则、寝室规则等。这些规则与制度，对于培养学生良好的思想品德和行为习惯，形成优良的学风和校风有着重大作用。

资料 5－2

学校章程与学校制度的关系

学校章程与学校制度既有联系又有区别。

就其联系而言，学校章程与学校制度都是学校依据政策法规的规定以及教育主管部门的授权或在学校办学自主权范围内制定的学校管理规范。学校章程是学校里的“母法”，而学校制度是“子法”，“子法”必须以“母法”为依据，不能与“母法”相抵触，通常而论，学校制度是学校章程的具体化和补充。在制定学校章程时，既要以教育法律、法规与政策为依据，也应吸取学校制度的养分，特别是借鉴比较成熟且反映了教育法律、法规与政策要求的规章制度的成功之处。

就其区别而言，首先，学校章程在校内处于“母法”地位，是关系学校全局的纲领性文件，而学校制度则处于“子法”地位，只是学校某方面具体工作的规范性文件；其次，学校章程由于其所处的地位与性质，决定了它相对于教育法律、法规与政策而言，具有较强的可操作性，但相对于校内的规章制度而言，它又具有一定的整体性、概括性；最后，从制定程序来看，学校章程须经教育主管部门批准方能生效，是学校成为法人的要件，而学校内部的制度，则不一定要经过教育主管部门批准，只需经过有关方面通过即可。

你认为，校规与学校章程的最主要区别有哪些？当前最主要的问题是什么？

四、校规的制定规则

校规即学校的规章制度，是学校文化的重要组成部分，对校风发挥着引导性的作用，每一所学校都应该有适应本校校情的规章制度。

典型案例 5－6

某小学禁止新生课间走动

某小学由于不许一年级新生课间走动，导致孩子放学后性情暴躁，引起家长怀疑。

张女士发现，孩子刚上学没几天，每天回到家后行为有些异常，很容易发脾气、扔东西，甚至将脑袋往沙发上撞。“我问她是不是心里烦，孩子就点点头，后来我才知道，课间休息时，老师只允许他们上厕所、喝水，在教室中走动也是不允许的。”该校一年级的另几名家长也反映了此事。

据调查，该校下午2点40分是课间休息时间，但在教学楼的空地上，仅有几名女孩儿在跳绳，教室前的走廊上也少见学生。

放学后，记者随机询问了20名孩子。这些来自不同年级的孩子告诉记者，他们课间可在教室和走廊上活动，但跑动、追打，到别的楼层，或去楼下都是不允许的。一名六年级的孩子说，他从四年级进入这所学校就一直这样。老师多次强调，要是磕了碰了，学校就得担责任。“不能出去玩，就学习呗，时间长了就习惯了。”其中一名四年级值日生表示，他们的任务就是“纠察”追跑打闹的行为，抓到了，就扣分。

该校管理校纪校规工作的王老师称，学校禁止学生在课间追跑打闹，以防出现意外，但并未硬性规定学生课间不能下楼玩耍。该校值班人员说：“学生课间只准喝水、上厕所，不准孩子出去玩儿。”该校负责人称，因为学校的操场面积较小，1 000多个学生课间活动很容易发生事故，所以才有上述规定。

当地教委相关人士表示，按照国家有关规定，小学上午第二节课后须安排二十多分钟的课间操。主要是学生上完两节课后身心状态需要调整，学校是不允许随意改动的。这位负责人表示，担忧学生安全，不许学生出来活动是“没道理的”，学校可以对课间活动进行管理，但应注意孩子成长需要活动。

你认为，上述校规是否合理？为什么？学校应当怎样科学、合理、合法地制定校规？

（一）校规制定的基本要求

制定校规不是件容易的事，以中学为例，应符合下列基本要求：

首先，必须选准出发点。中学生的生理、心理和思想日益成熟，是向成年人过渡的群体。因此，中学涉及学生管理方面的校规要相对宽松，更注重引导、训诫和合理惩罚，适应中学生的生理和心理特点，更加人性化和规范化，不应该约束太多，更不应该把学生当成犯人来管理。至于违犯法律、侵犯人权的规定是绝对不允许出现的。

其次，要明确校规的制定目的，即引导、教育与规范，而非惩罚与歧视。因此，校规应该更多地体现规劝、引导、鼓励和赞扬，积极倡导自我教育与自我管理，充分调动学生和教师的积极性。在校规条款中要少用“严禁”“不得”等否定性词语和“必须”等强制性词语，而多用“自觉”“努力”“应该”“积极”等引导性、肯定性词语。

再次，校规要发挥作用，就必须具有可操作性，这是制定校规的基本要求，否则就只能纸上谈兵。学校要根据学生的理解能力将校规通俗化、细致化、明确化，要便于学生理解和遵守，同时要维护公平和公正。

最后，校规要与时俱进。学校要及时修改不合时宜的条款，及时增加有关新情况、新问题的条款。现在，对于校规名称的修改也是可以考虑的，如可以称某中学校规为“好学生成长手册”“好学生评比标准”“好学生行为指南”或“好教师行为规范”等。

（二）当前中小学校规存在的法律问题

国有国法，校有校规；没有规矩，不成方圆。学校制定校规校纪理所当然，但任何校规都不能凌驾于法律之上，不得超越更不能违反相关法律法规的规定，不能侵害学生的合法权益。然而，现实中侵犯学生受教育权、人身权、财产权等违法校规的情况却时有发生。

1. 侵犯学生受教育权

典型案例 5－7

学校是否有权开除未成年学生？

2014 年 9 月 1 日，北京某中学多名男生被拦在校门外，原因是“头发不达标”。被拦下的学生，需要重新理发，剪成“板寸”后才能获准入校。对此，很多学生表示条件“太苛刻”，校方则解释这是为了让学生更专注学习。

广州翁先生的儿子此前一直在白云区某小学读书，可 9 月 1 日报名注册时，班主任却对他说，因为他的儿子成绩太差，影响班级平均分，而且家长不来开家长会，不配合教师工作，所以，已被学校淘汰了。

受教育权是我国公民享有的基本权利。《教育法》规定：“中华人民共和国公民有受教育的权利和义务。”《义务教育法》规定：“义务教育是国家统一实施的所有适龄儿童、少年必须接受的教育，是国家必须予以保障的公益性事业。”“对违反学校管理制度的学生，学校应当予以批评教育，不得将其开除。”《中华人民共和国未成年人保护法》（以下简称《未成年人保护法》）规定：“学校应当尊重未成年学生受教育的权利，关心、爱护学生，对品行有缺点、学习有困难的学生，应当耐心教育、帮助，不得歧视，不得违反法律和国家规定开除未成年学生。”由此可知，学校岂能以学生“头发不达标”为由，而将其拒之门外？又怎能以成绩差为由将学生“淘汰”呢？

2. 限制学生人身自由

典型案例 5－8

学校限制学生上厕所

吃饭如厕，人所不禁。然而，河北某市一中学却偏偏要管制学生的新陈代谢，弄出一个“夜间不准上厕所”的规定，即“晚自习回到宿舍至熄灯铃响之间的半小时为学生上厕所的时间，熄灯之后，任何学生不准出宿舍门，包括如厕，直到次日早晨起床铃声响起才算解禁。有偷跑如厕者，抓住就体罚。”

此规定一出，学生哗然，却又敢怒不敢言。夜间纷纷以食品袋泄急，常有破漏，弄得床上片片尿渍；不得已换作脸盆，可洗漱、小解共用一盆，又是一件龌龊事。

据该校学生说，宿舍楼每层都有楼长在夜间值班，三更半夜任何动静都逃不过他们的耳朵，学生偷上厕所没有一个不被逮住的，逮住后则当场就要被“罚蹲”，即双手抱住脑袋连续做20个蹲起。次日，还要通知班主任，再另行处罚。

学生虽不满于此规定，却不敢公开表示反对，只是通过隐秘的方式，如给老师留言、写纸条等，要求学校取消此规定，但毫无效果。

那么，这样一个不近人情的手段于治学有何益处呢？

据该校的工作人员解释：“这样的规定只是为了方便学校管理。”

与之类似，厦门某中职学校规定：“一节课中，班里只能有一个同学去上厕所，如有第二个人去，该班就会被扣德育分。”

《宪法》规定：“中华人民共和国公民的人身自由不受侵犯。”“禁止非法拘禁和以其他方法非法剥夺或者限制公民的人身自由。”《立法法》规定：“涉及对公民政治权利的剥夺、限制人身自由的强制措施和处罚的事项只能制定法律。”《教育法》规定：“对学校给予的处分不服向有关部门提出申诉，对学校、教师侵犯其人身权、财产权等合法权益，提出申诉或者依法提起诉讼。”由此可知，校规岂能逾越法律，限制学生上厕所？

3. 侵犯学生人格尊严

典型案例 5－9

学校为部分学生发放绿领巾

2011年，西安某小学将学生分为两类，让一类已入少先队的学生佩戴红领巾，要求另一类未入队的学生佩戴绿领巾。该校教师解释称，此举是对那些尚未入队的学生以资激励。因为“绿领巾的含义，就是告诉他要加油努力，下次争取戴上红领巾”。

但家长对此并不认可，质疑这是给那些尚未入队的孩子贴上“差生”的标签。

陕西省少工委介入调查后，该校要求部分学生佩戴“绿领巾”的做法被叫停。

《宪法》规定：“中华人民共和国公民的人格尊严不受侵犯。”“禁止用任何方法对公民进行侮辱、诽谤和诬告陷害。”《民法通则》规定：“公民、法人享有名誉权，公民的人格尊严受法律保护，禁止用侮辱、诽谤等方式损害公民、法人的名誉。”由此可知，学校应当关心、爱护学生，尊重学生的人格尊严，给尚未入队的学生发放绿领巾，并要求其佩戴，确有侵犯学生人格尊严之嫌，应当叫停。

4. 侵犯学生财产权

典型案例 5－10

学校没收、销毁学生手机

在登封某中学的升旗仪式上，校工会主席当众将21部手机稀里哗啦地倒进了水盆，标志着该校史上最严厉校规的正式生效："学生入校之后严禁携带、使用手机，若发现一律没收并公开销毁。"

《宪法》规定："公民的合法的私有财产不受侵犯。""国家依照法律规定保护公民的私有财产权和继承权。"《民法通则》规定："公民的合法财产受法律保护，禁止任何组织或者个人侵占、哄抢、破坏或者非法查封、扣押、冻结、没收。"《物权法》规定："私人的合法财产受法律保护，禁止任何单位和个人侵占、哄抢、破坏。"由此可知，手机是学生或者是其监护人的合法财产，在法律保护之列，学校无权没收，更不能将其倒进水中销毁。学校规定学生在校内不能使用手机的初衷是好的，一旦发现后，应当将手机交给学生家长，而无权没收或销毁。

校规应当以法律为准绳，以学生为中心，体现对学生的人文关怀，保障学生的人身权、财产权和受教育权等不受非法侵害。在制定校规的过程中，不能只用行政思维，单方面体现学校严格管理的意图，应该多听取学生和家长的意见，也可以征求法律工作者的意见、建议，增强自身的法治和民主意识。因为，凡是制定限制权利的规则都必须有被限制群体的人或者其代表参与，只有经过这样的法律制定过程才能制定出程序意义上的良法。

学校校规、校纪不能违反国家的法律、法规，违反国家法律、法规的条款应当被取消。因此，有上述情况的学校应当对照相关的法律、法规对现行的"违法"校规进行清理或修改。

五、校规的合法性审查与实现

（一）校规的合法性审查

1. 中小学校规的目的合法性审查

校规的目的合法性，是指校规无论在实体还是程序上都应该以合理的目的为归宿。目的合法性是一种价值追求，是对校规更高层次的合法性要求。选择哪种价值理念作为校规的目的，决定了校规是否具有根本的合法性，即能否获得人们内心的"承认、认可和接受"。

教育部颁布《中学生日常行为规范》《小学生日常行为规范》的目的在于加强对中小学生的文明礼貌教育和行为训练，促使其从小养成良好的行为习惯。目前，在中小学校《班级管理细则》的目的性条款中，除个别学校仍看重秩序、加强管理外，大多都将关注“学生在校生活质量”“促使学生自我管理、自我教育、自我约束，促使学生良好行为习惯、学习习惯、道德素养的养成”作为首要目的，这与我们所倡导的制定校规的目的还应体现人本、自由、发展等进步的教育理念是相一致的。

典型案例 5－11

某小学和某中学《班级管理细则》的目的性条款示例

例 1：为了关注学生在校生活质量，强化学生日常行为规范，加强班级管理，使我校的班级建设、学校管理更上一个新台阶，现制定《××小学班级管理细则》。

例 2：为了加强班级管理力度，促使学生自我管理、自我教育、自我约束，促使学生良好行为习惯、学习习惯、道德素养的养成，创建良好的班风和学风，特制定本管理细则。

你对上述两个《班级管理细则》的目的性条款是如何评判的?

2. 中小学校规实体的合法性审查

综合考察不同地区中小学的校规，在实体方面，其合法性大多是经得起推敲的。但个别学校的规定也存在着一些不合法的规定，主要表现在以下几个方面。

（1）罚款。

某中学在《××中学有关维护校园秩序创建安全文明学校的几项管理规定》中规定，“……二、有下列行为之一者给予 5～100 元罚款处理：1. 随地吐痰、泼污水、乱倒垃圾、乱扔杂物者；2. 墙壁、黑板、厕所等公共场所胡刻乱画涂改等有伤风雅者；3. 抽烟、喝酒、打游戏机者……”还有的中小学规定，旷课、迟到罚款，甚至考试不及格的也要罚款。

在某些校领导者看来，学校从本校的实际情况出发制定一系列的规章制度，并通过这些规章制度进行管理，就是依“法”治校。通过制定规章制度来加强对学校的管理，“对受教育者进行学籍管理，实施奖励或者处分”，这是《教育法》第二十九条赋予学校的权利。但如果学校制定的规章制度违反了法律、行政法规，则依此对学生进行的管理和处分也必然是违法的，是应当予以撤销的。违法的规章制度执行得越彻底，造成的危害就越大。

罚款是行政处罚的一种。《行政处罚法》第十五条规定：“行政处罚由具有行政处罚权的行政机关在法定职权范围内实施。”第三条规定：“公民、法人或者其他组织违反行政管理秩序的行为，应当给予行政处罚的，依照本法由法律、法规或者规章规定，并由行政机关依照本法规定的程序实施。没有法定依据或者不遵守法定程序的，行政处罚无效。”学校既不是行政机关，也没有相关法律法规的授权，无权对学生（包括教师）实施罚款。其实施罚款的行为是一种典型的违法行为。

（2）“开除学籍”和“勒令退学”。

某中学（是包括初中和高中的完全中学）在《××中学关于学生德育量化管理的实施

办法》中规定："对在校期间，连续三个学期被评为差生者，学校予以勒令退学处分。"

对于对此校规，人们不禁会问，到底什么是差生？谁有评定某位学生是差生的资格？如何评定？例如，按是否有利于学校、班级在分数排队中"名列前茅"分，"拖后腿者"为差；按是否上重点学校、进名牌学校分，考上一般学校者为差……但不管以什么为标准，把某些学生认定为差生，是没有希望的"问题学生"，甚至予以其勒令退学的处分，这种"评定"本身就是一种带有歧视性的差别对待行为，情节严重的话，就构成了对学生人格尊严权的侵害。

该中学一部分学生是初中生，是必须接受九年义务教育的学生。而学校制定一系列所谓"科学"的、可以量化的标准，逐项给学生打分，排在后面的学生，自然成为差生，也就有可能被开除。这显然是非科学的，更是违法的。因为，无论怎么量化，只要是排序，必然有排在后面的学生。排在后面的学生，虽不能算作好学生，但也许根本就不是"差生"。

"勒令退学"处分的后果与开除学籍是一样的，很明显地违反了《未成年人保护法》和《义务教育法》中不得开除学生的规定。

《未成年人保护法》第十八条规定："学校应当尊重未成年学生受教育的权利，关心、爱护学生，对品行有缺点、学习有困难的学生，应当耐心教育、帮助，不得歧视，不得违反法律和国家规定开除未成年学生。"

《义务教育法》第二十七条规定："对违反学校管理制度的学生，学校应当予以批评教育，不得开除。"

（3）个别规定与人固有的自然权利相违背。

某小学在《课堂常规》中有这样一条规定："……9. 体育课按老师要求上，严禁上厕所、喝水、回教室，如有病要请假，需在操场见习。"学生口渴、肚子饿了，这都是可以忍受的，但"想上厕所"却不然。

同样，在其他地区的某些学校也有类似的规定。例如，某中学在《量化管理细则》中规定："……8. 课间不外出的一律在自己座位上坐着，如有下地走动、大声吵闹说笑者，扣2~4分。"

从这些规定的内容可以看出，它们都是与人所固有的某些自然权利相违背的。

3. 中小学校规的程序合法性审查

目前，我国中小学校对学生的惩罚措施多采用以个人或班级为单位进行加分或扣分的办法。例如，某小学的《班级管理细则》规定："1. 在校内吃零食者，每人次扣1分。2. 在走廊及教学楼内打闹者，每人次扣1分。3. 违反学校规定，提前到校或早退者，每人次扣1分。4. 在校园乱扔垃圾（果皮、纸屑、包装袋）者，每人次扣1分。5. 打架、骂人者，每人次扣5分。6. 在社区、其他地方有损于学校声誉并造成不良影响，被发现或被举报者，视其情节每人次扣1~5分。"

类似规定涉及的程序问题主要是事前程序，例如，对学生或班级扣分前是否履行了告知适用规则的义务；是否给予了学生或班级陈述和辩护的机会；等等。综合考察各地区中小学校的校规，大多没有关于事前程序的规定。另外，因义务教育阶段学校不得开除学生，因此，目前中小学生的权利救济大多不涉及事后程序的救济问题。

（二）校规合法性的实现

针对校规存在的不合法问题，可以尝试通过明确对学生的人性假设、确立学生的权利主体地位、民主制定和修订校规、扩大家长参与权、以正当程序制约学校权利、完善相关教育法律等途径来解决。

1. 明确对学生的人性假设

在制定校规时，对学生究竟有什么基本假设直接影响校规能否符合人权的要求。因此，学校在制定校规前，最重要的是明确对学生基本的人性假设。对于学校管理者来说，重要的不是研究学生的人性到底是什么，而是选择以哪种人性假设看待学生。校规若要得到学生的尊重和认可，获得学生内心的承认和接受，就必须从正面明确对学生的人性假设，以平等信任的眼光看待他们，相信他们是有责任感的、有自律能力的、有理性的、上进的、向善的一代新人。

2. 明确学生的权利主体地位，建立维护学生权益的学校制度

在现有的中小学校的校规中，几乎大部分都是有关学生的义务性规定（出现频率较高的词多为“禁止”“不得”等），少有针对学生权利方面的规定。由于我们的时代是走向权利的时代，全球化、市场经济的不变法则是权利、自由和公平，学校教育的意义同样是为了培养“权利人”，并保证学生各项权利的实现。因而，必须确立学生的权利主体地位，建立尊重学生权益的学校制度。在学校的经营管理、教育教学过程中，必须以学生为权利的主体，尊重学生的权益，从而以保障学生的受教育权利为出发点和归宿。

3. 校规的制定和修订应当有规范的程序

为了保障校规的规范和合法，校规的制定和修订应比照国家法律、法规的立法程序，具体应包括“提议—讨论—起草—协商—审批—签署—公布”这样一个完整的程序，从提议到公布的所有步骤都应该是公开进行的。校规草案确定后应向全校公布，请全校的师生提出修改意见，起草委员会再根据师生的意见进行修改和完善。校规定稿后应及时向全校师生公布，并组织师生学习，这也同时履行了对师生的告知义务。

4. 在中小学校，扩大家长参与的权利，建立开放的学校体系

中小学生多为未成年人，一些权利需要家长代为行使。因而，应借鉴国外有关教育参与计划的理论和实践，在实践中努力扩大家长、学生、社区等参与学校教育的权利，建立开放的学校体系，打破学校的一切管理和决策均由校方控制的现状，赋予学生及其家长在学校教育中的管理权和决策权，实现学校教育管理过程的民主化。

学习活动

针对你所在学校（或所在地区的某一学校）的校规现状或某一（些）校规的目的、

实体、程序进行合法性分析与审查，提出改进建议与设想。

第五节　学校的治理结构

学校的内部治理结构，是指与学校内部利益相关者都有关的决策结构和过程。其主要包括学校内部领导体制、执行系统、民主参与及监督等机构与职责权限组成等。

当前，我国中小学校的治理结构主要包括：校长负责制、教代会制度、家长委员会制度、学生参与制度等。

一、中小学校长负责制

资料5－3

我国中小学校长负责制的历史发展

1985年5月27日发布的《中共中央关于教育体制改革的决定》指出："学校逐步实行校长负责制。有条件的学校要设立由校长主持的、人数不多的、有威信的校务委员会，作为审议机构……"

1993年3月中共中央、国务院印发的《中国教育改革和发展纲要》第十七条进一步明确指出："中等及中等以下各类学校实行校长负责制。校长要全面贯彻国家的教育方针和政策，依靠教职员工办好学校。"在上述表述中，把1985年《中共中央关于教育体制改革的决定》中的"逐步实行"改成了"实行"，从这种语气上可以感受到中央对推行中小学校长负责制的坚强决心。至此，我国中小学校长负责制开始全面推行。

2010年7月颁布施行的《国家中长期教育改革和发展规划纲要（2010—2020年）》指出："完善普通中小学和中等职业学校校长负责制。"并对新时期完善校长负责制提出了具体要求。这标志着新形势下校长负责制作为我国普通中小学和中等职业学校的基本领导体制将会进一步得到坚持和完善。

2012年11月颁布的《全面推进依法治校实施纲要》中提出："中小学要健全校长负责制，建立有教师、学生及家长代表参加的校务委员会，完善民主决策程序。"

（一）校长负责制的内涵

校长负责制是学校领导体制的一种类型。关于其内涵，目前官方的文件并未作明确的规定，学术界的界说也不尽相同。纵观国外和我国历史上对这一体制的具体运用，以及联系我国目前的实际国情，我们认为，应对校长负责制的内涵作如下界定：校长是学校的最高行政负责人，是学校的法人代表；校长对外代表学校，对内全面负责学校的教育、教学和行政管理等各项工作；校长向他的任命机构担负管理好学校的全面责任。根据我国相关的政策和法律规定，目前我国普通中小学和中等职业学校实行校长负责制，国家举办的高等学校实行中国共产党高等学校基层委员会领导下的校长负责制。

（二）如何理解我国中小学校长负责制

1. 校长负责制是集体合作制

“校长负责制”是教育管理体系中的“集约化”概念，是一个具有广泛指向性的科学概念：①校长负责制不是“校长个人负责制”，而是包括校长、副校长在内的“集体合作制”。所以，学校的决策行为应该是校长们集体智慧的体现。②校长负责制不是“天马行空，独往独来”的运行轨道，它是在党组织领导下、充分发扬教职工代表大会民主精神的学校管理运行体制，它处于立体的关系网络之中。③校长负责制不是把校长置于学校至高无上的宝座之上，不是校长单方面地由上而下地发号施令，而是把校长置于学校管理机构体系之中，在校级领导、中层领导、基层领导的集思广益中发挥校长的管理才智。因此，校长负责制是集体的管理思想、管理水平和管理能力的体现。

2. 校长负责制是民主监督制

脱离了民主监督制的校长负责制，必然异化为领导制、家长制、独裁制，所以，在校长负责制的体制下，校长应该认识到自己只是管理体制中的一分子。学校管理的内涵非常丰富，外延也是多方向地伸展，一个人的本事再大也是极为有限的。为保证校长负责制的顺利运行，校长必须依靠广大教职工的支持，必须激发广大教职工参与的热情，必须很好地处理“民主”与“集中”的关系。所以，学校的民主管理也是校长负责制理念中的重要内涵。

3. 校长负责制是责任承担制

“责任承担”应该在校长负责制中得到应有的体现。现实中，不少学校在运行中，往往成绩、荣誉都是领导的、校长的，而一旦有了失误或错误，则会提出“集体承担责任”。当然，从理论上讲，集体责任制可以在特定的时间、场合产生出“人人是主人、大家都负责”的良好效应，但在实践中，往往会导致互相推诿、责任无人承担的局面。造成这种局面的根本原因是忽视了校长负责制中“责任承担”的义项，是没有在校长负责制中明确校长责任“个人追究”。如果责任承担制得到很好的落实，校长的工作责任心就可以得到很好的加强，校长的决策行为就能够更加谨慎，校长的管理思想就可以更加科学化，校长的管理行为也就会得到广大教职工的拥护和响应。

（三）中小学校务委员会

中小学校务委员会，是指中小学校校长领导下的学校民主办学的议事组织。由中小学各部门的主要负责人、教师代表、职工代表、学生和家长等组成。教师代表名额占多数。代表有提出提案、建议、议事、咨询和批评的权利，还可监督学校领导正确执行党和国家的教育方针和教育法令等，但执行权属于校长。

思考题

你对校长负责制是如何理解的？你认为制约它的主要因素有哪些？

二、教代会制度

（一）教代会制度的含义

教职工代表大会（简称“教代会”）制度是学校教职工行使民主权利、参与学校民主管理与民主监督的基本制度和组织形式。

（二）教代会制度的法律地位

《宪法》第二条规定：“人民依照法律规定，通过各种途径和形式，管理国家事务，管理经济和文化事业，管理社会事务。”

《教育法》第三十一条规定：“学校及其他教育机构应当按照国家有关规定，通过以教师为主体的教职工代表大会等组织形式，保障教职工参与民主管理和监督。”

《教师法》第七条规定：“对学校教育教学、管理工作和教育行政部门的工作提出意见和建议，通过教职工代表大会或者其他形式，参与学校的民主管理。”

《劳动法》第八条规定：“劳动者依照法律规定，通过职工大会、职工代表大会或者其他形式，参与民主管理或者就保护劳动者合法权益与用人单位进行平等协商。”

《学校教职工代表大会规定》第三条规定：“学校教职工代表大会（以下简称教职工代表大会）是教职工依法参与学校民主管理和监督的基本形式。”

以上法律、法规明确规定了我国教职工代表大会制度的法律地位。

（三）教代会的任务

教代会是我国学校民主管理的基本形式，其主要任务是：

（1）正确处理国家、学校、教职工个人三者之间的利益关系，调动广大教职工的积极性。

（2）认真贯彻党的路线、方针、政策，遵守国家法律、法规，协调学校内部矛盾，支持和监督学校的行政工作。

（3）团结和动员广大教职工发扬主人翁精神，保证完成学校的各项教学任务，不断提高教育教学质量和科研水平。

（四）教代会制度的基本任务和具体工作

教代会的基本工作任务是：遵照国家法律、法规的规定，坚持党的基本路线，贯彻执行党和国家的方针、政策，正确处理国家、集体和教职工个人三者之间的利益关系，维护广大教职工的积极性和创造性，保障教职工参与学校的民主管理和监督，保证德、智、体、美等全面发展人才的培养和各项任务的完成。

教代会的具体工作是：维护教职工合法权益，保障教职工主人翁地位；支持校长行使职权；监督学校行政领导；加强对教职工的教育，增强教职工的主人翁意识和法律意识。

具体而言，教代会应行使如下职权：

（1）审议建议权。听取和审议校长的学校工作报告，对学校的办学指导思想、发展规划、重大改革方案、财务工作、教职工队伍建设及其他有关学校发展的重大问题，提出意见和建议。

（2）审议通过权。审议通过学校提出的校内教职工聘任、奖惩、分配改革的原则、方案、办法及其他与教职工权益有关的重要规章制度等。如有不同意见，应进一步广泛听取群众意见，经校长（学校行政）与教代会协商统一后，由校长（学校行政）颁布施行。

（3）审议决定权。审议决定学校提出的教职工住房、福利和经费管理使用的原则和办法，以及其他有关教职工生活福利的事项。

（4）评议监督权。民主评议和监督学校领导干部，评议结果提交上级组织（人事）部门作为对干部进行奖惩、任免的依据之一。教代会民主评议学校领导干部，是教代会行使监督权的主要形式。这项工作应在学校党组织领导和统一部署下进行。

思考题

你认为，在学校治理中，应如何真正发挥教代会的作用，而不是让其流于形式？

三、家长委员会制度

（一）家长委员会制度的背景

2012年3月，教育部下发《关于建立中小学幼儿园家长委员会的指导意见》（简称《意见》），明确要求有条件的公办和民办中小学和幼儿园都应建立家长委员会。《国家中长期教育改革和发展规划纲要（2010—2020年）》要求建立中小学家长委员会，以推进现代学校制度建设。近年来，我国各地中小学不断曝出家校冲突、师生矛盾，以及学校侵犯学生权益等事件，究其原因，就是由于受教育者（家长）缺乏参与学校管理、决策、监督、评价的渠道，造成家校沟通存在困难，同时，难以有效维护受教育者的合法权益。国家相关文件提出建立家长委员会，让社会参与学校管理，就是为了解决这些教育现实问题。

（二）家长委员会的含义

家长委员会是学校将不同职业的家长组织起来，聘请部分有一定社会威望、热心教育事业、有较高教育水平和能力的家长参加的，参与学校教育管理的组织。

家长委员会的任务是：密切联系本校、本班的家长，收集并及时反映家长对学校工作的建议和意见，协助并参与学校的教育工作，动员家长教育好自己的子女，对个别家长的子女教育工作进行帮助和指导。

家长委员会是学校的参谋和咨询机构，也是家长会议的常设机构，是民主办学的重要形式之一。

（三）家长委员会工作的宗旨

（1）学生思想品德的形成过程，是学校、家庭、社会综合教育和熏陶影响的过程，而家庭教育又是提高学生道德素质的基础和起点，因此指导家庭教育对培养有理想、有道德、有文化、有纪律的一代新人具有十分重要的意义。

（2）家长委员会的建立，是为了更好地指导家庭教育，总结家庭教育的先进经验，充分发挥广大教职工和家长、社会各方面的积极性，协调一致，共同做好学生的思想品德教育，促进学生的健康成长。

（四）家长委员会的构成

（1）学校家长委员会由校长及政教主任组织领导，由各年级家长委员会代表（每级3人）组成；年级家长委员会则由年级行政代表、年级组长及家长代表（每班4～5人）组成。

（2）家长委员会中的学生家长应该是教育子女有方并热心此项工作的代表，由班主任、年级组长、共建单位或有关方面推荐并征得学校领导的同意。

（3）家长委员会成员根据学生的毕业升学或就业情况，及时予以调整和补充。

（4）家长委员会设两级机构：学校家长委员会和年级家长委员会设正副主持开展工作。

（5）家长委员会的活动由学校、年级组与主任委员共同组织（每学期1～2次）。

（五）家长委员会的权利、义务与作用

1. 家长委员会的权利

（1）听取学校工作报告，审议学校工作计划，有权对学校各项工作提出咨询，并随时提出办学意见和建议；制订家长学校教学计划，聘请教师，筹措经费，并负责组织教学。

（2）召开家长或家长代表会议，研讨有关事宜，并作出相应的决议。

（3）运用各种形式总结和交流家庭教育的经验，评选和表彰“好家长”。

（4）对学校工作人员进行监督，予以表扬、奖励和批评；参与学校“优秀学生”“优秀

学生干部”的评比和对教师的考核、奖励和表彰活动。

（5）有权向上级主管部门反映意见和建议，或向家长提出有关要求。

（6）审议家长委员会经费开支计划。

2. 家长委员会的义务

（1）提供家庭的有关信息。

（2）帮助学校与社会各方面建立必要的联系。

（3）为学校改善办学条件，提供方便或开辟更多的渠道。

（4）协助学校搞好家庭教育，提高家长的自身素质。

（5）有协助学校、班主任调解校、班、家长之间争议的义务。

3. 家长委员会的作用

（1）参与学校和班级教育教学活动，促进班级管理。

（2）沟通信息，使学校教育、家庭教育、社会教育密切配合。

（3）学习教育理论，交流家庭教育经验。

（4）调查家庭教育状况，探讨家庭教育的方法，更新家庭教育观念。

（5）对学校提出建议和意见。

思考题

你认为，家长委员会的重要性何在？应如何充分体现？

四、学生参与制度

现代学校制度是以学生发展为中心的制度，完善学校内部治理结构是现代学校制度建设的核心。学生参与学校治理实现了学校制度的公正与自由，促进了学校制度的人文关怀，增强了学生对学校制度的信任。公正、自由、关怀和信任都是现代学校制度基本的伦理价值，学生参与制度建设从根本上保障了现代学校制度的合理性，具有十分重要的伦理意义。

（一）学生参与制度的内涵

学生参与制度是指作为学校中的一员，学生通过参与的形式主动地将个人情感、思想和价值投入到学校的管理中去，在某种程度上与学校工作人员分享管理权、担当管理责任的活动。

（二）中小学校学生参与的现状

中小学校学生的参与制度主要体现在学生在校期间参与学校的各种事务以及学校的管理过程，并发挥其积极的影响和作用。2005 年 3 月全国少工委办公室与中国青少年研究中心联合开展的“当代中国少年儿童发展状况调查”显示，在参与权方面，中国未成年学生具有一定的参与欲望和自主意识，希望能够决定自己的事情，并对影响自己生活的事情发表意见，但仍存在参与机会少、参与程度不够深入等问题。调查显示，虽然在学校生活中少年儿童参与的活动相当丰富，例如，56.8%的少年儿童参与过“班干部竞选”，52.4%的少年儿童参与过“捐款捐物”，41.9%的少年儿童参与过“运动会项目比赛”，另外，超过1/3的少年儿童参与过“办板报”“兴趣小组”“联欢会表演节目”“布置教室”等活动。但他们参与学校管理、规划和决策的机会却非常有限，仅有18.2%的学生表示“给老师或学校提过建议”；仅有8.2%的学生参与过“制定班规”。这些数据表明，我国未成年学生参与学校管理的机会还比较少，参与的程度也不高。

参与是未成年学生自身发展的需要。在参与过程中，未成年学生将体验并增强社会责任感，同时使能力得到锻炼和提高。促进未成年学生的参与，才能真正促进其发展。因此，学校和社会应努力创造一个适于未成年学生参与的环境，给未成年学生参与提供更多的机会；应认真倾听未成年学生的声音，重视他们的建议；应教给未成年学生参与的方法，提高他们的参与能力。值得庆幸的是，目前一部分学校已经开始重视未成年学生的参与，通过学生代表大学、学生督查等方式加强其对学校管理的参与。

典型案例5-12

小学生参与学校管理

2001年6月1日“六一”儿童节，浙江省某中心小学召开了第二届学生代表大会。全校368名学生代表，大胆地向学校提交议案，有的还提出了十分尖锐的批评意见。同时，学生代表大会还审议通过了正副“学生校长”分别作的关于“学生校管会工作”和“校管会纪律工作”等报告。

2005年10月13日，经过竞选演讲、投票，武汉市某小学五（1）班刘冰青同学从张晓明校长手中接过聘书，和她同时受聘的“同事”还有常文、孙薇、陈紫薇等5位同学，他们成为武汉市中小学校中的首批“学生督查”。“学生督查”将对学校、班级工作、教师教学方式提出督查意见，每月还将进行一次问卷调查，并提出督查意见或方案，直接提交给校长，并为学校的发展献计献策。

张晓明校长说，从学生中选出“学生督查”，主要目的是培育孩子的民主意识以及参与校园管理的能力。

对上述案例，你是怎么看的？你认为该校的改革对学校管理和学生成长有益吗？

（三）中小学校学生参与制度的保障

保障中小学校学生的参与权，首先应当通过相关立法，将其参与权细化，使其具有可操作性。未成年学生的参与权意味着学生有权就所有与其有关的学校事务发表意见，这就必然要求法律规定一个综合性的保护伞条款，而不是概括性、原则性的规定。因此，应当从学校教育、经费和制度保障以及少年司法等各个方面予以规定。其次，应当建立专门的学生参与机构。专门机构和人员构成是保障学生参与的重要途径，目前设立的中小学生代表大会、学生督查等就是这种机构，但目前普及性还不够。最后，要加强参与方面的教育、培训和采取其他促进未成年学生参与的措施，学校可以开设介绍“儿童权利公约”的课程，让学生了解参与学校管理的权利和行使权利的方式，同时对家长和教师进行培训，介绍未成年学生参与权的意义，使其在与未成年学生的交往过程中能够鼓励他们表达意见，并对他们的意见给予适当的态度。

资料5－4

某实验学校学生参与学校管理的制度

1. 设立校长信箱，每日开箱一次。

2. 学生会主席要把学生对学校管理过程中的意见、建议及时以书面形式面呈政教处、校长办公室。

3. 政教处每学期至少召开两次、每班至少两名代表参加的全校学生代表座谈会，并将座谈情况向主管校长汇报，意见建议形成书面材料。

4. 教务处定期对全体学生进行问卷调查，问卷内容视情况自定。

5. 校长室设立学生热线电话一部，校长在非特殊情况下接待每一位学生问访者。

6. 每位学生都有对教师的师德、教师的教学过程、学校的收费、学校的教育教学管理等进行监督的义务，有权质疑或提意见、建议。

7. 投出的信件或递交的书面材料若无音讯可重复进行反映。

8. 任何部门或个人，都要高度重视学生反映上来的意见或建议，不许拖延或扣压。

9. 严禁在校园建筑墙面上及其他公共设施张贴小字报。

10. 学生反映出的问题，给学校的管理工作带来巨大的效益或避免了重大损失影响，应给予物质奖励。

思考题

你认为，上述学生参与学校管理制度制定得是否合理、合法？为什么？

本章回顾

1. 依法治校，简单地讲，就是指学校依照法律的规定，组织和实施教育教学活动以及其他有关教育的活动。它包括两层含义，一是依法组织和实施教育教学活动，依法加强学校管理，规范办学行为；二是依法维护学校、教职工和学生的合法权益，与违法侵权行为作斗争。

从依法治校的意义来看，其是学校自身建设、发展的需要，有利于我国教育事业的整体发展和进步，适应现代学校制度建设的必然要求。

2. 所谓学校的法律地位，是指法律根据学校这种社会组织的目的、任务、性质和特点而赋予其一种同自然人相似的“人格”。

3. 学校设立必须有保证教育教学活动正常实施的办学条件，否则就无法保证教育质量。《教育法》规定，设立学校必须具备四个条件，也可简称为“四有”，即“有章程、有教师、有设施、有经费”。

4. 根据《教育法》的规定，学校享有九种权利，可分别简称为：办学自主权、组织教学权、招收学生权、管理学生权、颁发证书权、聘任教师权、管理设施权、拒绝干涉权和法定其他权。同时，《教育法》也规定了学校应履行的六项义务，可分别简称为：遵守法律义务、贯彻方针义务、维护权益义务、提供情况义务、照规收费义务和接受监督义务。

5. 学校章程是指为保证学校的正常运行，主要就办学宗旨、内部管理体制及财务活动等重大的、基本的问题，作出全面规范而形成的自律性基本文件。

学校章程的意义：学校章程是推进现代教育发展的需要、是对学校加强监督与管理的需要、是学校自我管理与自我发展的需要。制定学校章程的主要依据包括客观依据和法律依据两个方面。

6. 校规即学校的规章制度，是学校文化的重要组成部分，对校风发挥着引导性的作用，每一所学校都应该有适应本校校情的规章制度。当前中小学校规存在的法律问题包括：侵犯学生受教育权、限制学生人身自由、侵犯学生人格尊严、侵犯学生财产权等。为此，应加强对校规的目的、实体、程序的合法性审查。

7. 学校的内部治理结构，是指与学校内部利益相关者都有关的决策结构和过程。当前我国中小学学校的治理结构包括：校长负责制、教代会制度、家长委员会制度、学生参与制度等。

校长负责制是指校长是学校的最高行政负责人，是学校的法人代表；校长对外代表学校，对内全面负责学校的教育、教学和行政管理等各项工作；校长向他的任命机构担负管理好学校的全面责任。

教代会制度是学校教职工行使民主权利、参与学校民主管理与民主监督的基本制度和组织形式。具体而言，教代会应行使审议建议权、审议通过权、审议决定权与评议监督权。

家长委员会是学校将不同职业的家长组织起来，聘请部分有一定社会威望、热心教育事业、有较高教育水平和能力的家长参加的，参与学校教育管理的组织。

学生参与制度是指作为学校中的一员，学生通过参与的形式主动地将个人情感、思想和价值投入到学校的管理中去，在某种程度上与学校工作人员分享管理权、担当管理责任的活动。

学习视窗

加强章程建设，健全学校依法办学自主管理的制度体系

依法制定具有自身特色的学校章程。学校起草制定章程要遵循法制统一、坚持社会主义办学方向的基本原则，以促进改革、增强学校自主权为导向，着力规范内部治理结构和权力运行规则，充分反映广大教职员工、学生的意愿，凝练共同的理念与价值认同，体现学校的办学特色和发展目标，突出科学性和可操作性。高等学校要依据《高等学校章程制定暂行办法》制定或者修改章程，由教育部或者省级教育行政部门核准；普通中小学、幼儿园、中等职业学校章程，由主管教育行政部门核准。到2015年，全面形成一校一章程的格局。经过核准的章程，应当成为学校改革发展、实现依法治校的基本依据。

提高制度建设质量。学校制定章程或者关系师生权益的重要规章制度，要遵循民主、公开的程序，广泛征求校内外利益相关方的意见。重大问题要采取听证方式听取意见，并以适当方式反馈意见采纳情况，保证师生的意见得到充分表达，合理诉求和合法利益得到充分体现。要依据法律和章程的原则与要求，制定并完善教学、科研、学生、人事、资产与财务、后勤、安全、对外合作等方面的管理制度，建立健全各种办事程序、内部机构组织规则、议事规则等，形成健全、规范、统一的制度体系。章程及学校的其他规章制度要遵循法律保留原则，符合理性与常识，不得超越法定权限和教育需要设定义务。学校章程和规章制度，应当加以汇编并公布，便于师生了解、查阅。有网络条件的，应当在学校网页上予以分开。涉及师生利益的管理制度实施前要经过适当的公示程序和期限，未经公示的，不得施行。

建立规范性文件审查与清理机制。学校要设立或者指定专门机构，按照法制统一的原则，对校内规章制度进行审查。对与上位法或者国家有关规定相抵触，不符合学校章程和改革发展要求，或者相互之间不协调的内部规范性文件和管理制度，要及时修改或者废止，保证学校的规章制度体系层次合理、简洁明确、协调一致。要建立规范性文件管理制度和定期清理制度，清理结果要向师生公布。新的教育法律法规、规章或者重要文件发布后，要及时对照修订校内相应的规章制度。

资料来源：中华人民共和国教育部．全面推进依法治校实施纲要，2012－11－22.

学习演练

一、填空题

1. 依法治校，简单地讲，就是指学校依照__________的规定，组织与__________教育教学活动以及其他有关__________的活动。

2. 学校法律地位的特点包括是__________、__________和__________。

3. 学校的义务包括：遵守法律义务、贯彻方针义务、__________、提供情况义务、照规收费义务和__________。

二、不定项选择题

1. 设立学校的基本条件有（　　）。

A. 必须有组织机构和章程

B. 必须有合格的教师

C. 必须有符合规定标准的教学场所及设施、设备等

D. 必须有必备的办学资金和稳定的经费来源

2. 我国的中小学校长负责制，也可理解为：它是（　　）。

A. 集体合作制　　B. 民主监督制

C. 专权集中制　　D. 责任承担制

三、简答题

1. 如何理解学校的法律地位？

2. 根据《教育法》的规定，学校享有的权利包括哪些？

四、论述题

结合自选案例论述当前我国中小学校规存在的法律问题。

五、案例分析题

学生不懂普通话被退学案

2005 年 8 月 30 日，万宁市北坡村一农民工黄某，因工作需要搬到三亚安游地区，他将孩子阿浩也带到了当地某学校，想在此学习。经过简单测验，学校认为，阿浩成绩合格，交了 300 元借读费后，学校同意接收阿浩入学。

9 月 5 日，阿浩因走错了教室，来到了学前班。阿浩的班主任以为阿浩走丢了，就到处去找，找遍厕所、水池、花池，甚至跑到校外去找，急得直哭。

学前班龙老师也曾两次走进学前班，询问哪个学生叫阿浩，但阿浩坐在教室里，由于听不懂普通话没有回答。学校遂以阿浩不会普通话为由，勒令其退学。

家长认为，学校已通过考试同意其报名，就相当于双方签了合约，学校不能单方面毁约。遂以学校侵犯孩子受教育权为由，将学校诉诸法庭。

请依法分析学校的做法是否合理、合法。

学习演练答案

一、填空题答案

1. 法律　实施　教育

2. 公共性　公益性　多重性

3. 维护权益义务 接受监督义务

二、选择题答案

1. ABCD　2. ABD

三、简答题答案要点

1. 所谓学校的法律地位，是指法律根据学校这种社会组织的目的、任务、性质和特点而赋予其一种同自然人相似的“人格”。要理解学校的法律地位这个概念，我们需要把握以下三个方面：学校法律地位的实质是它的法律人格；学校的法律地位体现它的任务、条件和特点；学校法律地位在形式上是由法律赋予的。

2. 按照章程自主管理，简称“办学自主权”；组织实施教育教学活动，简称“组织教学权”；招收学生或其他受教育者，简称“招收学生权”；对受教育者进行学籍管理，实施奖励或者处分，简称“管理学生权”；对受教育者颁发相应的学业证书，简称“颁发证书权”；聘任教师及其他员工，实施奖励或者处分，简称“聘任教师权”；管理、使用本单位的设施和经费，简称“管理设施权”；拒绝任何组织和个人对教育教学活动的非法干涉，简称“拒绝干涉权”；法律、法规规定的其他权利，简称“法定其他权”。

四、论述题答案要点

国有国法，校有校规；没有规矩，不成方圆。学校制定校规、校纪理所当然，但任何校规都不能凌驾于法律之上，不得超越更不能违反相关法律、法规的规定，不能侵害学生的合法权益。然而，现实中侵犯学生受教育权、人身权、财产权等违法校规却时有出现。包括：侵犯学生受教育权，限制学生人身自由，侵犯学生人格尊严，侵犯学生财产权等（分析中结合自选案例）。

五、案例分析题答案要点

学校由于学生不懂普通话将学生退学是一种典型的违法行为，侵犯了学生的受教育权和财产权。

主体分析：本案的涉案主体主要包括，学校、学生及其家长。

法理分析：本案主要是围绕学校和学生的权利义务关系展开的。

本案中，阿浩经考试合格，由该校招收，即具有该校的学籍，取得了在该校学习的资格，同时也应当接受该校的管理。而作为学校的教育者在对受教育者实施管理的过程中，虽然《教育法》中规定学校有相应的教育自主权，但不得违背国家法律、法规和规章的规定。

《教育法》规定：“中华人民共和国公民有受教育的权利和义务。”“受教育者在入学、升学、就业等方面依法享有平等权利。”学校要“遵守法律、法规”；要“维护受教育者、教师及其他职工的合法权益”。《合同法》规定：“依法成立的合同，对当事人具有法律约束力。当事人应当按照约定履行自己的义务，不得擅自变更或者解除合同。依法成立的合同，受法律保护。”本案中，阿浩所在学校依照国家的授权，有权制定校规、校纪，而这些校规、校纪，以及据此进行的教学管理和做出的违纪处理行为等都必须符合法律、法规和规章的规定，必须保护当事人的合法权益。但该校对阿浩所作出的退学处理，有违《教育法》《合同法》等相关法律规定，违背了“依法治校”的要求，阿浩的行为并没有违反校规、校纪，更没有触犯法律，学校不得令其退学。况且，学校与学生签订的合约应当是具有法律效力的，合约双方的地位是平等的，学校不得单方面私自毁约。

责任分析：学校应依法承担相应的行政和民事法律责任，撤销对阿浩的劝退决定，依法履行合约。

启示分析：该案例启示我们，学校在进行学生管理时，不得违反相关法律，不得侵犯学生的合法权益。当学生的合法权益受到侵犯时，应通过合理的途径依法进行法律救济，维护自身的合法权益。

第六章　教师及其权利与义务

引　言

人们常说，教师是“人类灵魂的工程师”，也是学校教育的主力军。著名教育家夸美纽斯则将教师职业誉为“太阳底下最光辉的职业”。《教师法》规定：“教师是履行教育教学职责的专业人员，承担教书育人、培养社会主义建设者和接班人、提高民族素质的使命。”那么，教师的法律地位如何，教师有哪些权利与义务，以及相关的教师管理制度有哪些，等等，这些都是本章所要探讨的问题。

学习目标

通过本章的学习，你应该能够做到：

1. 说出教师及其法律地位的含义和特点；
2. 描述教师的职业特点和法律身份；
3. 结合实际，阐述教师的权利与义务，并能进行相关的典型案例分析；
4. 结合实际，对教师资格制度、教师职务制度、教师聘任制度、教师考核与奖惩制度等主要内容进行分析。

问题情境

班主任定班规：迟到要罚款、没晨跑不准吃午饭

为加强班级管理，某中学一班主任孔老师制定了本班的班规：学生一旦违纪，则可能被罚款、跑步，或者不准吃午饭。这些规定引起学生的不满。某日上午，学生小李给报社打进热线电话：“今天早上天气很冷，我们班有4个同学睡懒觉，迟到了几分钟。结果，孔老师要罚他们每人交50元当作班费。我们都是住校生，每个月家长给的生活费有限，缴罚款后，下半个月可怎么过啊。”孔老师还说，“以后再迟到，就要罚100元了。”有位女生告诉记者：“我今天身体有些不舒服，没去晨跑，孔老师知道后，把我叫到办公室骂了几小时。中午又被罚跑步，午饭也不准吃，还不让其他同学帮忙带午饭。下午上课时，肚子饿得难受极了，根本听不进课。”下午，记者见到了孔老师。面对学生的抱怨，她显得有些委屈，眼泪都流下来了。“上课迟到扣钱，只是我今天早上提出来的。到现在还没收钱，我是想让学生明白，学校规章制度是要遵守的，如果学生晚自习说话了，浪费了时间，那么，中午在教室里多看一会儿书，把时间补上，这样不是正好嘛。我不让他们吃饭，也只是想让他们长长记性。”

该校学生科科长表示，他已接到学生的投诉，正在调查此事。“其实，孔老师是个很负责的老师，她带的这个班成绩是年级中最好的。因为工作太累了，她昏倒过好几次。不过，她管理学生的一些‘土政策’确实是不对的。哪怕老师的本意是为了孩子好，也要学会沟通，找到孩子们能够接受的最佳管理方式。”该校校长也表示，“罚款、不准吃午饭等办法，作为学校管理方是绝对不允许的。学校会让孔老师向学生和家长道歉，从中吸取教训。”

看了上述案例，你有哪些想法？你认为，教师的权利和义务有哪些？教师应如何依法行使自身的权利，并依法履行相应的义务？教师与学生之间是什么关系？教师应如何依法进行班级管理？如何对待违纪学生？如何依法制定班规？……

让我们带着这些问题来一起学习本章的内容吧。

第一节　教师的法律地位

一、教师的法律概念

教师的概念由来已久，广义的教师泛指传授知识、经验的人，狭义的教师是指受过专门教育和训练的人，并在教育（学校）中担任教育、教学工作的人。1993 年《教师法》的颁布，赋予了“教师”以特定的法律含义。按照《教师法》第三条的规定，“教师”是指“履行教育教学职责的专业人员”。这是我国教师地位的本质特征，也是法律意义上教师概念的内涵。对此，可从以下三个方面来理解。

1. “专业人员”是教师的身份特征

这是从教师的社会职业划分上来界定“教师”身份的。所谓“专业人员”，是指具有某种专业知识、技能，经政府认定许可，从事某种专业活动的人员。“专业人员”是我国社会职业分类中的一大门类，同律师、医生、会计师等一样，教师也是一类从事专门职业活动的专业人员，他们必须具备专门规定的从事教育教学活动的资格，并符合特定的要求。专业也即专门职业。“专业人员”包括三层含义：一是教师要拥有符合规定的相应学历；二是教师要具备相应的专业知识；三是教师要符合与其职业相称的其他有关规定，如语言表达能力较强、身体健康等，而学校里的一般职工不属于“专业人员”。

2. “履行教育教学职责”是教师的职业特征

这是教师与其他专业人员的根本区别，也是教师的职业特征。正如律师承担为社会提供法律服务的专业职责，医生承担治病救人、救死扶伤的专业职责一样，教师承担着教育教学、教书育人的专业职责。只有直接承担教育教学工作职责的人，才具备教师的最基本条件。对于在学校中不直接从事教育教学工作，未履行教育教学职责的行政管理人员、教学辅助人员等，就不能被认为是教师。

3. 教师必须从教于各级各类学校或者其他教育机构

《教师法》第二条规定：“本法适用于在各级各类学校和其他教育机构中专门从事教育教学工作的教师。”这一适用范围是教师的形式特征，也是法律意义上“教师”概念的外延。这里的“各级各类学校”包括实施学前教育、普通初等教育、普通中等教育、职业教育、普通高等教育以及继续教育、特殊教育的学校。“其他教育机构”特指与中小学教育工作紧密相连的少年宫及地方教研室、电化教育馆等机构。这里的“教师”既包括公办学校的教师，也包括由社会力量举办的民办学校的教师。

二、教师的职业性质

所谓职业性质即职业的本质属性，它决定着职业的特点和规律，也决定着职业间的相互联系与区别。《教师法》第三条对我国教师的职业性质作出了界定，其主要包含以下两个方面内容。

1. 教师职业的专业性

教师是一种专门职业，教师是专业人员。教师职业的专业性主要是指教师职业是一种需要具备专门知识、专门技能以及相应的职业道德才能从事的职业。职业是依据人们参加社会劳动的性质与形式而划分的社会劳动集团。社会学者常把职业划分为两大类：专门职业与普通职业，教师职业属于专门职业。

1966 年 10 月，联合国教科文组织在《关于教师地位的建议》中提出：应该把教师工作视为专门职业，认为这种职业是一种要求教师经过严格训练而持续不断地学习研究，才能获得并保持专业知识和专门技能的公共业务。1986 年，我国发布的中华人民共和国国家标准《职业分类与代码》中，将所有职业分为 8 大类，63 个分类和 303 个小类，其中，各级各类教师被列入了“专业、技术人员”这一类别。1993 年颁布的《教师法》，将教师定义为“履行教育教学职责的专业人员”，而 1995 年颁布的《教师资格条例》中，则引入了教师准入机制，也即需要通过教师资格认定来体现教师职业的从业要求。

2. 教师职业的教育性与公共性

教师是教育者，教师职业是促进个体社会化，为社会培养人才的职业。教师的根本职责是教书育人，通过教师的教育能够促进个体的社会化，为社会培养更多的适应性人才。这是因为，个体从自然人发展成社会人，是在学习、接受人类经验，消化、吸收人类文化的社会化过程中逐步实现的。在个体社会化过程中承担教化任务的是教师，他们根据一定的社会要求向年轻一代传授人类长期积累的知识经验，规范他们的行为、品格，塑造他们的价值观念，引导他们把外在的社会要求内化为个体的素质，实现个体的社会化。与此同时，个体社会化的过程，也为整个社会的发展与公民素质的提升注入了新的活力。正如《教师法》第三条中所规定的，我国教师“承担教书育人，培养社会主义事业建设者和接班人，提高民族素质的使命”。为此，对教师的职业道德和专业素养等都提出了较高的要求。

教师职业的公共性是指教师作为国家教育责任的承担者，其工作涉及社会公众，影响社会公共利益的属性。一方面，教师履行的教育教学职责带有公务性质；另一方面，教师职业影响社会公共利益，其劳动成果能够促进社会成员的公共利益。

思考题

你对教师的职业特征是如何认识的？有专家提出，从目前的情况看，专业性质和公务性质并存是我国教师职业的重要特征，你认为如何？

三、教师的法律身份与法律地位

（一）教师的法律身份

1. 法律身份的含义

所谓法律身份，是指基于法律而形成的身份，如国家工作人员、司法工作人员等。具有特定法律身份的人享有特殊的权利和承担特殊的义务，其权利的救济方式也具有一定的特殊性。具有不同法律身份的人，其权利与义务的内容、资格任用、工资待遇及权利救济途径等都有所不同。

2. 教师的法律身份

在法律上，教师具有双重身份。教师的第一重身份是普通公民，当教师以普通公民的身份出现时，教师则具有普通公民所应具有的一切权利与义务。

教师的第二重身份是教师所特有的法律身份。根据《教师法》的规定，我国教师的特有身份是“履行教育教学职责的专业人员”，也即当教师以这种“专业人员”的身份出现时，有其特定的权利与义务，此时，教师的行为是职务行为。

在理解教师这种特有的“专业人员”身份时，应注意以下两点：

（1）教师这种专业人员与其他专业人员有所不同，对教师有特别的要求。例如，要有教师资格，具备相应的专业知识及较强的语言表达能力，身体健康等。

（2）教师这种专业人员不同于国家公务员。首先，我国教师不是国家公务员，其法律依据为：《中华人民共和国公务员法》（简称《公务员法》）规定，“本法所称公务员，是指依法履行公职、纳入国家行政编制、由国家财政负担工资福利的工作人员。”而我国的公办学校虽然一般是由国家财政负担教职工的工资福利，但它是事业单位的法人组织；民办学校则需要由举办者负担教职工的工资福利，是民办非企业单位。所以，无论是公办学校，还是民办学校的教师，都不是国家公务员。其次，教师这种专业人员从某种意义上说，又带有国家公职人员的身份。这是因为，从某种意义上说，当教师以专业人员的身份出现时，与其职责相关的教育教学等权利义务是法律赋予的，带有一定的“公务”性质，这种权利是一种公权，而不是私权。公权与私权的区别在于：公权只能在法律规定的范围内行使，即法无规定不可为，法律没有规定的，公权力不能突破这个界限；而私权则是法无禁止即可为，只要法律没有明文禁止的，都可以自由行使。此外，公权是不能随意放弃的，如果放弃了就是失职。从这个意义上说，教师这种专业人员具有国家公职人员的特点。

（二）教师的法律地位

1. 教师法律地位的含义

所谓法律地位，是指法律关系主体依法享有权利并履行义务的资格，也可以指法律关系主体在法律关系中所处的位置。法律地位一般由其他社会规范或习俗先行限定，最终由法律确认后生效。

教师的法律地位，指的是以法律的形式规定的，教师在一个国家的各种社会关系中所处的位置。其主要涉及教师的法定身份，教师的法律关系特征，以及教师的权利与义务等问题。教师的法律地位如何，充分表明了一个国家对于教育和教师的重视程度。

2. 我国教师法律地位的发展变化

我国教师的法律地位问题，一直是国内学者比较关注的问题，也是实践中争议很大的问题。其中，最关键的问题是如何定位我国教师的法律身份问题。

从世界各国公立学校教师的法律地位和身份看，主要有公务员、公务雇员和雇员三种类型。例如，在德国、法国、日本等大陆法系国家，一般都把教师尤其是中小学教师定位为国家公务员或教育公务员。其主要依据是把教育看作国家兴办的公共事业，教师受国家委托执行国家意志，按国家的教育计划和培养目标教育下一代，执行的是国家公务。具有公务员身份的教师一般必须终身从教，因此具有较高的职业保障。在美国、英国、加拿大、澳大利亚等英美法系国家，一般都将义务教育阶段的教师定位为公务雇员。教师由教育行政部门任用，并与之签订雇佣合同。教师和政府之间构成的是一种基于平等自愿而建立的雇佣合同关系。在欧洲，有一部分国家将义务教育阶段的教师直接定位为雇员，由校长雇用，但由政府支付工资。学校在其权限范围内可以决定教师的雇用和解雇，向教师布置任务，监督和评价教师的工作等。当然，也有一些国家或地区把教师看作一个普通的劳动者，或自由职业者。

我国的现代法制始于清末，具有大陆法系的基本特征，因此，教师被定位为国家公职人员。1949 年以后，我国一直把教师作为干部编制序列来定位，也含有“准公务员”性质。国家通过任命的方式，将教师纳入国家干部队伍，教师接受一种与政府官员基本相同的管理形式。但根据我国现行的《公务员法》规定，已明确规定教师不属于国家公务员系列。

从20世纪80年代末开始，我国经历了一个由计划经济体制向市场经济体制过渡的社会转型进程，教育体制也由此发生了相应的变革。在1993年10月通过的《教师法》中，以法律形式把教师定位为“专业人员”，从而，正式确立了新的教师地位，其强调了教师职业的专业性特征，对进一步提升教师的专业化素质和水平提供了法律保障。与此同时，教师聘任制的实施也使我国教师的法律地位发生了彻底变化，其身份由“国家干部”转变为“专业人员”，任用教师的主体和方式由“政府任命”转变为“学校聘任”，相应的法律关系也由“政府与教师间的纵向型人事法律关系（行政法律关系）”转变为“学校与教师间的横向型聘用合同关系（民事法律关系）”。

思考题

你对我国教师的法律地位是如何认识的？你认为应如何处理教师的专业性与公务性之间的关系？

第二节 教师的权利

一、教师权利的含义

教师的权利也称教师的法律权利，是指教师依法享有的某种权能和利益，表现为教师作为权利享有者具备能够做出或不做出一定的行为，或要求他人做出或不做出一定行为的资格。教师的权利是国家对教师在教育教学活动中可以为或不为一定行为的许可与保障。其一般由三部分构成：一是教师实施某种行为的权利，也可称积极行为的权利。如《教师法》规定：“从事科学研究、学术交流、参加专业的学术团体、在学术活动中充分发表意见”的权利。二是教师要求义务人履行法律义务的权利，如《教师法》规定：教师享有“按时获取工资报酬”的权利。三是当教师的权利受到侵害时，有权诉诸法律，要求确认和保护的权利。

这三部分内容相互联系、不可分割。积极行为的权利体现了一定社会经济条件下确认的教师享有的自主权利，教师的这种权利只有在承担义务的人不侵犯教师权利，或者承担义务的人按照法律的要求履行义务的前提下，才能够实现。同时，当教师权利受到侵害并诉诸法律时，国家将依法施用强制手段予以保证，或使教师得到相应的补偿。离开了法律的确认与保护，则无所谓教师权利的存在。

二、教师所享有的法定权利

《教师法》第七条对我国教师享有的权利作出了规定，具体表现在六个方面，可分别简称为：教育教学权、科学研究权、管理学生权和获取报酬权、民主管理权和进修培训权。

（1）进行教育教学活动，开展教学改革和实验，简称“教育教学权”。

教育教学权是《教师法》为教师规定的第一项权利，也是教师为履行教育教学职责所必须具备的最基本、最重要的权利，是其他五项权利的基础。其具体表现在以下三个方面：①教育教学活动权。它是指教师享有在其受聘的教育教学岗位上从事教育教学活动的权利。包括教师有权依据其所在学校的培养目标、教学工作量等具体要求，结合自身的教学特点自主地组织课堂教学；有权按照课程计划、课程标准的要求确定其教学内容、进度和方法，并不断完善教学内容；有权带领和指导学生从事与所授课程相关的社会调查活动；有权组织学生进行有益的社会活动等。②教育教学改革与实验权。它是指教师有权针对不同的教育教学对象，在教育教学的形式、方法、具体内容等方面进行自主改革、实验和完善。③教师的教育教学权是由国家授予的，教师应当依法行使和保护其教育教学权，而不能随意放弃。任何人都不得非法剥夺在聘教师的教育教学权。剥夺教师的教育教学权，也就等于剥夺教师这一法律主体的资格。

典型案例 6－1

教师的教育教学权能否自行放弃

某中学青年教师薛某，因学校未分给其新住房，以及在当年的职称评定中未能晋升中学一级教师，思想上产生负面情绪，觉得自己受到排挤，对继续在该校工作失去信心，于是向学校提出请调报告，要求立即调走。

当时该校正值学期中间，工作非常紧张，薛某担任的课程还未结束，他与学校签订的聘任合同也还未到期。因而，经研究，学校决定暂不考虑薛某的调动问题，并派人给他做思想工作，劝其认真考虑，最好还是能继续留在该校任教。

薛某却认为，学校这样做是有意拦阻不放其走，因而，拒不上课，致使其所负责的语文课程被迫停课。学校领导多次找薛某做工作，但他仍不去上课，并声称：“教师有教育权，权利可以放弃，因此，我不上课并不犯法。”

你认为，薛某的做法违法吗？

在上述案例中，教师在聘任期内未经校方同意，单方面停止给学生上课的行为是违反《教师法》和《合同法》的，侵犯了学生的受教育权。因为教师的教育教学权是国家授予的，教师应依法行使这项权利，而不能随意放弃。教师应按照与学校签订的聘任合同依法行事，在行使国家赋予的教育教学权的同时，也应依法履行教育教学义务。为此，教师应承担相应的行政和民事法律责任。

（2）从事科学研究、学术交流、参加专业的学术团体，在学术活动中发表意见，简称“科学研究权”。

科学研究权是教师作为专业技术人员享有的一项基本权利。其具体表现在以下两个方面：①教师在完成规定的教育教学任务的前提下，有权进行科学研究、技术开发、技术咨询、撰写论文或著书立说等。②教师有权依法成立或参加学术团体，发表自己的观点，开展学术活动。

典型案例 6－2

教师因未请假去参加学术活动而未给学生上课被罚款

某校教师赵某参加了县教育学会组织的为期一天的学术研讨会。因事先未向学校请假，也未与教同班课程的其他教师串课，致使他所任教的两个班各有一节课没上。学校对其按旷工论处，并按照本校有关规定，扣发其当日的工资和本月全勤奖，且在全校职工大会上提出批评。赵某对学校作出的处理决定不服，向该校的主管部门提出了申诉。请求：返回扣发的工资和奖金，在全校职工大会上取消对其所作的批评。

申诉理由是：《教师法》规定，“教师享有从事科学研究、学术交流、参加专业的学术团体，在学术活动中充分发表意见的权利。”因其参加的是县教育学会学术活动，学校对其进行处罚，侵犯了其合法权利。

教育行政部门经调查，认定赵某所述情况基本属实。但认为，教师既享有法律赋予的权利，也应完成法律规定的义务。赵某只强调了权利的方面，而没有遵守学校的规章制度和执行教学计划，没有很好地完成教育教学工作任务。学校作出的决定符合权限和程序规定。因此决定：维持学校原处理结果。

请依法分析此案例。

教师在享有法定权利的同时，应当履行自身的法定义务，该教师的行为本身造成两个班的学生未能按计划上课，侵犯了学生的受教育权，应承担相应的法律责任。

（3）指导学生的学习和发展，评定学生的品行和学业成绩，简称“管理学生权”。

管理学生权是与教师在教育教学过程中的主导地位相适应的一项基本权利。其具体表现在以下四个方面：①指导学生的学习和发展权，即教师有权依据学生的身心发展状况和特点，因材施教，针对学生的特长、就业、升学等方面的发展给予指导，使学生的个性和能力得到充分发展。②学生品行评定权，即教师有权对学生思想、品德、学习、劳动等方面给予客观、公正和恰如其分的评价。③学生学业成绩评定权，即教师有权独立自主地对学生的学业成绩作出评定，有权抵制来自任何方面要求在评定学生学业成绩时弄虚作假的行为。④教师对学生品行的评定结论和学业成绩的评定具有一定的法律效力。任何组织或个人未经教师同意不得擅自更改评定结果。教师在行使这一权利时，要注意加强对学生各方面的管理，将对学生的关心爱护和严格要求相结合，促进学生全面且有个性地发展。任何组织和个人都不得非法干预教师行使这项权利。

典型案例6－3

老师处罚学生出“奇招”，没上90分跪领考卷

为“促使学生进步”，某小学一教师出“奇招”：凡考试成绩在90分以下的，都当众跪下，用双膝“走”上讲台领考卷。

一天，该校一年级二班学生蒙蒙放学回家后，委屈地大哭起来。在一再追问后，父母得知是因为在当天的语文单元测验发卷时，教语文的张老师宣布，凡成绩在90分以下就算不及格，这些不及格的学生均要从座位处跪着上讲台领卷子。之后，张老师就站在讲台处念学生的姓名和成绩，凡被念到没上90分的学生，均在一声“跪”的命令下，当众跪下“行”走到讲台处领考卷，其他学生则哄堂大笑。对此，几个被罚跪学生的家长非常气愤，一家长说：“孩子也有自尊，这样做太过分了！”

事发后，张老师在接受记者采访时承认，自己确实让学生下跪了。因为她觉得，法律规定不准打骂学生，但学生表现不好，总要惩罚一下，自己也知道这是变相体罚、违规，主要是想吓吓这些学生，促使其进步。

该校校长表示，他们将对该老师严肃处理。

你认为，张老师的做法是否违法，试依法分析这一案例。

在上述案例中，张老师滥用了教师的管理学生权，违反了《教师法》中有关“教师不得体罚、侮辱学生”等相关规定，侵犯了学生的人身权和受教育权，应承担相应的行政法律责任和民事赔偿责任。

（4）按时获取工资报酬，享受国家规定的福利待遇以及寒暑假期的带薪休假，简称“获取报酬权”。

获取报酬权是教师的基本物质保障权利，也是宪法赋予公民的劳动权利和劳动者休息权利的具体化。其主要表现在以下三个方面：①按时获取工资报酬权，即教师有权要求所在学校及其主管部门根据国家教育法律及教师聘用合同的规定，按时、足额地支付工资报酬，任何单位或个人均无权挪用、克扣和拖欠教师的工资报酬。②享受国家规定的福利待遇权，即教师有权享受国家规定的医疗、退休等各种福利待遇和优惠，任何单位和个人都无权减少国家规定的给予教师的福利项目和福利金额。③寒暑假期的带薪休假权，即教师还享有“寒暑假期的带薪休假”的特殊权利，这是针对教师劳动量大、体力脑力消耗比较严重、专业性较强的职业特点所作的规定，可使教师在假期获得身心休整的机会。

（5）对学校教育教学、管理工作和教育行政部门的工作提出意见和建议，通过教职工代表大会或者其他形式，参与学校的民主管理，简称“民主管理权”。

民主管理权是指教师享有参与教育民主管理的权利，这是宪法赋予公民的民主权利在教育领域的具体适用。其具体表现在以下两个方面：①批评和建议权，即教师有权对学校及其他教育行政部门的工作提出批评和建议，也是宪法规定的“公民对任何国家机关和国家工作人员，有提出批评和建议的权利”的具体表现。②参与民主管理权，即教师有权通过教职工代表大会、工会等组织形式及其他适当方式，参与学校的民主管理，讨论学校发展、改革等方面的重大事项和问题，以保障教师的民主权利和切身利益，推进学校的民主建设，提高学校管理的效益和水平；教师有权引导学生，培养学生的民主与法制意识，促进我国的民主与法制建设；教师有权参与教育的民主管理。

典型案例 6－4

教师举报校长贪污学生营养餐费遭报复 校长被停职

贵州省一小学教师孟某因在网上实名举报该校校长陈某贪污学生营养餐费而遭该校长报复。孟老师在网文中称，校长陈某“以权谋利，多次挤占、贪污学生营养午餐费”，去年假报100多斤鸡肉，单价为每斤15元，又假报200多斤猪肉，单价为每斤13元，另外，还将每个学前班学生交的300元生活费，未加入食堂生活费，全部资金据为己有。

当孟老师曝光陈某的做法后，则遭到陈某的威胁与打骂，并被打伤以致脑震荡。乡教育管理中心等对此事至今无任何处理结果。

该文被网友以“国家营养午餐遭贪污，教师实名举报被报复”为题发到微博后，引起了贵州省副省长的关注，并责成有关部门调查核实，证明情况属实，该校校长已被停职。

对此案例，你有什么看法？

在上述案例中，该校校长陈某违反了《教育法》和《教师法》的有关规定，贪污公款，打击报复陈某，侵犯了国家财产权，以及教师孟某的人身权和监督建议权，应承担相应的行政法律责任和民事赔偿责任，如贪污数额巨大构成犯罪的，还要依法追究刑事责任。

（6）参加进修或者其他方式的培训，简称“进修培训权”。

进修培训权是指教师享有接受继续教育，不断获得充实和发展的基本权利。其具体表现在三个方面：①教师有权参加进修和接受其他多种形式的培训，不断更新知识、调整知识结构，以提高自己的思想品德和业务素质，保障教育教学的质量。②教育行政部门和学校及其他教育机构应当采取各种形式，开辟多种渠道，保证教师进修培训权的顺畅行使。③在此应注意的是，教师在行使进修培训权时，必须保证不影响本职工作，要做到有组织、有计划地进行，不能影响学校正常的教育教学工作。同时，教师进修培训权的行使，需要服从学校教育教学工作的安排，因地制宜地参加进修和培训。学校和教育行政部门也应积极地为教师进修或培训提供机会，并在经费上给予大力支持，切实保障教师进修培训的权利。

三、教师权利的行使与保护

（一）教师权利的行使

教师权利的行使主要是指教师应依法行使自身的权利，而不得滥用这些权利侵犯他人的利益。教师要知道自身的权利都有哪些，各项权利的具体内容和使用条件是什么。

例如，管理学生权是法律赋予教师的一项基本权利，教师应当依法行使这项权利，既不能像“典型案例6-3”中的教师一样，单纯按分数评价学生，变相体罚、侮辱学生，侵犯学生的人身权和平等受教育权；也不能不依法行使这项权利，对个别学生的违纪行为放任不管，任由班级课堂秩序混乱，影响全班学生的正常学习。

又如，科学研究权也是教师的一项法定权利，教师应善用这项权利，而不能弄虚作假、营私舞弊、伪造数据、谎报科研成果等，更不能只顾教师自己出成果、出效益，将学生置于危险的实验场地，最终导致人身伤害事故。

（二）教师权利的保护

教师权利的保护主要是指教师应依法保护自身的权利不受侵犯，相关人员不得干涉教师依法行使自身的权利，当教师的法定权利受到侵犯时，应能选择适宜的法律救济途径进行维权。

教师可选择的法律救济途径主要有：行政救济（教师申诉制度、校内听证制度、校内调解等）、民事法律救济（民事诉讼）和刑事法律救济（刑事诉讼）等。其中，教师申诉制度，是指教师在其合法权益受到侵犯时，依照法律、法规的规定，向主管的行政机关申诉理由，请求处理的制度。教师申诉制度是专为教师设立的一种法律救济制度，其基本特点包括：法定性、特定性和非诉讼性（详见第八章的有关内容）。

例如，当教师的工资被拖欠时，应及时向所在学校或上级主管行政部门提出，若仍不能解决的，可依法向人民法院提起诉讼。《教师法》第三十八条规定，“地方人民政府对违反本法规定，拖欠教师工资或者侵犯教师其他合法权益的，应当责令其限期改正。违反国家财政制度、财务制度，挪用国家财政用于教育的经费，严重妨碍教育教学工作，拖欠教师工资，损害教师合法权益的，由上级机关责令限期归还被挪用的经费，并对直接责任人员给予行政处分；情节严重，构成犯罪的，依法追究刑事责任。”

典型案例6－5

女教师因批评学生被其家长殴打致流产

秦老师是吉林市某小学一班的班主任。开学不久的一次课上，她刚讲了10多分钟的课，教室的门突然被推开，一个人冲到她面前，打了她一个耳光，把她打得直流鼻血。接下来，此人对她拳打脚踢，班上的学生上前制止未起作用，此人还拿起花盆砸在秦老师身上，使她的头随后磕在讲台上。当时，秦老师已有身孕50多天了，此人却还多次踢她的肚子，致使秦老师的孩子没能保住……

那么，是什么人如此疯狂地殴打秦老师呢？原来，冲进来殴打秦老师的人，是来校给孩子办转学手续的刘同学的母亲王某。起因主要是一次秦老师对刘同学的批评。据秦老师说，该校每年期末都要评“三好班”“模范班”“标兵班”，“三好班”是和班级的平均成绩挂钩的。

放假前，在全校公开大会上，该班级落选了“三好班”，于是，秦老师就在全班大会上说：“刘××，下学期你得努力了，这次要不是你成绩差，咱班就是‘三好班’了。”在随后的一次家长会后，王某找到秦老师，认为她当着全班同学的面，说自己女儿的成绩影响了全班，对孩子的打击非常大，提出让秦老师立即召集全班同学开会，并当着大家的面向她的女儿道歉。因当时已经放假了，秦老师表示开学后会解决此事。但开学后，刘同学却没有来上课，后来秦老师了解到，她已经转学了。

对此案例，你应怎么分析？你认为，秦老师是否应当向刘同学道歉？王某殴打教师的行为是否违法？教师、学生及家长应采取何种法律救济途径进行维权？

在本案中，秦老师违反了《教师法》的有关规定，滥用了教师的管理学生权，在全班大会上公开指责学习成绩不好的刘同学，侵犯了该生的人格尊严权和平等受教育权，该生的家长则未通过合法的救济途径进行维权，而是采取殴打教师的方式进行报复，违反了《宪法》《教师法》等相关规定，侵犯了秦老师的人身权和教育权。为此，王某应承担相应的民事赔偿责任，秦老师则可选择适宜的法律救济途径进行维权。

第三节　教师的义务

一、教师义务的含义

法律意义上的教师义务，是指法律规定的教师从事教育教学工作而必须履行的责任，表现为对教师在教育教学活动中必须做出一定行为或不得做出一定行为的约束。它由法律规定，并以国家强制力保障其履行。

通常，它有两种不同形式：①积极义务与消极义务，积极义务即必须做出一定行为的义务，如《教师法》规定，教师在教育教学活动中，有“贯彻国家的教育方针，遵守规章制度，执行学校的教育教学计划，履行教师聘约，完成教育教学工作任务”的义务；消极义务即不做出一定行为的义务，如“不得体罚学生”的义务。②绝对义务与相对义务。绝对义务指对一般人承担的义务，如教师不得侵害法律所保护的任何公民的基本权利；相对义务指对特定人承担的义务，如教师与学校签订的聘任合同中规定，教师只对学校承担义务。

二、教师应履行的法定义务

《教师法》在赋予教师六项权利的同时，也规定了教师应履行的六项义务，可分别简称为：遵纪守法义务、教育教学义务、思想教育义务、尊重学生义务、维护权益义务和提高水平义务。

（1）遵守宪法、法律和职业道德，为人师表，简称“遵纪守法义务”。

遵纪守法义务是教师必须履行的最基本义务，也是对教师提出的遵守法律法规和践行职业道德两个层面的法律要求。其具体表现在三个方面：①遵守宪法和法律的义务。宪法是我国的根本大法，具有最高的法律效力。宪法和法律，是国家、社会组织和公民的一切活动的基本行为准则，遵守宪法和法律是《宪法》规定的每个公民必须履行的义务。教师要教书育人，为人师表，不仅应当成为模范遵守宪法和法律的表率，而且要在教育教学工作中，自觉培养学生的法制观念和民主意识，使每个学生都成为遵纪守法的好公民，这对培养社会主义的建设者和接班人具有十分重要的意义。②遵守职业道德的义务。教师职业道德是教师在从事教育教学工作中应当遵守的道德规范。由于教师承担着教书育人，为社会主义现代化建设培养合格人才的使命，所以，他们在传授科学文化知识的同时，对学生的思想品德、道德、法律意识等方面的形成有着重要影响，因此，对教师职业道德的要求，比其他职业的职业道德要求更高、更全面。规定教师应当遵守职业道德，无论对规范教师自身的行为，还是对培养下一代来说，都是十分必要的。它不仅是教师自身行为的规范，也是法律赋予教师应尽的基本义务。为此，在2013年新修订的《中小学教师职业道德规范》中，明确规定了教师在以下六个方面的基本要求：爱国守法、爱岗敬业、关爱学生、教书育人、为人师表、终身学习。③为人师表义务。教师的职业要求教师作出表率，身教胜于言教。为人师表属于上述《中小学教师职业道德规范》中的一项重要内容。对教师提出多方面要求，主要包括思想品行、工作态度、生活作风、言谈举止、服装打扮等。教师的一言一行，都对学生有着潜移默化的影响，因此，教师应当履行此项义务，切实做到为人师表，以身作则，学为人师，率先垂范。

（2）贯彻国家的教育方针，遵守规章制度，执行学校的教学计划、履行教师聘约、完成教育教学工作任务，简称“教育教学义务”。

教育教学工作是教师的本职工作，因此，教育教学义务也是教师作为专业人员所要履行的一项基本义务。其具体表现在三个方面：①贯彻国家教育方针。教育方针是国家根据政治、经济的要求，为实现教育目的而规定的教育工作的总方向，也是教育政策的总概括。为此，教师在教育教学活动中，应当全面贯彻国家关于“教育必须为社会主义现代化建设服务、为人民服务，必须与生产劳动和社会实践相结合，培养德、智、体、美等方面全面发展的社会主义事业的建设者和接班人”的方针。特别是在基础教育阶段，一定要注重学生在德、智、体、美等诸多方面都得到发展，而不能只重视智育，单纯追求分数，片面追求升学率，过分偏重书本知识，而轻视实践活动，忽视学生的全面发展。②遵守规章制度。这里的规章制度主要是指教育行政部门和学校及其他教育机构制定的有关教育教学及其管理的各项规章制度，它们是维护学校教育教学秩序和提高教育教学质量的保障。为此，教师应当遵守相关的规章制度，执行学校的教学计划，以及完成学校依据国家规定的教学大纲、教学计划或教学基本要求而制定的具体的教学工作安排。③履行教师聘约的义务。在实行教师聘任制后，教师须与学校签订聘任合同，明确双方的权利、义务和责任，为此，教师应当依法履行聘任合同中约定的教育教学职责，完成职责范围内所规定的教育教学任务，保证教育质量。如教师不按聘任合同规定完成教育教学任务而造成工作损失的，应承担相应的法律责任。例如：在“典型案例6-1”中，薛某在与学校签订的聘任合同尚未到期的情形下，擅自给学生停课，则未能履行教师聘约的义务，侵犯了学生的受教育权。

(3) 对学生进行宪法所确定的基本原则的教育和爱国主义、民族团结的教育，法制教育以及思想品德、文化、科学技术教育，组织、带领学生开展有益的社会活动，简称“思想教育义务”。

思想教育义务是有关教师应当对学生进行思想政治品德教育，组织和带领学生开展有益的社会活动的义务规范。其具体表现在三个方面：①教书育人。教师的职责不仅是教书，更重要的是育人，对学生进行思想品德教育，不仅仅是思想政治品德课教师的职责，也是每一位教师的基本义务。教师应结合自己的教育教学业务特点，将思想政治品德教育融入到教育教学过程中。②积极引导。在对学生进行思想政治品德教育的内容上，要进行宪法所确定的基本原则的教育、爱国主义教育、民族团结教育、法制教育，引导学生逐步树立科学的人生观、世界观、价值观。要做好公民教育，组织、带领学生开展有益的社会活动，把学生培养成具有社会公德、文明行为习惯的遵纪守法的好公民。③形式多样。在对学生进行思想政治品德教育的过程中，要注意适应学生身心发展的特点，采取多种形式进行，如参观、访问、报告会、演讲、主题讨论等，讲求实效，反对形式主义。

典型案例6-6

教师在课堂上宣传宗教

某初中教师林某信奉某宗教，其本人每天均进行祷告等宗教活动，并佩带宗教饰物。他还经常在课堂上向学生宣传宗教，并劝说学生信奉该宗教。

学校领导在得知这一情况后，多次找他谈话，告诫他不准在课堂上向学生宣传宗教。但林某不听。学校领导欲将其解聘。林某则认为学校侵犯了他信仰宗教的自由。

对此案例，你怎么看？你认为，教师在对学生进行思想教育时应注意些什么？

在上述案例中，该教师违反了《教育法》中“教育与宗教相分离”的原则，未能依法履行《教师法》中的思想教育义务，为此，应承担相应的法律责任。

(4) 关心、爱护全体学生，尊重学生人格，促进学生在品德、智力、体质等方面全面发展，简称“尊重学生义务”。

尊重学生义务是对教师正确处理师生关系、尊重学生人格的基本要求，也是宪法及相关法律在教育领域的具体体现。其主要表现在三个方面：①关心爱护全体学生。这是教师的天职与美德。教师在教育教学过程中，要面向全体学生，客观、公平地对待每一个学生，对学生要一视同仁，不因民族、性别、身体状况、学习成绩等因素偏爱某些学生，而歧视另外一些学生，特别是对于那些有缺点、错误的学生，应给予特别关怀，要深入了解情况，具体分析原因，要善于发现、培养和调动这些学生身上的积极因素，肯定他们的微小进步，尊重他们的自尊心，鼓励他们的上进心，使他们能健康成长，力求不让任何一个学生掉队。②尊重学生的人格尊严。关心爱护学生必须以尊重学生的人格尊严为前提。人格权是公民的一项基本权利，根据《民法通则》及相关规定，人格权主要包括生命权、身体权、健康权、姓名权、名称权、肖像权、名誉权、隐私权、荣誉权、尊严权及信用权。由于学生在教育教学活动中处于受教育者的地位，他们的人格尊严往往容易被忽视，因此，要求教师树立尊重学生人格尊严的法制观念，关心爱护每一个学生。教师应当意识到学生是处于发展过程中的人，对待学生的错误应采取宽容、理解的态度，不能侮辱、歧视学生，不得侵犯学生隐私，不能体罚或变相体罚学生，更不能以关心、爱护学生为借口侵犯学生的人格尊严。即使是对极个别屡教不改、错误性质严重、需要给予纪律处分的学生，也要进行耐心细致的说服教育工作，以理服人，不能采用简单粗暴和压服的方式对待学生，更不能体罚或变相体罚学生。现实中，体罚学生的事件时有发生，包括罚学生打扫全校卫生，罚学生超长时间跑步，罚站、罚抄过量作业，泄露学生隐私，更有甚者，用教学器械殴打学生致残等。教师违反《教育法》，侮辱、体罚学生，经教育不改的，依法追究其相应的法律责任。③促进学生全面发展。教师应促进学生德、智、体、美等各方面的全面发展，不能只关注学生的智力发展和学业成绩，忽视学生的德育和其他方面的发展。不能把处于义务教育阶段的学生分成重点班和非重点班，给学生“贴标签”，这种做法是有辱学生人格的，同时也不利于学生的全面发展。

典型案例 6－7

童童因背不出课文 遭老师殴打住院案

生物课上，初一学生童童因未背出课文，受到教师杨某的批评，后因童童顶撞了杨某，导致杨某动怒。杨某罚童童站到教室后面去，但就在童童朝教室后面走去时，杨某突然一拳打在童童头上，并踢了他一脚。童童便伸手去揉头和腿，杨某看到后，又在童童头上打了几拳，并又踢了他几脚。当时，班上十分安静。杨某让童童看着他，但当童童刚抬起头时，又遭到杨某一顿痛打。当杨某提问其他学生问题时，因童童的头歪着，杨某误认为童童是在生气，又从讲台上冲过来，对童童一顿暴打。那节课上，杨某几乎没怎么上课，四次殴打童童长达半个多小时，童童的头被打了二十几拳，腿被踢了十多下。据主治医生说，13 岁的童童受到严重的惊吓，头部、手腕、腿等部位软组织多处挫伤，还需进行一段时间的心理治疗。

事发后，杨某的态度十分强硬，认为自己没有错，“当我与他交涉时，他也把我打了，我也同样打了他。”

你认为，杨某如此对待学生违反了什么法律?

(5) 制止有害于学生的行为或者其他侵犯学生合法权益的行为，批评和抵制有害于学生健康成长的现象，简称“维护权益义务”。

维护权益义务是指教师负有保护学生的合法权益和身心健康成长的义务。其具体表现在三个方面：①制止有害于学生的行为。保护学生的合法权益和身心健康，是全社会的共同责任。教师自然更负有义不容辞的责任。为此，教师应当制止有害于学生的行为或者其他侵犯学生的合法权益的行为。由于教师所保护的对象是学生，而不是一般的未成年人，所以，教师制止侵害的范围是特定的，主要指教师在学校工作中或与教育教学工作相关的活动中，应对侵犯其所负责教育管理的学生的合法权益的违法行为予以制止。如体罚学生，让学生在危及人身安全、健康的场所活动，让学生吃有毒食品，让学生参加有害身心健康的体育活动，违反规定加重学生负担等均属于有害学生身体健康发展的行为；而歧视学生，向学生讲授封建迷信、恐怖、色情故事等，均属于有害学生心理健康发展的行为。②制止其他侵犯学生合法权益的行为。其他侵犯学生合法权益的行为比较广泛，比较常见的有：乱收费、乱罚款、侵犯学生的受教育权等。③批评和抵制义务。批评和抵制的范围是一般意义上的。因此，需要教师批评和抵制有害于学生健康成长的情况，主要是指社会上出现的有害于学生身心健康发展的不良现象。

典型案例 6－8

“杨不管”事件

这天，某中学七 (2) 班的第 4 节课是地理课。上课十多分钟后，当杨老师面对黑板写字时，坐在教室第三排的学生杨某和同桌陈某发生争执，扭打在一起，并且越打越厉害。杨老师发现后批评道：“你们要是有劲，下课到操场上去打。”并继续上课。随后，其他同学将两人拉开，杨某被拉回到座位后，坐立不安，杨老师发觉后，让其趴在桌子睡一会儿，之后继续上课。此后不久，杨某突然头部向后仰，全身颤抖、口吐白沫、脸色发白，杨老师便叫3位同学将他送到附近的卫生院治疗，并叫学生通知其班主任，而后继续给学生上课。

班主任赶到卫生院后，发现杨某病情严重，立即找来出租车将杨某送往医院，该院院长告诉记者，杨某被送到该院时，已基本没有生命体征了，呼吸和心跳都没有，瞳孔略微有点放大。医生立即对他进行了人工呼吸和吸氧，但未起作用，于是马上将其转往市第一人民医院救治。经紧急抢救30分钟无效后，杨某死亡，年仅14岁。

接到报案后，当地警方对现场进行了调查取证，初步认定杨某的死亡原因为非暴力致死。杨某的家人一致认为，孩子是在学校课堂上死的，并且就在老师的眼皮底下，为此，学校和老师都应该承担责任。“如果当时老师能劝阻一下，或及时将孩子送到医院，孩子也许不会死。”杨某的奶奶一直重复着这句话。

此事在社会上引起强烈反响，很多人纷纷谴责杨老师的不作为，并将其称之为“杨不管”；但也有一些人十分理解和同情杨老师的境遇，认为现在的学生不好管或管不起。这位有着30年教龄的老教师，在接受记者采访时说，他感到非常愧疚，愿意承担责任。但对网上的很多说法，如“管不了”＋“不敢管”＝“杨不管”等却不认同。他说：“我认为，我不是‘杨不管’，事情发生时我根本没看到，谈不上管与不管，应该说是没有管到位。”“打架时我正背着学生在黑板上板书，根本没看见。”“打架时间其实很短暂，不到1分钟，我也没有足够的时间去管啊。”“当时我觉得应该没事，所以没送孩子去医院，可后来，当我看到孩子在座位上坐不住了，身体向下滑，觉得不对劲，就立即让3名同学送他到医院去，同时让学生去通知了他们班的班主任。”“我之所以没去医院，是因为当时班上还有40多名学生，我担心会出什么乱子，于是就让学生去了，并继续上课，直到下课铃响起。”“我确实应该亲自送孩子去医院的。但当时我没想到会有这么严重的后果，就是两个孩子推推拉拉，谁想到会这样。这是我工作失职的地方。”当地教育局局长在向媒体通报情况时指出，杨老师在课堂教学过程中有三个错误事实：一是在课堂教学管理中没能认真维护教学秩序和严肃课堂纪律；二是在课堂上学生发生争打时，没有及时有效地进行制止；三是没有亲自护送杨某到医院进行救治，在爱护和关心学生方面有失职行为。有关各方达成补偿协议，由肇事学生陈某的家长、杨老师和学校方面负责赔偿死亡学生家长共计20.5万元，其中杨老师承担10万元。与此同时，杨老师受到行政记大过、调离教学岗位的处分。

你是如何看待这一事件的？你认为，杨老师是否应受到相应的处罚？

本案中，杨老师未能及时、有效地制止学生的打斗行为，对受伤学生也未能及时、妥善处理，直至该生死亡。其行为违反了《教师法》《未成年人保护法》等相关法律规定，侵犯了学生的生命健康权。为此，根据《学生伤害事故处理办法》《侵权责任法》《民法通则》等有关规定，杨老师应承担相应的行政和民事法律责任。

(6)不断提高思想政治觉悟和教育教学水平，简称“提高水平义务”。

提高水平义务是对教师提高思想觉悟和教学水平的基本要求。其主要表现在三个方面：①不断提高思想政治觉悟。教师的工作是培养人的工作，担负着教书育人，培养社会主义建设者和接班人，提高民族素质的重任。教师只有具备较高的思想政治觉悟和思想修养，才能培养出具有高度思想政治觉悟和思想修养的学生。为此，教师应当加强理论学习，不断提高自身的思想政治觉悟和道德水平，为国家培养更多有理想、有抱负的优秀人才。②不断提高教育教学水平。教育教学工作是一项较强的专业性工作，教师的教育教学水平直接影响着学校的教育教学质量。尽管教师的专业水平有教师资格制度作保证，但随着社会的进步、科学技术的发展、知识的更新，教师所学的知识也要不断更新。为此，教师应树立终身学习的理念，不断学习，把握知识更新的脉搏，不断优化自身和调整已有的知识结构，以适应教育教学工作和社会发展的需要。③要把不断提高思想政治觉悟和教育教学水平作为教师的一项基本义务，教师要按照学校的培训计划，采取各种方式学习进修，努力提高自身的思想政治觉悟和教育教学水平。

三、教师义务的履行与保障

(一)教师义务的履行

教师依法履行义务是教师的必备职责。首先，教师应当明确自身的义务有哪些，各项义务的具体内容是什么，未履行相关义务应当承担的法律责任是什么。例如，遵守职业道德是教师应当履行的基本义务，而现实中，不履行教师职业道德的情况时有发生，如当遇到突发事件时，不履行保护学生人身安全的职责，则是教师未能很好地履行自身的义务。

其次，教师应当正确理解权利与义务之间的相互关系，也即两者是统一的，不可分割的。没有无权利的义务，也没有无义务的权利。例如，教师在享有教育教学权和管理学生权的同时，必须履行教育教学义务和尊重学生义务等。

(二)教师义务的法律保障

无论是教师履行义务还是行使权利，都需要一定的社会物质生活条件予以保障。《教师法》第九条规定，“为保障教师完成教育教学任务，各级人民政府、教育行政部门、有关部门、学校和其他教育机构应当履行下列职责：(一)提供符合国家安全标准的教育教学设施和设备；(二)提供必需的图书、资料及其他教育教学用品；(三)对教师在教育教学、科学研究中的创造性工作给以鼓励和帮助；(四)支持教师制止有害于学生的行为或者其他侵犯学生合法权益的行为。”为此，学校和相关部门也应采取措施，为教师履行义务和行使权利创造良好的外部环境保障，并加强对教师履行义务的监管，以保证教师能优质、高效地履行完成各项任务。

第四节　教师管理制度

法律上的教师管理制度是指一个国家以法律形式规定和推行的教师制度的总称。通常由教师资格制度、职务制度、聘任制度、培训制度、考核制度、奖惩制度、申诉制度等组成。建立健全教师依法管理制度体系是不断提高教师的专业化水平，确保学校的教育质量的法律保障。在此，主要介绍教师资格制度、职务制度、聘任制度、考核和奖惩制度。

一、教师资格制度

（一）教师资格制度的含义

教师资格制度是指国家对教师实行的一种特定的职业认定与许可制度。教师资格是国家对专门从事教育教学工作人员的最基本要求，是公民获得教师工作的前提条件。只有依法取得教师资格者，方能被教育行政部门依法批准举办的各级各类学校或教育机构聘任为教师。教师资格一经取得，在规定的范围内就具有普遍适用效力，非依法律规定不得丧失和撤销。具备教师资格的人员可依照法定程序被学校或其他教育机构正式聘任后，方为教师。

因此，国家实行教师资格制度，是优化教师队伍，提高教师自身素质的需要，同时，也是建立“公正、平等、竞争、择优”的教师合格人才选拔制度的需要。教师资格制度的全面实施，对教师职业走向专业化具有重要意义。

为了保证教师的素质，世界上不少国家都建立了教师许可证制度或教师资格证书制度。我国在 1993 年 10 月颁布的《教师法》中明确规定：“国家实行教师资格制度。”并于 1995 年 12 月颁布了《中华人民共和国教师资格条例》（以下简称《教师资格条例》），对教师资格的分类、取得要件、考试、认定、丧失和撤销等，都作出了明确而具体的规定。

（二）教师资格的分类

《教师资格条例》第四条规定，我国的教师资格主要分为以下七类：

（1）幼儿园教师资格。

（2）小学教师资格。

（3）初级中学教师资格。

（4）高级中学教师资格。

（5）中等职业学校教师资格。

（6）中等职业学校实习指导教师资格。

（7）高等学校教师资格。

成人教育的教师资格，按照成人教育的层次，依照上述规定确定类别。

（三）取得教师资格的要件

《教师法》第十条规定："中国公民凡遵守宪法和法律，热爱教育事业，具有良好的思想品德，具备本法规定的学历或者经国家教师资格考试合格，有教育教学能力，经认定合格的，可以取得教师资格。"由此可知，取得教师资格的要件包括以下四个方面，如表6－1所示。

表6－1　取得教师资格的要件

取得要件	基本要求
国籍要求	必须是中国公民
思想品德要求	遵守宪法和法律，热爱教育事业，具有良好的思想品德
能力要求	具有教育教学能力
学历或考试要求	具有法律规定的学历或者经国家教师资格考试合格

其中，能力要求既包括从事教育教学工作所必需的业务能力，也包括从事教师工作所必需的身体条件要求。这是因为，《教师资格条例》第六条规定："……'有教育教学能力'应当包括符合国家规定的从事教育教学工作的身体条件。"而学历要求则是指应符合《教师法》第十一条所作的相关规定，如表6－2所示。

表6－2　取得教师资格的学历要求

教师资格种类	学历要求
幼儿园教师资格	幼儿师范学校毕业及其以上学历
小学教师资格	中等师范学校毕业及其以上学历
初级中学教师资格	高等师范专科学校或者其他大学专科毕业及其以上学历
高级中学教师资格	高等师范院校本科或者其他大学本科毕业及其以上学历
中等职业学校教师资格	高等师范院校本科或者其他大学本科毕业及其以上学历
中等职业学校实习指导教师资格	由国务院教育行政部门规定
高等学校教师资格	研究生或大学本科毕业学历
成人教育教师资格	高等或中等学校毕业及其以上学历

（四）教师资格考试

《教师法》第十一条规定："不具备本法规定的教师资格学历的公民，申请获得教师资格，必须通过国家教师资格考试。"《教师资格条例》第九条规定："教师资格考试科目、标准和考试大纲由国务院教育行政部门审定。"

（五）教师资格的认定

已具备上述教师资格基本条件的人员，并不意味着当然取得教师资格，还必须经法定机构认定，才能具备教师资格。

教师资格认定程序为：①申请；②受理；③颁发证书或通知本人。如表 6－3 所示。

表 6－3　教师资格的认证程序

认证程序	基本要求
申请	由申请人在规定的受理时间内向教育行政部门或者受委托的高等学校提出申请
受理	受理部门在接到公民的教师资格认定申请后，应对申请人进行资格审查
颁发证书或通知本人	（1）对符合条件的教师，受理部门应在受理期限内颁发相应的、由国务院教育行政部门统一印制的教师资格证书 （2）对不符合条件的，将认定结论通知本人

教师资格证书在全国范围内适用。

（六）教师资格的禁止取得与丧失

教师职业的特点决定了对其思想品质、道德修养等都有严格的要求。《教师法》《教师资格条例》《义务教育法》等相关法律中对不能取得或丧失教师资格的条件作出了具体规定，其主要包括：①被剥夺政治权利的人（《教师法》）；②故意犯罪受到有期徒刑以上处罚的人（《教师法》）；③弄虚作假，骗取教师资格的人（《教师资格条例》）；④品行不良，侮辱学生，影响恶劣的人（《教师资格条例》）；⑤试用期间，未能履行教师应尽的责任的人（《教师资格条例》）；⑥或其他不适合从事义务教育工作的人（《义务教育法》）等。例如，《教师法》第十四条规定，“受到剥夺政治权利或者故意犯罪受到有期徒刑以上刑事处罚的，不能取得教师资格；已经取得教师资格的，丧失教师资格。”《教师资格条例》第十九条规定，“有下列行为之一的，由县级以上人民政府教育行政部门撤销其教师资格：（一）弄虚作假、骗取教师资格的；（二）品行不良、侮辱学生，影响恶劣的。”……

思考题

结合实际，谈谈你对教师资格制度的认识。

资　料

教师资格考试改革试点工作正在全面展开

为健全教师管理体制，保障教师队伍质量，2013 年 8 月，教育部颁布了《中小学教师资格考试暂行办法》和《中小学教师资格定期注册暂行办法》。对教师资格考试改革试点区域的教师资格认证工作进行了规定。

在《中小学教师资格考试暂行办法》中，将中小学教师资格考试规定为全国统一考试，分笔试和面试两部分，两者均合格者，由教育部考试中心颁发“教师资格考试合格证明”，此证明为考生申请认定教师资格的必备条件。

《中小学教师资格定期注册暂行办法》第二条规定：“教师资格定期注册是对教师入职后从教资格的定期核查。中小学教师资格实行五年一周期的定期注册。定期注册不合格或逾期不注册的人员，不得从事教育教学工作。”

2015 年 7 月，教育部办公厅又下发了《关于进一步扩大中小学教师资格考试与定期注册制度改革试点的通知》，在 15 个省进行先期试点的基础上，又新增 13 个省为试点省份。并要求各试点省的教育行政部门要高度重视扩大改革试点工作，确保扩大改革试点工作平稳顺利实施。

二、教师职务制度

《教师法》第十六条规定：“国家实行教师职务制度，具体办法由国务院规定。”教师职务制度，是国家对教师岗位设置及各级岗位任职条件和取得该岗位职务的程序等方面的有关规定的总称。教师职务是根据学校教学、科研等实际工作需要设置的有明确职责、任职条件和任期，并需要具备专门的业务知识和相应的学术水平才能担负的专业技术工作岗位。教师职务与工资待遇挂钩，并有数额限制。

（一）教师职务系列的设定

按照国家有关规定，我国教师职务系列分为高等学校教师职务、中等专业学校教师职务、中学教师职务、小学教师职务、技工学校教师职务五个系列。每个系列内又分为若干职务，并对应于不同级别的专业技术职称。职称又可分为正高级、副高级、中级、助理级、员级五个级别。其中，中等专业学校教师、技校教师设上述五个级别。高校教师设正高级、副高级、中级、助理级四个级别。中小学教师现设副高级、中级、助理级、员级四个级别。

近年来，根据《国家中长期教育改革和发展规划纲要（2010—2020 年）》提出的“建立统一的中小学教师职务（职称）系列，在中小学设置正高级教师职务（职称）”的要求，不少省市正在进行中小学职称制度改革试点，将原来独立的中小学教师职务系列统一并入新设置的中小学教师职务（职称）系列，并增设正高级职称。其基本情况如表 6－4所示。

表 6-4　各类职务系列教师专业技术职称与职务等级一览表

<table>
<tr><th colspan="2" rowspan="2">职务名称 职务等级
职务系列</th><th colspan="2">高级职务</th><th rowspan="2">中级职务</th><th colspan="2">初级职务</th></tr>
<tr><th>正高级</th><th>副高级</th><th>助理级</th><th>员级</th></tr>
<tr><td colspan="2">高等学校教师</td><td>教授</td><td>副教授</td><td>讲师</td><td>助教</td><td></td></tr>
<tr><td colspan="2">中等专业学校教师</td><td rowspan="2">高级讲师（正高级）</td><td rowspan="2">高级讲师（副高级）</td><td rowspan="2">讲师</td><td rowspan="2">助理讲师</td><td rowspan="2">教员</td></tr>
<tr><td rowspan="2">技工学校教师</td><td>理论课</td></tr>
<tr><td>生产实习课</td><td colspan="2">高级实习指导教师</td><td>高级讲师</td><td>二级实习指导教师</td><td>三级实习指导教师</td></tr>
<tr><td rowspan="2">改革前</td><td>中学教师</td><td></td><td>高级教师</td><td>一级教师</td><td>二级教师</td><td>三级教师</td></tr>
<tr><td>小学教师</td><td></td><td></td><td>高级教师</td><td>一级教师</td><td>二级教师、三级教师</td></tr>
<tr><td>改革后</td><td>中小学教师</td><td>正高级教师</td><td>高级教师</td><td>一级教师</td><td>二级教师</td><td>三级教师</td></tr>
</table>

思考题

你对中小学教师职称制度改革是如何认识的?

（二）教师任职条件

教师必须具备一定的任职条件，才能受聘担任相应的教师职务，从现行各教师职务试行条例的任职条件规定来看，一般包括五个方面：①具备各级各类相应教师的资格；②遵守宪法和法律，具有良好的思想政治素质和职业道德，为人师表，教书育人；③具备相应的教育教学水平、学术水平，具有教育科学理论的基础知识，能全面、熟悉地履行现行职务职责；④具备学历、学位要求；⑤身体健康，能正常工作。除符合上述的要求外，各级各类教师任职条件要求视岗位不同而有所差异，其具体条件在《高等学校教师职务试行条例》《中等专业教师职务试行条例》和《中小学教师职务试行条例》等文件中作了相应规定。

（三）教师评审规定

一般来说，各级教师职务由同行专家组成的教师职务评审组织，依据现行各教师职务试行条例规定的任职条件评审。各级教师职务评审的程序、权限以及评审组织办法等，分别由各教师职务试行条例作出明确规定。教师职务评审人员必须秉承“公平、公正、公开”的原则对教师职务的任职资格作出客观、公正的评价。

三、教师聘任制度

《教师法》规定："学校和其他教育机构应当逐步实行教师聘任制。"教师聘任制度，是指聘任双方在平等自愿的基础上，由学校或者教育行政部门根据教育教学需要设置工作岗位，聘请具有教师资格的公民担任相应教师职务的制度。其具有如下特征：

1. 聘任关系平等性

聘任是聘任人和受聘人双方的法律行为，通过聘任确定教师与学校或教育行政部门之间的法律关系。双方聘任关系基于独立而结合，基于意见一致或相互同意而成立，并在平等地位上，以平等自愿为原则签订聘任合同。

2. 聘任关系契约化

聘任双方在平等地位上签订的聘任合同具有法律效力，对聘任双方均有约束力，它以聘书的形式明确双方的权利、义务和责任。教师按合同履行义务，学校按合同为教师提供教学、科学研究、进修、交流等条件，并支付报酬。在聘任期间，无特殊理由一般不能辞聘或解聘，确需变动时，应提前与当事人协议，双方达成一致协议后，方可变更或解除合同。

3. 聘任过程公开化

教师聘任制度打破了教师终身任用制，有利于人才的双向流动。一方面，学校可以面向社会，公开招聘，广纳人才；另一方面，教师也可以根据自己的专业和特长，自主选择用人单位。

4. 工作酬劳激励制

教师受聘后，根据聘任合同领取相应的工资，教师的职务工资应能反映出教师的工作业绩、教育教学水平，并体现出多劳多得、按劳取酬的基本原则。有利于充分调动每个教师的积极性。

四、教师的考核与奖惩制度

（一）教师考核制度

《教师法》第五章规定了教师考核制度。教师考核制度，是指学校或者其他教育机构依法对教师的政治思想、业务水平等进行考查和评价。

1. 教师考核的内容

《教师法》第二十二条规定，教师考核的内容主要包括"政治思想、业务水平、工作态度、工作成绩"四个方面，即德、能、勤、绩。① 德，主要是指教师的政治素养、思想作风、道德修养等；② 能，主要是指与教师所担任的职务相适应的教学水平、学术水平和业务能力；③ 勤，主要是指教师履行教育职责的工作积极性；④ 绩，主要是指教师的工作实绩和贡献。

2. 教师考核的原则和方法

《教师法》第二十三条规定，对教师的“考核应当客观、公正、准确，充分听取教师本人、其他教师以及学生的意见”。这既是教师考核应遵循的基本原则，也是对考核工作的基本要求。

教师考核的方法因情而异。通常应包括课堂观察、学生测试、学生评价、同行评价、教师自我评价、综合评价等。

3. 教师考核结果的使用

《教师法》第二十四条规定：“教师考核结果是受聘任教、晋升工资、实施奖惩的依据。”由此可知，教师考核结果可应用在三个方面：一是教师受聘的重要依据。学校在教师聘任合同期满，以及职务晋升时，决定是否续聘或者晋升职务，要以平时考核、年度考核或专门考核结果为重要依据。二是教师晋升工资的重要依据。不仅教师晋级应当考虑以考核结果为重要依据，而且教师的定期增薪，也应以考核结果为重要依据。三是教师受奖惩的重要依据。经考核优秀的教师应予以奖励；经考核不称职的或表现不良的，可根据情况作相应惩处。

教师考核的过程，也是帮助教师进行工作总结的过程。在考核中，通过对教师德、能、勤、绩的全面了解与评价，可使教师在工作中得到适当的激励与肯定，并明确今后的努力方向。与此同时，将考核结果作为教师受聘、提职、晋升、奖惩的重要依据，也可形成激励、竞争机制，有利于调动教师的积极性。

（二）教师奖惩制度

教师奖惩制度包括教师奖励制度和惩罚制度，是促使教师权利和义务得以实现的一种激励制度。

1. 教师的奖励制度

教师的奖励，是指由国家、地方和学校依法对在教育教学中有突出贡献的教师给予精神和物质的奖赏与鼓励。《教育法》和《教师法》中都对教师的奖励作出了明确的规定，为教师奖励提供了明确的法律依据和基本原则。

（1）教师奖励的内容。

《教师法》第三十三条规定：“教师在教育教学、培养人才、科学研究、教学改革、学校建设、社会服务、勤工俭学等方面成绩优异的，由所在学校予以表彰、奖励。国务院和地方各级人民政府及其有关部门对有突出贡献的教师，应当予以表彰、奖励。对有重大贡献的教师，依照国家有关规定授予荣誉称号。”由此可知，教师奖励的内容是多方面的，并根据教师贡献的大小分为不同的层级。

《教师法》第三十四条规定：“国家支持和鼓励社会组织或者个人向依法成立的奖励教师的基金组织捐助资金，对教师进行奖励。”这一规定主要包含两方面内容：一是从一定程度上反映了教师奖励资金的三种来源，即政府、社会和学校。也鼓励社会组织和个人共同关心教育事业，奖励有突出贡献的教师。二是在保证各级政府和学校奖励的基础上，国家鼓励社会组织和个人共同关心国家教育事业，奖励有突出贡献的教师，推动社会的进步。

（2）教师奖励的基本特征。

教师奖励的基本特征主要表现在以下三个方面：

一是奖励的层次性。是指按受奖教师的贡献大小依法设定学校、地方人民政府和国家三个层次的奖励，并对不同层次的授奖教师分别作出“成绩优异”“突出贡献”“重大贡献”的层次划分。

二是内容和形式的多样化。是指对教师奖励的项目可以根据实际情况和实际需要设立多种形式的奖项。这种奖励内容和形式的多样化，促进了奖励的公平性和激励性。如国家设立的“教学成果奖”“全国优秀教师”“全国模范教师”等；地方政府设立的“园丁奖”“老教师奖”“教学名师奖”等；也有学校设立的“教学新秀”“教学能手”“骨干教师”等奖项；还有来自社会组织和个人的奖项，如霍英东教育基金会设立的“青年教师基金”和“青年教师奖”，曾宪梓教育基金会设立的“优秀教师奖”等。

三是精神奖励与物质奖励相结合。对教师的奖励应兼顾物质和精神两个方面。只有将两者有机结合，才能更好地体现对教师管理的人本性。

2. 教师惩罚制度

教师的惩罚，是指政府、学校和社会实行的对教师违反规定行为的相关精神、物质以及法律上的惩处。主要包括对违反教师道德、违反职业责任、违反法律规定等方面的惩处措施和办法。

（1）对违反教师职业道德行为的惩处。

教师职业道德是教师在从事教育劳动中所遵循的行为准则和必备的道德品质。它是社会职业道德的有机组成部分，也是教师行业特殊的道德要求。在《教师法》第八条中，规定了教师应履行“遵守宪法、法律和职业道德，为人师表”的义务。在《中小学教师职业道德规范》中，也从六个方面对中小学教师的职业道德提出了规范性要求。然而，现实中违反教师职业道德规范的情况却时有发生。

为此，教育部于2014年颁布的《中小学教师违反职业道德行为处理办法》中，对十种教师违反职业道德的行为作出相应的处分规定，这些行为包括：① 在教育教学活动中有违背党和国家方针政策言行的行为；② 遇突发事件时，不履行保护学生人身安全职责的；③ 在教育教学活动和学生管理、评价中不公平公正对待学生，产生明显负面影响的；④ 在招生、考试、考核评价、职务评审、教研科研中弄虚作假、营私舞弊的；⑤ 体罚学生的和以侮辱、歧视等方式变相体罚学生，造成学生身心伤害的；⑥ 对学生实施性骚扰或与学生发生不正当关系的；⑦ 索要或者违反规定收受家长、学生财物的；⑧ 组织或者参与针对学生的经营性活动，或者强制学生订购教辅资料、报刊等谋取利益的；⑨ 组织或参与有偿补课的；⑩ 其他严重违反职业道德的行为应当给予相应处分的。

对这些行为的处分方式包括五种：① 警告；② 记过；③ 降低专业技术职务等级；④ 撤销专业技术职务或者行政职务；⑤ 开除或者解除聘用合同。其中，前四种处分属于行政法律责任范畴，第五种处分属于民事法律责任范畴。

（2）对教师违法行为的惩处。

《教师法》对教师享有的权利和应当履行的义务作了规定。但现实中，往往有个别教师会违反这些规定，甚至因滥用这些权利或未依法履行相关义务而触犯法律。

例如，对上述十种违反教师职业道德的行为，若从滥用教师权利和未依法履行教师义务的角度进行分析，可以看出，行为 ① ③ ⑥ ⑦ ⑧ ⑨，分别是因滥用教师的教育教学权、管理学生权、科学研究权或获取报酬权，而侵犯了被侵权者的合法权益；而行为 ① ② ④ ⑤ ，分别是因未能依法履行教师的遵纪守法、保护学生权益、教育教学或尊重学生人格义务，而违反了相关的法律法规。因而，应承担相应的行政法律责任或民事法律责任。

《教师法》第三十七条规定："教师有下列情形之一的，由所在学校、其他教育机构或者教育行政部门给予行政处分或者解聘：（一）故意不完成教育教学任务给教育教学工作造成损失的；（二）体罚学生，经教育不改的；（三）品行不良、侮辱学生，影响恶劣的。教师有前款第（二）项、第（三）项所列情形之一，情节严重，构成犯罪的，依法追究刑事责任。"

其中，教师"故意不完成教育教学任务给教育教学工作造成损失的"行为，是指教师明知自己的行为会给教育教学工作带来造成损失的后果，而追求或放任这种后果的发生。此处所说的教育教学任务，是指依照聘任合同约定或岗位职责所明确的教育教学任务。

教师"体罚学生，经教育不改的"行为，是指教师多次以暴力的方式或以暴力相威胁，或以其他强制性手段，侵害学生的身心健康，且经批评仍不能改正的行为。

教师"品行不良、侮辱学生，影响恶劣的"的行为，一是指由于教师的人品或行为严重有悖社会公德和教师的职业道德，有损于教师的职业形象，在社会上和学生中产生恶劣影响的行为。二是指教师公然贬低或侵害学生人格，破坏学生的名誉，在学生中造成恶劣影响的行为。

本章回顾

1. 教师的法律地位，指的是以法律的形式规定的，教师在一个国家的各种社会关系中所处的位置。其主要涉及教师的法定身份，教师的法律关系特征，以及教师的权利与义务等问题。1993 年《教师法》的颁布，以法律形式把教师规定为履行教育教学职责的"专业人员"，从而正式确立了我国教师的新的法律地位。

2. 教师的权利，是指教师在教育教学活动中享有的由国家法律赋予的权利，是国家对教师在教育教学活动中可以为或不为一定行为的许可与保障。一般由三部分构成：①教师实施某种行为的权利；②教师要求义务人履行法律义务的权利；③当教师的权利受到侵害时，有权诉诸法律，要求确认和保护的权利。《教师法》规定了教师享有的六项权利，可分别简称为：教育教学权、科学研究权、管理学生权、获取报酬权、民主管理权和进修培训权。

3. 法律意义上的教师义务，是指法律规定的教师从事教育教学工作而必须履行的责任，表现为对教师在教育教学活动中必须做出一定行为或不得做出一定行为的约束。通常有两种不同形式：①积极义务与消极义务；②绝对义务与相对义务。《教师法》规定了教师应履行的义务，可分别简称为：遵纪守法义务、教育教学义务、思想教育义务、尊重学生义务、维护权益义务和提高水平义务。

4. 法律上的教师管理制度，是指一个国家以法律规定和推行的教师制度的总称。通常由教师资格制度、职务制度、聘任制度、培训制度、考核制度、奖惩制度、申诉制度等组成。

5. 教师资格制度，是指国家对教师实行的一种特定的职业认定与许可制度。我国的教师资格主要分为七类：幼儿园教师资格、小学教师资格、初级中学教师资格、高级中学教师资格、中等职业学校教师资格、中等职业学校实习指导教师资格、高等学校教师资格。取得教师资格的要件包括四个方面：①国籍要求；②思想品德要求；③能力要求；④学历或考试要求。

6. 教师职务制度，是国家对教师岗位设置及各级岗位任职条件和取得该岗位职务的程序等方面的有关规定的总称。我国教师职务系列分为高等学校教师职务、中等专业学校教师职务、中学教师职务、小学教师职务、技工学校教师职务五个系列。改革后，中小学教师系列统一归并为五个级别：正高级、副高级、中级、助理级、员级。

7. 教师聘任制度，是指聘任双方在平等自愿的基础上，由学校或者教育行政部门根据教育教学需要设置工作岗位，聘请具有教师资格的公民担任相应教师职务的制度。

8. 教师考核制度，是指学校或者其他教育机构依法对教师的政治思想、业务水平等进行的考查和评价。教师考核的内容主要包括“政治思想、业务水平、工作态度、工作成绩”四个方面，即德、能、勤、绩。

9. 教师的奖励，是指由国家、地方和学校依法对在教育教学中有突出贡献的教师给予精神的和物质的奖赏与鼓励。

10. 教师的惩罚，是指政府、学校和社会实行的对教师违反规定行为的相关精神、物质以及法律上的惩处。

学习视窗

关于教师惩戒权的规定

“惩戒权”是教师依法对学生进行惩戒的权利，在一定程度上，也是教师的一种权利。在一些国家和地区的法律中明文规定教师的惩戒权是教师的专业权利之一。

（一）我国教师惩戒权的现状与问题

从目前情况看，我国教育立法未能对教师的惩戒权作出明确规定，惩戒权未能被纳入法定的教师权利范畴。从法律文本来看，现行《教育法》《教师法》等教育法律法规并没有对惩戒作出直接规定，与教育惩戒相关的一些规定零散地分布在相关法律中。但其中所规定的处分和体罚并不能完全等同于惩戒，以处分和体罚来代替惩戒更会引起学生管理中一系列复杂问题。就处分而言，由于中小学生身心发展尚不成熟，对警告、严重警告和记过等形式的处分及其所带来的负面影响缺乏应有的认识，使得处分不能发挥约束和规范学生行为的效力。就体罚而言，现行立法一方面对体罚作出了一般的禁止性规定，另一方面又没能在惩戒与体罚之间作出区分，存在以体罚掩盖合法惩戒权的可能。导致法律在保护学生权利和维护学校秩序两者之间出现失衡，且容易将教育教学所必需的惩戒简单地划定为违法的体罚，在一定程度上造成教师难以进行课堂管理的困境。

从实践来看，现实的教师惩戒在实施中还存在着程度性缺失、法律救济途径严重不足等问题。学生申诉在很大程度上还缺乏明细的操作性规定，学生申诉权的行使很难得以切实实现。当教师的不当惩戒行为未触犯法律，只能追究其相应的行政或民事法律责任时，就会遇到实际困难，学生的行政诉讼或民事诉讼常被法律以“不在受案范围内”为由驳回起诉，使学生的合法权益得不到实际保障，加重了教师惩戒权行使的无度状况。

（二）教师惩戒权的法律规定

1. 明确教师惩戒权的公法性质

如何界定学校及其教师与学生或其家长之间的法律关系是法律制定及法律实践中的一个重要问题，也是确立如何规范惩戒权的基础。由于现行的相关法律都未对此作出明确规定，因此造成了认识上的分歧。

从目前学校与学生法律关系成立的前提看，这对关系应具有公权性质，是一种具有公法特征的法律关系。与此相应，惩戒权作为立法赋予学校或教师的权利，是国家教育权的具体化，具有典型的公法特征。

2. 保障和规范教师惩戒权的正当行使

教育立法应当赋予教师惩戒权以明确的法律地位。首先，教育立法应当明确惩戒权作为教师职业性权利的性质和法律地位，将其与教师的授课自由权、授课内容编辑权、对学生的教育评价权并列作为教师职业必备的权利，纳入《教师法》有关教师权利义务的章节中。其次，法律应对惩戒权行使作出必要的规范和限制，制定惩戒形式的法定原则，采用列举的方法为惩戒提供可选的形式，严禁自创或自设惩戒形式，随意变更惩戒的范围、程度和形式，限制惩戒权行使的自由裁量程度。最后，法律还应明确规定教师违法惩戒的法律责任，完善学生寻求救济的具体途径，并建立起相应的赔偿机制。

法律应当为惩戒权的行使设定必要和合理的程序，使得惩戒权的行使遵循公正、公开的原则。无法定依据或者不遵守法定程序的，应视为非法惩戒行为。在做出停学、开除等涉及学生人身权和受教育权等惩戒行为之前，学校或教师应当告知当事人及其监护人作出惩戒决定的事实、理由及依据等。当事人要求听证的，学校应当组织简易听证程序。惩戒实施后应对所有相关事宜进行备案。

资料来源：劳凯声，蒋建华．教育政策与法律概论．北京：北京师范大学出版社，2015：334—336.

学习演练

一、填空题

1.《教师法》规定了教师应履行的六项义务，可分别简称为：遵纪守法义务、教育教学义务、__________义务、__________义务、__________义务和提高水平义务。

2. 教师资格取得的要件包括：国籍要求、思想品德要求、__________要求和__________要求。

3.《教师法》规定，“教师有下列情形之一的，由所在学校、其他教育机构或者教育行政部门给予行政处分或者解聘：① 故意不完成教育教学任务给教育教学工作__________的；②体罚学生，__________的；③ 品行不良、侮辱学生，__________的。”

二、不定项选择题

1. 教师（　　）制度，是国家对教师岗位设置及各级岗位任职条件和取得该岗位职务的程序等方面的有关规定的总称。

A. 资格　　B. 职务　　C. 聘任　　D. 考核

2. 教师考核的内容主要包括（　　）、工作成绩四个方面。

A. 政治思想　　B. 组织纪律　　C. 业务水平　　D. 工作态度

三、简答题

1. 如何理解教师的法律地位？

2. 如何理解教师资格制度？

四、论述题

结合实际，谈谈你对《教师法》中规定的教师享有的各项权利的理解和认识。

五、案例分析题

学生被教师赶出教室案

某中学初二（1）班学生薛某，因平时学习成绩不太好，上课总是不遵守纪律，老师们都不太喜欢他，尤其是语文老师。这天，在语文讨论课上，老师让同学们自由发言，并进行讨论。薛某起身回答问题时，由于他的观点与老师的观点不一致，因此老师很不高兴，并用刻薄的语言训斥薛某，说他“笨得像猪”。薛某听了以后很不服气，就顶了老师一句，说：“你才像呢！”老师一气之下就把薛某赶出了教室，并说：“既然我像猪，以后你就不要再来上我的课了！”

试分析：

1. 本案中的涉案主体主要有哪些？

2. 当事教师违反了什么法律规定？

3. 当事学生应当承担什么法律责任？

4. 本案对我们有哪些启示？

学习演练答案

一、填空题答案

1. 思想教育　尊重学生　维护权益

2. 能力　学历或考试

3. 造成损失　经教育不改　影响恶劣

二、选择题答案

1. B　2. ACD

三、简答题答案要点

1. 教师的法律地位，指的是以法律的形式规定的，教师在一个国家的各种社会关系中所处的位置。其主要涉及教师的法定身份，教师的法律关系特征，以及教师的权利与义务等问题。教师的法律地位如何，充分表明了一个国家对于教育和教师的重视程度。在1993年10月颁布的《教师法》中，以法律形式把教师规定为履行教育教学职责的“专业人员”，从而，正式确立了我国教师新的地位。

2. 教师资格制度是指国家对教师实行的一种特定的职业认定与许可制度。教师资格是国家对专门从事教育教学工作人员的最基本要求，是公民获得教师工作的前提条件。只有依法取得教师资格者，方能被教育行政部门依法批准举办的各级各类学校或教育机构聘任为教师。国家实行教师资格制度，是优化教师队伍，提高教师自身素质的需要，同时，也是建立“公正、平等、竞争、择优”的教师合格人才选拔制度的需要。教师资格制度的全面实施，对教师职业走向专业化具有重要意义。

四、论述题答案要点

(1) 教师的权利是指教师在教育教学活动中享有的由国家法律赋予的权利。

(2)《教师法》规定了教师享有以下权利：

① 进行教育教学活动，开展教育教学改革和实验（也可简称为“教育教学权”）。

② 从事科学研究、学术交流、参加专业的学术团体，在学术活动中发表意见（也可简称为“科学研究权”）。

③ 指导学生的学习和发展，评定学生的品行和学业成绩（也可简称为“管理学生权”）。

④ 按时获取工资报酬，享受国家规定的福利待遇以及寒暑假期的带薪休假（也可简称为“获取报酬权”）。

⑤ 对学校教育教学、管理工作和教育行政部门的工作提出意见和建议，通过教职工代表大会或者其他形式，参与学校的民主管理（也可简称为“民主管理权”）。

⑥ 参加进修或者其他方式的培训（也可简称为“进修培训权”）。

(3) 在论述过程中，应注意联系实际。

五、案例分析题答案要点

1. 本案中的涉案主体主要有：教师、学生及其所在学校。

2. 教师的言行违反了《教师法》的有关规定，侵犯了学生的受教育权和人身权。

(1)《教师法》规定，教师应当履行“遵守宪法、法律和职业道德”，“关心、爱护全体学生，尊重学生人格”的义务。本案中，该语文老师却未能尽到“关心、爱护全体学生，尊重学生人格”的义务，用刻薄的语言训斥、辱骂学生薛某，显然是对薛某的歧视和人格侮辱，侵犯了该生的人身权。

(2)《教育法》规定：“中华人民共和国公民有受教育的权利和义务。”学生享有“参加教育教学计划安排的各种活动，使用教学设施、设备、图书资料”的权利。《义务教育法》规定：“国家、社会、学校和家庭依法保障适龄儿童、少年接受义务教育的权利。”而该语文老师将学生薛某赶出教室的行为，则违反了上述法律规定，侵犯了学生薛某的受教育权。为此，教师应承担相应的行政与民事法律责任，向学生薛某赔礼道歉，并让其继续听课。

3. 学生薛某的行为也违反了《教育法》的有关规定。《教育法》规定，学生应当履行“遵守学生行为规范，尊敬师长，养成良好的思想品德和行为习惯”的义务。而薛某面对教师的训斥与谩骂，也同样辱骂了教师，侵犯了教师的人身权。为此，薛某也应向教师赔礼道歉。

4. 由本案引发的思考为：

(1) 教师应切实履行《教师法》中所规定的义务，加强自身的道德修养；尊重学生的受教育权和人身权等各项合法权益。

(2) 学生应自觉遵守课堂纪律和学生行为规范，尊敬师长。当其合法权益受到侵害时，应学会正确运用法律武器，维护自身的合法权益。

(3) 学校应加强对教师的管理，及时发现、制止和处理个别教师的不良行为，确保学生的合法权益不受侵犯。

第七章　学生及其权利与义务

引　言

学生是教育法律关系的重要主体之一。如何充分发挥学生的主体作用，为他们营造和谐民主的良好氛围，确保其各项权利的落实，促进学生健康快乐地成长，是学校工作的重心和落脚点。本章将主要围绕学生的法律地位、学生的权利与义务、未成年学生的法律保护，以及学生的纪律处分问题进行探讨。

学习目标

通过本章的学习，你应该能够做到：

1. 说出学生的法律地位的含义；
2. 描述学生与学校的法律关系；
3. 阐明未成年学生的基本权利，及其如何对其健康权、人格尊严权和隐私权进行保护；
4. 说明学生纪律处分的含义、存在的问题及相关纠纷与处理；
5. 结合实际，阐述学生的权利与义务，并能进行相关案例分析。

问题情境

初中女生太邋遢引公愤　被五名室友打成十级伤残

日前，某中学又发生一起校园暴力案。据悉，某初中女生兰兰的宿舍共有六人，但因兰兰平时生活习惯太邋遢，衣服经常一星期才洗，头也经常不洗，床铺更是乱，其他五名室友早已看不惯，但始终不见兰兰能改，最终忍无可忍，在宿舍内一起将兰兰围住，一边怒骂，一边狂扇耳光，兰兰被打得哭喊求饶，脸近乎被打肿。

而这些女生打兰兰是为了教育她，不要再那么邋遢。事发后，学校对打人者进行了严厉教育与处罚。而兰兰也被送至医院救治，经检查，兰兰被判定为十级伤残。兰兰的父母则愤怒地将打人者告上法庭，经调解，打人者家长均向兰兰方进行了相关赔偿，同时对其行为表示道歉，最终获得兰兰及其家人的原谅。

看了上述案例，你有何种想法？你认为，是什么原因导致校园暴力事件频发？学生的权利与义务有哪些？学生之间（尤其是同班或同宿舍同学之间）应如何和睦相处？当学生的合法权利受到侵犯时，应采用何种途径进行维权？如何遏制校园欺凌事件的发生？……

让我们带着这些问题来一起学习本章的内容吧。

第一节　学生的法律地位

一、学生的含义

（一）学生的法律概念

“学生”一词，有多种解释，通常是指正在学校或其他教育机构接受系统有组织教育的人。法律意义上的学生，一般是指在各级各类学校或其他教育机构中登记注册并记录有学业档案的受教育者。

《教育法》中对“受教育者”的界定是从广义而言的，它包括各级各类学校的学生、残疾人、违法犯罪的未成年人、在职从业人员和一切接受教育的公民，也就是指在中华人民共和国境内接受基础教育、中等教育、高等教育、职业教育和成人教育的中国公民。按其学习的不同阶段，学生又可以分为幼儿园学生、小学生、中学生、大学生和研究生（包括硕士研究生和博士研究生）。

（二）学生作为教育法律关系主体的特点

学生是教育活动中最重要的角色，也是教育法律关系中最重要的主体，学生的受教育活动是学校教育教学的中心，也是教师职业中的重要组成部分，没有了学生，也就没有了法律意义上的教育活动。

学生作为教育法律关系主体之一，具有以下两个特点：

1. 主体权利与义务的多样性

一方面，受教育者作为特定的社会群体，具有共同的权利与义务；另一方面，不同年龄、身份的学生及接受不同类别教育的学生，在教育法律关系中又存在权利与义务的差异性。

2. 主体法律关系的多重性

教育活动是涉及多个主体的社会活动。受教育者作为教育活动主体之一，在教育活动中依法与其他主体之间形成一定的教育法律关系。

二、学生的法律地位

（一）学生法律地位的含义与特点

学生的法律地位，是指学生以其权利能力和行为能力在具体的法律关系中取得的一种主体资格。学生的法律地位主要取决于其作为教育法律关系主体，在教育活动中所享有的权利和应承担的义务，以及权利受到侵害时的救济途径和行为违法时的责任承担。

学生的法律地位必须要得到法律的确认和赋予，从根本上说，法律的这种确认和赋予都源于学生的受教育权。学生的法律地位集中表现在受教育权的享有，它是学生具体权利与义务的基础，因此，学生法律地位的取得是以学生的受教育权为基础的。

思考题

你对学生的法律地位是如何认识的？

（二）现行法律对学生法律地位的界定

学生的法律地位要在具体的社会关系中来加以界定。而这种具体的社会关系概括起来可以分为一般社会关系和教育法律关系两种。在这两种社会关系中，学生的法律地位是不同的，所取得的主体资格也是相异的，即分别为：在一般社会关系中的公民地位和在教育法律关系中的主体地位。

1. 学生在一般社会关系中的公民地位

学生作为一般社会关系中的公民，具有宪法、民法、婚姻法等法律法规及其有关教育法律法规所赋予公民的各项基本权利，同时也要相应承担公民的义务。例如，《宪法》第四十六条和《教育法》第九条都规定：“中华人民共和国公民有受教育的权利和义务。”《教育法》第九条第二款规定：“公民不分民族、种族、性别、职业、财产状况、宗教信仰等，依法享有平等的受教育机会”第三十六条第一款规定：“受教育者在入学、升学、就业等方面依法享有平等权利。”《义务教育法》第二条规定：“国家实行九年义务教育制度。义务教育是国家统一实施的所有适龄儿童、少年必须接受的教育，是国家必须予以保障的公益性事业。”《义务教育法》第四条规定：“凡具有中华人民共和国国籍的适龄儿童、少年，不分性别、民族、种族、家庭财产状况、宗教信仰等，依法享有平等接受义务教育的权利，并履行接受义务教育的义务。”这些规定反映了学生作为公民的地位和权利、义务。

此外，学生作为处于特殊年龄阶段的社会群体，越来越成为国际社会共同关注、干预和援助的对象。1989 年 11 月 20 日，第 44 届联合国大会一致通过《儿童权利公约》，将儿童界定为 18 岁以下的任何人，并规定儿童出生后就具有姓名权、国籍权、生存权、受教育权、不受剥削和虐待等各项权利，不受种族、肤色、性别、语言、宗教信仰、政治主张等影响。我国政府也于 1990 年 8 月 29 日正式签署了这一公约，成为该公约的第 105 个签约国。与此同时，我国还颁布了《中华人民共和国未成年保护法》《中华人民共和国预防未成年人犯罪法》等一系列法律法规，对未成年人在国家保护、社会保护、家庭保护以及学校保护方面作出了具体规定。

2. 学生在教育法律关系中的主体地位

在教育法律关系中，学生是教育教学活动中最活跃、最广泛的主体，在教育法律关系中具有非常重要的地位。它区别于其他教育法律主体，享有特定的权利，履行特定的义务。与此同时，学生在教育教学活动中也要与其他教育法律关系主体发生相应的权利义务关系，其中主要包括学生与政府、学生与学校、学生与教师之间的法律关系。

（1）学生与政府之间的法律关系。学生与政府之间的法律关系主要表现为学生与教育行政部门之间的关系。二者之间属于典型的隶属关系，表现为二者法律地位的不平等，以单一服从为基本原则，是领导与被领导、管理与被管理之间的关系，是教育行政法律关系。

（2）学生与学校之间的法律关系。学生与学校之间法律关系的产生主要源于学生“利用教育机构设施来实现其受教育权，其在按照规定办理入学手续后与教育机构之间形成的利用关系”。这种利用关系又因学校主体地位的多重性，使得学生与学校之间的关系较为复杂，一般可以分为隶属型的行政关系和平行型的民事关系两类。

①学生与学校之间的行政法律关系。这种法律关系的形成是以学校作为教育法律、法规的授权组织，在实施行政职权的过程中，学校作为教育行政主体与学生所发生的受行政法所调整的行政法律关系。

这种行政关系以学生与学校之间是否存在隶属关系为前提，又可分为内部行政法律关系和外部行政法律关系。判断学生与学校之间是否存在隶属关系的前提是，学生是否取得该校的学籍和该校学生身份的确定。首先，从学生与学校之间的内部行政法律关系上看，根据《教育法》第二十八条的规定，学校有按照章程自主管理、组织实施教育教学活动、招收学生或者其他受教育者、对受教育者进行学籍管理，实施奖励或者处分的权利。学生与学校之间的内部行政法律关系是学校作为行政主体，对其所属学生进行管理而发生的关系。依据《行政诉讼法》的规定，学生基于学校之间的内部行政法律关系而发生的纠纷不具有可诉性。此类纠纷一般通过教育法规定的教育申诉途径来解决。其次，从学生与学校之间的外部行政法律关系上看，依外部行政法律关系主体之间没有上下隶属关系的特征来看，学生与学校因学籍与学生身份变动发生关系就是外部行政法律关系。依据《行政复议法》中有关行政复议范围的规定和《行政诉讼法》中关于人民法院行政诉讼受案范围的规定，当相对人认为行政主体的具体行政行为侵犯了其合法权益时，可以通过行政复议、行政诉讼的方式来寻求法律救济。

② 学生与学校之间平等的权利主体关系。学生和学校分别作为教育法律关系的重要主体各有其独立性，也即学校与学生之间的主体地位是平等的。学校管理学生是为了教育学生，但学生并非是被“管教”的对象。为此，学校应使学生在平等、民主的环境、气氛中接受优质的教育。这也是现代教育改革的趋势之一。

学生与学校之间的平等关系主要包括：第一，学校应尊重学生的个性，树立正确的教育价值观，将学生的个性发展和全面发展结合起来；第二，学生有权要求学校在学业成绩和品行上给予公正评价，并有在完成规定的学业后获得相应学业证书、学位证书的权利；第三，学生有对学校给予的处分不服而向有关部门申诉的权利，对学校侵犯其人身权、财产权等合法权益，学生有权提出申诉或依法提起诉讼。

长期以来，由于人们（学校）对学生受教育的权利与义务的观念较为淡薄，特别是没有把学生当作公民对待，不清楚学生与公民享有同样的权利，包括：姓名权、身份权、肖像权、名誉权、荣誉权、智力成果权、受教育权、财产权等，造成有些地方、有些时候对学生的权利尊重和保护不够，甚至出现严重后果。学生本人也缺乏相应的受教育的权利与义务的意识，不能很好地行使其在教育方面的权利和履行相应的义务。与此同时，在学校教育中，还存在着只强调学生应尽的义务而忽略学生同样享有权利的状况，致使各种各样侵犯学生合法权益的事情屡屡发生。为此，学校应该树立正确的教育价值观，尊重学生的个性，尊重学生的人格尊严，禁止体罚学生。学生也应树立自身的维权意识，尽力维护自身的合法权益不受侵犯。

（3）学生与教师之间的法律关系。学生与教师之间的法律关系主要表现在三个方面：① 管理与被管理关系。如《教师法》中规定，教师享有“指导学生的学习和发展，评定学生的品行和学业成绩”的权利。学生应当“努力学习，完成规定的学习任务”的义务等。② 保护与被保护关系。《教师法》规定，教师应当履行“制止有害于学生的行为或者其他侵犯学生合法权益的行为，批评和抵制有害于学生健康成长的现象”的义务等。③ 相互尊重关系。《教师法》规定，教师应当履行“关心、爱护全体学生，尊重学生人格，促进学生在品德、智力、体质等方面全面发展”的义务。《未成年人保护法》规定，“学校、幼儿园、托儿所的教职员工应当尊重未成年人的人格尊严，不得对未成年人实施体罚、变相体罚或者其他侮辱人格尊严的行为。”《义务教育法》规定，“教师在教育教学中应当平等对待学生，关注学生的个体差异，因材施教，促进学生的充分发展，教师应当尊重学生的人格，不得歧视学生，不得对学生实施体罚、变相体罚或者其他侮辱人格尊严的行为，不得侵犯学生合法权益。”《教育法》规定，学生应当“遵守学生行为规范，尊敬师长，养成良好的思想品德和行为习惯”。

第二节　学生的权利

一、学生权利的含义

学生的权利，是指学生在教育活动中享有的由教育法赋予的权利。学生的权利是法定的，可以分为两部分：一是指国家宪法和法律授予所有公民的权利；二是指教育法律、法规赋予尚处于学生阶段的公民的权利。依学生就读学校的类别和学生年龄的不同，学生的具体权利亦有所差别。

二、学生所享有的法定权利

根据《教育法》的有关规定，学生享有以下五项权利，可分别简称为：参加教育教学权、获得经济资助权、获得学业证书权、申诉起诉权和法定其他权。

（1）参加教育教学计划安排的各种活动，使用教育教学设施、设备、图书资料，简称“参加教育教学权”。

参加教育教学权是学生的基本权利，是保障学生学习权利的前提和基础，也是学生学习权利的具体表现。其具体表现在两个方面：①参加教育教学活动权。学生有权参加教育教学计划安排的各种课堂教学、讲座、课堂讨论、观摩、实验、见习、实习、测验和考试等活动。学校及其他教育机构的教育教学计划对本校或机构的学生应是公开的，以保证学生能够按照计划安排参加相应的活动。任何组织和个人都不得以任何借口非法剥夺学生参加教育教学活动的权利。②使用教育设施权。使用教育设施权是指在教学过程中，学生有权平等地使用教育教学设施、设备和图书资料等。学校及其他教育机构应当依法按规定提供符合卫生安全标准的教育教学设施、设备、图书资料及其他教育教学用品，保证受教育者完成学习任务。

典型案例 7－1

被同学投票赶走 15 岁女生投渠自尽

某日，一中学初二学生雷某与同年级其他班的另一同学发生冲突，打了起来。次日，雷某的班主任周老师让雷某先回避，随后组织全班同学就雷某近期经常严重违反班纪、班规的现象进行了一次投票：是让她留下来继续学习，还是让其由家长带走进行家庭教育一周。投票结果对雷某非常不利：有 26 名同学选择让她回家接受家庭教育一周，有 12 名同学选择再给她一次机会，让其留下来继续学习。此后，周老师根据投票结果，给雷某的母亲打了电话，让她立即来校把孩子领走。

但当雷某的母亲赶到学校后，却不见女儿的踪影。校方和家长四处寻找，直到三天后，才在学校附近的黄河渠里找到了雷某的尸体。原来，那天，当雷某得知多数同学投票“赶走”她后，愤然在黄河渠边的青石板上留下三句遗言：“雷 xx 生命就此结束！爸、妈，对不起，你们的恩情来世再报！辉辉，来世再做好朋友！”而后，投渠自尽。

据雷某的父亲说，雷某平常性格很开朗，没有心理疾患。学习成绩在班里也不错，爱好文学，班主任周老师平常对她也不错。老师如果是打她一顿，她也不会投渠，关键是民主投票伤了孩子的自尊。

你认为，班主任和全班同学的做法违法吗？

在上述案例中，班主任带领全班同学投票赶走雷某的做法，违反了《教育法》《义务教育法》《教师法》《未成年人保护法》的有关规定，侵犯了学生的受教育权和人格权。应承担相应的行政和民事法律责任。

(2) 按照国家有关规定获得奖学金、贷学金或助学金，简称“获得经济资助权”。

获得经济资助权是指学生有获得国家各种经济资助的权利，其具体表现在三个方面：①获得奖学金。奖学金是为奖励品学兼优的学生和报考国家重点保证的、特殊的、条件艰苦的专业的学生而设立的经济资助制度。国家有关部门及各级各类学校，尤其是高等学校均设立奖学金制度，包括“优秀学生奖学金”“专业奖学金”和“定向奖学金”等。优秀学生奖学金用于鼓励德、智、体等方面全面发展、品学兼优的学生。专业奖学金用于鼓励报考师范、农林、民族、体育和航海等专业的学生，凡被录取为师范、农林、民族、体育和航海专业的学生均享有专业奖学金。在校期间，德、智、体等方面全面发展的优秀学生可以获得较高等级的专业奖学金。定向奖学金是有关部门和地区为鼓励立志毕业后到边疆地区、经济贫困地区和自愿从事煤炭、矿业、石油、地质等艰苦行业的学生设立的。②获得贷学金。贷学金是指为向家庭经济困难的学生提供帮助而设立的经济资助制度。国家有关部门先后颁发了《普通高等学校本、专科学生实行奖学金制度的办法》《普通高等学校本、专科学生实行贷款制度的办法》《国家教育委员会关于改革国家教委直属院校学生贷款办法的通知》《关于国家助学贷款的管理规定（试行）》等文件，以保证国家贷款制度的依法实施。为帮助经济上那些确有困难的本、专科学生解决全部或部分在校期间的基本生活、学习费用，国家本着“有借有还”的原则，为这些学生提供贷款。凡是符合规定条件的学生都可以通过学校申请贷学金，这使受教育者得以享受法律保护的平等权利。③获得助学金。助学金，即勤工助学金，是指让学生特别是家庭经济困难的学生通过参加劳动获得报酬，资助其完成学业的经济资助制度。学校设立勤工助学金制度，学生如确有经济困难，可以通过参加勤工俭学活动，获得相应的报酬，以保证完成学业。凡是符合规定的学生都有权参加勤工俭学活动，并获得一定的劳动报酬，任何单位和个人不得克扣或拖欠学生的助学金。奖学金和贷学金主要适用于普通高等学校和中等专业学校学生，体现了国家对特殊群体的学生的辅助。而助学金则主要适用于义务教育阶段的学生。《义务教育法》明确规定：“国家设立助学金，帮助贫困学生就学。”凡在初级中等学校、特殊教育学校的家庭经济困难的学生和少数民族聚集地区、经济困难地区、边远地区的小学及其他寄宿小学的家庭经济困难的学生，有权按照省级人民政府制定的实行助学金制度的具体办法，申请享受助学金。

典型案例 7－2

国家奖学金是否应该被二次分配

“为了倡导一种团结友爱、互帮互助的精神”，某高校“建议”：对该校35名国家奖学金获得者的奖学金进行“二次分配”，以资助更多的未获奖的贫困生。为达目的，该校院、系领导“亲自”出马，拿着已经填好了“建议捐款数额”的“自愿捐款协议书”对获奖学生进行“动员”，终于使除家庭特别困难、所得奖学金不够交清所欠学费的3名学生之外的其他32名学生捐出10.4万元奖金。

你认为，学校的这一做法是否妥当？你对此有哪些思考？

在上述案例中，学校违反了《义务教育法》《捐赠法》的有关规定，侵犯了学生的财产权，应依法承担相应的行政法律责任和民事赔偿法律责任。

学习活动

结合实际，说明你对国家有关奖学金、贷学金或助学金制度的认识。

（3）在学业成绩和品行上获得公正评价，完成规定的学业后获得相应的学业证书、学位证书，简称“获得学业证书权”。

获得学业证书权是学生享有的一项重要权利。其具体表现在两个方面：①获得公正评价权。是指学生有权在德、智、体等方面，获得按照国家统一标准的一视同仁的客观评价。其中，学业成绩的评价是指学校及其他教育机构对学生在受教育的某一段时期的学习情况和知识结构、知识水平的概括，包括课程考试成绩记录、平时学习情况和总评等。品行评价主要包括对学生政治觉悟、道德品质、劳动态度等方面的评价。学生应按照规定接受学校和教师对其学业成绩和学生行为准则的品行考核；学生有权要求获得学业成绩评价和品行评价，而且有权要求评价的公正性。学校和教师应当根据规定的要求，从学生的实际出发，用全面和发展的眼光看待学生，对学生作出实事求是、公平合理的评价，对学生的优缺点进行恰如其分的分析，要实行民主评议，防止片面性评价，不能按主观意志行事。②获得证书权。完成规定的学业后获得相应的学业证书或学位证书，是学生的一项重大权利。国家实行教育考试制度，经国家批准或认可的学校及其他教育机构可以依照国家的有关规定，对通过考试符合相关规定条件的学生颁发相应的学历证书、学位证书或其他学业证书。

典型案例7-3

学校发放毕业证书收费案

某普通中等学校规定，凡毕业生领取毕业证书必须交500元的工本费。该项收费并未征得教育行政部门和物价局的许可。据该校领导说，这笔钱用来作为教师的工资和学校的其他工作。

对此案例，你是怎么看的？学校这样随意收费侵犯了学生的什么权利？

在上述案例中，学校违反了《教育法》的有关规定，侵犯了学生的财产权和获取证书权。

（4）对学校给予的处分不服向有关部门提出申诉，对学校、教师侵犯其人身权、财产权等合法权益，提出申诉或者依法提起诉讼，简称“申诉起诉权”。

申诉起诉权是公民申诉权和诉讼权在学生身上的具体体现。其可具体体现在两个方面：①学生有权对学校、教师侵犯其合法财产权的行为提起诉讼，如学校乱收费、乱罚款等。②学生有权对学校、教师侵犯其人身权的行为提起诉讼，如教师体罚和变相体罚学生，非法搜查学生，侵犯学生通信自由和学生隐私，剽窃学生著作权、发明或其他科技成果，学校强行将学生的知识产权收归学校等。

典型案例 7－4

一学校“劝退”20余名中考生

中考在即，正当学生们在为最后的冲刺做准备时，某中学初三毕业班的多名学生却成了班主任老师的“劝退”对象，而劝退的原因并非这些学生违反了哪条校规、校纪，只是在最近的摸底考试中“成绩靠后”。在老师三番五次的“劝说”下，该校20余名学生或退学在家，或转至其他学校，剩下在劝退之列却坚持不走的学生，则每天都要遭遇老师的“冷脸”。张某是该校初三（13）班的学生，学习成绩在班内居中游。临近初中毕业，她和其他同学一样感到了学习压力，因而学习比以往更加勤奋。她的父母也早有想法，孩子的学习成绩不太理想，但考个普通高中还是没什么问题的。然而，张某却被学校告知，因其在最近一次的摸底考试中分数居全班20名之后（该班共有50余名学生），家长应考虑让孩子提早退学。班主任王老师表示，如果现在退学或转入其他学校，学校还可发给其毕业证，如若执意要参加中考，到时有一科考不好，就将拿不到毕业证。张某的父母还得知像自己的孩子一样，该班所有成绩排在20名之后的学生都多次接到班主任要求“主动退学”的劝说。而“中考考不好就不发毕业证”则是班主任对那些被其劝退而不愿主动退出中考的学生给出的“忠告”。

面对记者，张某的母亲气愤难平地说：“当时，为给孩子争取中考机会，我多次找到她的班主任和学校有关领导，可班主任态度十分强硬，称报名也没用。无奈，孩子最终只能走退学这条路！”后来，她才了解到，学校劝“差生”退学的真正原因是追求中考升学率。“剥夺孩子参加中考的权利，可能改变了孩子一生的命运。作为家长，我想知道，学校凭什么剥夺孩子的中考权利？学校和老师这么做，是不是违法？”

对此案例，你是怎么看的？学校是否侵犯了被劝退学生的受教育权？

在上述案例中，学校违反了《教育法》《义务教育法》的有关规定，侵犯了学生的受教育权。

（5）学生享有法律、法规规定的其他权利，简称“法定其他权”。

法定其他权是指学生除了享有以上四项权利外，还享有“法律、法规规定的其他权利”，也即学生享有《教育法》以外的其他法律、法规规定的相关权利，主要包括《宪法》《民法通则》《未成年人保护法》《义务教育法》《教师法》《婚姻法》《劳动法》等相关法律、法规规定的各项权利。如《义务教育法》规定，“学校不得分设重点班和非重点班。”“对违反学校管理制度的学生，学校应当予以批评教育，不得开除。”《普通高等学校学生管理规定》中规定学生有“参加校内合法的学生社团”的权利等。

学生在明确了自身的各项权利之后，还应注意以下两个方面的问题：一是学生应依法行使这些权利，而不能违法滥用这些权利，不能侵犯学校、教师、学生及其他教育法律关系主体的合法权益；二是学生应依法保护自身的合法权益不受侵犯，当其合法权益受到侵犯时，如学校违法开除学生，违法拒发学位证或毕业证，克扣或拖欠学生的助学金，乱收费、乱罚款；教师不按时为学生上课或不认真备课，将违纪学生赶出教室，侮辱、殴打、谩骂、体罚学生，不能客观、公正地评价学生，侵犯学生隐私等，当事人能通过有效的法律救济途径，依法追究其的法律责任。

第三节　学生的义务

一、学生义务的含义

学生的义务，是指学生依照教育法及其他有关法律、法规，在参加教育活动时必须履行的义务。表现为学生在教育活动中必须做出一定行为或不得做出一定行为。依学生就读学校的类别和学生年龄的不同，学生的具体义务各有差别。

二、学生应履行的法定义务

《教育法》在赋予学生五项权利的同时，也规定了学生应履行的四项义务，可分别简称为：遵守法律义务、养成良习义务、努力学习义务、遵守校规义务。

（1）遵守法律、法规的义务，简称“遵守法律义务”。

遵守法律义务是对学生作为公民的最基本规范。其具体表现在两个方面：①遵守公民法定义务。学生首先要遵守国家的法律、法规，这是学生作为公民必须履行的基本义务。法律、法规是国家、社会组织和公民一切活动的基本准则，任何组织和公民都必须遵守。②承担相应的法律责任。学生若有不遵守国家法律、法规的行为，应当依法承担相应的法律责任，受到应有的法律制裁。

（2）遵守学生行为规范，尊敬师长，养成良好的思想品德和行为习惯，简称“养成良习义务”。

养成良习义务是对学生在思想品德和行为习惯等方面要求的基本体现，也是我国培养学生成为在德、智、体等方面都得到发展的、有社会主义觉悟的、有文化的、社会主义事业的建设者和接班人的教育方针的具体要求。对不同层次和类型学校的学生的相关义务标准是不同的，如《中小学生守则》《高等学校学生行为准则》等，体现了国家对不同层次和类型学校的学生义务的具体规范。

典型案例 7－5

初中学生弑师案

一日中午，某中学学生丁某因逃学，被班主任潘老师叫到办公室，潘老师提出要将此事告诉其家长，并让丁某带路。而丁某则谎称外公在山上干活，将潘老师带到山上。当丁某提出不要将逃学一事告诉他外公而遭到潘老师拒绝后，遂将潘老师推下山坡，并用双手掐住潘老师颈部将其杀害。在移尸藏匿过程中，丁某还将潘老师的尸体奸污，并窃取其手机和玉镯后逃离现场，返回学校。

法院考虑到犯罪嫌疑人丁某作案时未满 18 周岁，遂从轻处罚，并作出如下判决：丁某犯故意杀人罪、侮辱尸体罪，两罪并罚被判处无期徒刑，剥夺政治权利终身。同时，判处丁某的父母赔偿附带民事诉讼原告人经济损失共计人民币 10 万元。

对此案例，你有什么看法？学生应当如何正确对待教师的批评教育？你认为，未成年学生犯罪的主要原因是什么？

在上述案例中，丁某违反了《教育法》《教师法》等相关法律规定，侵犯了教师的教育权和人身权，应依据《民法通则》《刑法》《未成年人保护法》等相关法律规定，承担相应的行政法律责任、刑事法律责任和民事法律责任。

（3）有努力学习，完成规定的学习任务，简称“努力学习义务”。

努力学习义务是学生区别于其他公民的一项特定义务。其具体包括两个方面内容：①认真学习义务。这是学生从进入学校时起就必须承担的义务。对义务教育阶段的学生来说，这种义务是强迫的；对非义务教育阶段的学生来说，这是学生依自愿入学，在享受教育权利的同时所应承担的义务。同时这也是学生获得学业证书权利的前提。它要求学生明确学习目的，端正学习态度，刻苦努力学习；按时到校，不无故缺课；上课专心听讲，勤于思考，勇于提出问题，敢于发表自己的见解，积极回答教师的问题等。②完成学习任务义务。任何一个教育阶段的学习任务都包括两种：一种是结果性的，即某一教育阶段教学计划规定的学生在该阶段结束时所应完成的学习任务；另一种是过程性的，是学生为完成某一教育阶段总的学习任务而要完成的日常的、大量的、具体的学习任务，是量的积累。这两种性质的学习任务是相辅相成的，学生均应按时完成，既要认真复习，按时独立完成各科的每一次作业、练习、测试；又要遵守考试纪律，认真完成各个阶段的考试、测评，以及相关的必修课程学习，努力取得优良成绩。当然，对不同层次和类型学校的学生来说，相关的义务都有具体的规定。

（4）遵守所在学校或者其他教育机构的管理制度，简称“遵守校规义务”。

遵守校规义务是指学生为了维护教学秩序，保证学校教育教学等工作的顺利进行，需要遵守学校或其他教育机构制定的有关管理制度的义务。其具体体现在两个方面：①遵守各项管理制度，学校管理制度包括学校教学、科研、德育、劳动、体育、卫生、学籍管理、图书仪器管理、校园管理等各方面的管理制度。从广义上说，学校的管理制度是国家法律法规在学校管理工作中的具体化，它们是学校工作顺利开展的制度保证。对这些管理制度，学生有义务遵守。例如，学生应爱护校园公共设施，维护校园正常秩序；讲究文明礼貌、公共卫生；出入校门应遵守学校门卫制度，主动接受门卫管理；遵守学生宿舍管理制度等。②依法提出质疑。学校的制度必须符合国家法律、法规，对学校制定的与国家法律、法规相悖的违法校规或班规等，学生有权、也有义务依法提出质疑，积极维护自身的合法权益不受侵犯。

典型案例 7-6

班干部应如何对待违纪的学生？

某小学的一位学生家长向记者反映了他上小学二年级的孩子刘某被班干部惩罚的经过：某日午后3点整，该班在教室外排队，由于他的儿子刘某在站队时出了怪态，被一名班干部叫了出来，并当众被罚下蹲35次（没有教师在场）。

当学生们回到教室里以后，这名班干部觉得罚得还不够，于是又叫刘某再次当众下蹲50次，还必须连续做不能停，如果停一下就加罚20次，于是刘某又做了50个下蹲。这名班干部认为刘某下蹲做得不合格，又继续加罚刘某下蹲90个。

刘某回到家后，感觉双腿酸痛，头昏眼花，更严重的是刘某感到当众受到侮辱，第二天说什么也不去上学了。次日，刘某的家长找到学校，班主任态度很好，表示事发时他正外出开会，不知道发生了这种事。教师从来也没给过班干部处罚学生的权利，并表示对此事一定妥善处理，对该班干部进行教育。

请依法对此案例进行分析。你认为，班干部有权对违纪学生进行体罚吗？

在上述案例中，班干部违反了《教育法》《义务教育法》《未成年人保护法》等相关法律规定，侵犯了刘某的人身权和受教育权，应承担相应的行政法律责任和民事法律责任。

在明确了学生的法定义务之后，一方面，学生应认真履行这些义务，例如，学生应遵守法律，爱护公共设施，不偷盗、不赌博；应尊敬教师，不得侮辱、谩骂、殴打教师；应努力学习，遵守纪律，按时完成作业，不迟到、不早退、不无故缺课；应遵守学校的各项规章制度，不得违反校规、校纪，不得考试作弊，不得盗窃、出售试题等。

另一方面，当学生未能履行这些义务时，例如，学生无故旷课，非法赌博、偷盗，上课迟到，违反课堂纪律，打架斗殴，侵犯其他学生的隐私，侮辱、谩骂、殴打、杀害教师，考试作弊等，也应承担相应的法律责任。

第四节　未成年学生的法律保护

依据《未成年人保护法》的规定，未满 18 周岁的公民都是未成年人。由于这些未成年人无论从生理上，还是在心理上尚处于未完全发育成熟阶段，缺乏自我保护能力，因此需要对其实施特殊的法律保护。因此，我国特制定了《未成年人保护法》，并在第一条中，开宗明义地规定："为了保护未成年人的身心健康，保护未成年人的合法权益，促进未成年人在品德、智力、体质等方面全面发展，培养有理想、有道德、有文化、有纪律的社会主义事业接班人，根据宪法，制定本法。"因此，在学生群体中，未满 18 周岁的未成年学生是一个特殊的群体，受《未成年人保护法》的保护。

从未成年人的保护原则上看，《未成年人保护法》主要体现出三项原则：一是适合未成年人身心发展原则；二是公平地对待每一位未成年人原则，而不论其出身、性别、民族、信仰、财产状况、身体状况等；三是全面保护原则，不仅学校负有保护的职责，家庭社会以及未成年人等都负有保护的职责，且保护的内容应是完备的、全面的。

从对未成年人保护的主要内容上看，其主要涉及未成年人的一些基本权利。

一、未成年学生的基本权利

未成年学生的基本权利，从内容上看主要包括以下权利：①生命健康权；②姓名权、肖像权和国籍权；③名誉权、荣誉权和智力成果权；④受教育权；⑤受抚养权和继承遗产权；⑥身心健康发展权；⑦获得援救权；⑧获得司法保护权；⑨隐私权等。其中，受教育权是学生作为公民的基本权利，也是学生法定权利中最为重要的一项权利。它是指学生为了满足个人的充分发展而必须获取知识和训练的权利，也是现代教育制度赖以建立的基础。由于在前述的学生法定权利中已涉及学生受教育权及其保护问题，在此就不再详述了。而以下则主要围绕未成年学生易受侵犯的生命健康权、人格尊严权、隐私权保护问题进行探讨。

二、未成年学生生命健康权的保护

生命健康权是公民最基本、最重要的权利，是公民享受其他权利的基础。它包括生命权和健康权两部分：生命权是以生命安全为内容的、他人不得非法干涉的权利，侵害生命权是指不法剥夺他人生命的侵权行为，其表现为伤害他人身体致人死亡。健康权是以身体的内部机能和外部的完整性为主要内容的一项权利。对每个人来说，生命和健康都是非常重要的，珍爱生命、维护健康既是每个公民的权利，也是他们对自己、对社会应尽的义务。为此，我国法律规定，公民享有的生命健康权，不容他人侵犯。

未成年学生作为社会中的弱势群体和民族的未来，其生命和健康受到法律的特殊保护。其主要表现在以下五个方面：

1. 保证校园和教育设施设备安全

学校是未成年学生进行教学活动的主要场所之一。《未成年人保护法》第二十二条规定："学校、幼儿园、托儿所应当建立安全制度，加强对未成年人的安全教育，采取措施保障未成年人的人身安全。学校、幼儿园、托儿所不得在危及未成年人人身安全、健康的校舍和其他设施、场所中进行教育教学活动。"为此，学校应增强安全防范与保障意识，建立健全各种安全保障机制与设施，及时清除安全隐患，为学生创设一个安全、健康的校园环境，以确保学生的生命健康权不受侵犯。防止因校园房屋或楼梯倒塌、校车违规行驶伤人，毒校服、毒跑道、毒校园装修材料危害学生身体健康，食用过期、变质营养餐引起学生食物中毒，学生做实验受伤等学生伤害事故的发生。

2. 禁止体罚未成年学生

教师体罚未成年学生，常常会给他们带来极大的身心伤害。为此，《未成年人保护法》第二十一条规定："学校、幼儿园、托儿所的教职员工应当尊重未成年人的人格尊严，不得对未成年人实施体罚、变相体罚或者其他侮辱人格尊严的行为。"

3. 不得虐待、遗弃未成年学生

家庭暴力也是危害未成年学生身心健康的一大"杀手"，给很多孩子幼小的心灵留下了痛苦的伤口。为此，《未成年人保护法》第十条规定："父母或者其他监护人应当创造良好、和睦的家庭环境，依法履行对未成年人的监护职责和抚养义务。禁止对未成年人实施家庭暴力，禁止虐待、遗弃未成年人……"

4. 禁止非法招用未成年学生做童工

未成年学生的身心尚在发育之中，过早地参加工作会影响到他们的正常健康成长。为此，《未成年人保护法》第三十八条规定："任何组织或者个人不得招用未满十六周岁的未成年人，国家另有规定的除外。任何组织或者个人按照国家有关规定招用已满十六周岁未满十八周岁的未成年人的，应当执行国家在工种、劳动时间、劳动强度和保护措施等方面的规定，不得安排其从事过重、有毒、有害等危害未成年人身心健康的劳动或者危险作业。"

5. 禁止任何组织和个人非法侵害未成年学生

未成年学生的生命健康权不容侵犯，任何组织或个人，如若侵犯了未成年学生的生命健康权，均应承担相应的法律责任。《未成年人保护法》第六条、第六十条分别规定："对侵犯未成年人合法权益的行为，任何组织和个人都有权予以劝阻、制止或者向有关部门提出检举或者控告。""违反本法规定，侵害未成年人的合法权益，其他法律、法规已规定行政处罚的，从其规定；造成人身财产损失或者其他损害的，依法承担民事责任；构成犯罪的，依法追究刑事责任。"为此，对侵害未成年学生生命健康的行为，未成年学生及其监护人，有权向有关机关控告，直至诉诸法律。

典型案例 7－7

上海“毒校服”作孽发人深省

2003年2月19日，上海市中小学迎来新学期开学的日子，然而，2月7日上海市质监局公布的校服质量抽检结果却让不少家长感到寒心。

抽检结果显示，在22批次校服产品中，有6批次不合格，合格率仅为73%。其中，上海某时装有限公司生产的一款冬装含有致癌物质，被质检部门立案查处，并要求采购该公司产品的21所学校通知学生暂停穿着校服。而值得思考的是，此前，该公司生产的校服已连续3年被质检部门抽检不合格，却依然能为多所学校供应校服。这究竟是为什么呢？

记者通过调查了解到，之所以会出现毒校服事件，主要有以下几个方面的原因：一是校服生产企业无准入门槛，只要是服装厂都可以生产校服，服装企业只要有路子接到订单便可加入校服生产队伍。质检部门对服装企业的监管还不完善，一些违法企业因质量等问题而遭到行政部门勒令停产、销售，甚至被吊销营业执照，其仍可以重新申请登记注册新公司，并继续进行校服生产；二是校服由学校“自己买”，缺乏统一标准，而上海市对中小学校服采购实行了最高限价，规定每套校服最高不能超过150元。因而，多数学校通用的校服，实行最高限价标准，利润空间不大，生产校服的厂家大多是一些地处农村的中小企业，难以生产出高质量的校服；三是个别生产企业质量意识淡薄，为追求经济利益，不惜采用低等次原材料，致使校服质量不过关：四是校服从工厂到学校，厂家直接与学校联系，缺少了市场环节很容易脱离监管，也为个别责任人“拿回扣”提供了可能，厂家按照学校要求做出样品，只要不超出规定价格，便可批量生产校服。校服质量只依靠厂家质检和学校把关，但学校的检验往往只是走过场，与厂家“关系好”的学校可能会放宽对校服质量的要求。一旦厂家在质量上做手脚，学校也很难发现和追查责任。

你对这个案例怎么看？可举同类案例（如“毒跑道”事件）进行说明。

在上述案例中，当事人（包括涉案校服生产厂家和相关学校负责人）违反了《未成年人保护法》《教育法》《义务教育法》的有关规定，侵犯了学生的生命健康权和财产权，应承担相应的行政法律责任和民事法律责任。

三、未成年学生人格尊严权的保护

人格尊严权是未成年学生的基本权利之一，是指学生享有受他人尊重、保持良好形象及尊严的权利。人格尊严权表现为自尊与他尊两个方面，是人格权中的核心权利，集中体现为肖像权、姓名权、名誉权、荣誉权、隐私权等。其他人格权如生命健康权、自由权等也均从不同方面维护、保证人的尊严。如果未成年学生的人格尊严受到侵害，其精神健康也将受到巨大的损伤。为此，《未成年人保护法》第五条规定："保护未成年人的工作，应当遵循下列原则：(一) 尊重未成年人的人格尊严……"，学校、家庭、社会都应加强对未成年人学生人格尊严的保护。

1. 保护未成年学生的名誉权

名誉权是指公民要求社会和他人对自己的人格尊严给予尊重的权利。名誉权主要表现为名誉利益支配权和名誉维护权。《宪法》第三十八条规定："中华人民共和国公民的人格尊严不受侵犯。禁止用任何方法对公民进行侮辱、诽谤和诬告陷害。"《民法通则》第一百零一条规定："公民、法人享有名誉权，公民的人格尊严受法律保护，禁止用侮辱、诽谤等方式损害公民、法人的名誉。"由此可知，我国法律规定公民的名誉权不受侵害，任何组织和个人都不得侮辱或诽谤他人。同样，未成年学生也是公民，其名誉权和人格尊严也受法律的确认与保护。《未成年人保护法》第二十一条规定："学校、幼儿园、托儿所的教职员工应当尊重未成年人的人格尊严，不得对未成年人实施体罚、变相体罚或者其他侮辱人格尊严的行为。"然而，现实中，教师侮辱学生人格的事却时有发生。根据《民法通则》第一百二十条、第一百三十四条的规定，侮辱、诽谤是最常见的名誉侵权行为，可以责令侵权人停止侵害、恢复名誉、消除影响、赔礼道歉、赔偿损失。

2. 保护未成年学生的姓名权

公民的姓名是区别于其他公民的称号或代号，一般情况下，还包括公民的曾用名、别名、笔名等。姓名权是指公民有权决定、使用和依照法律规定改变自己的姓名，禁止他人干涉、盗用、假冒。《民法通则》第九十九条规定："公民享有姓名权，有权决定、使用和依照规定改变自己的姓名，禁止他人干涉、盗用、假冒。"由此可知，未成年学生的姓名权受法律保护。盗用、假冒是最常见的侵犯姓名权行为，如众所周知的齐某在参加高考后被人冒名顶替上大学案中，当事人即侵犯了齐某的姓名权和受教育权，为此应承担相应的法律责任。

3. 保护未成年学生的肖像权

肖像权是指公民依法享有对自己肖像的支配权，包括肖像制作权、使用权和获酬权。公民有权决定是否允许他人给自己画像、照相或录像等；有权决定是否使用或如何使用自己的肖像，有权就使用自己的肖像获取报酬。未成年学生在使用自己肖像和获取报酬方面须由监护人代理或同意。《民法通则》第一百条规定："公民享有肖像权，未经本人同意，不得以营利为目的使用公民的肖像。"丑化公民肖像、故意损毁公民肖像、以肖像进行人身攻击等行为，也属于侵犯公民的肖像权。

4. 保护未成年学生的荣誉权

荣誉权是指公民因对社会有所贡献而得到的荣誉称号、奖章、奖品、奖金等，任何人不得非法剥夺。它是人们依法享有的对自己所获得的客观社会评价排除他人侵害的权利。《民法通则》第一百零二条规定："公民、法人享有荣誉权，禁止非法剥夺公民、法人的荣誉称号。”作为未成年学生，他们有获得并维护“优秀学生”“十佳少年”“优秀干部”等荣誉称号的权利（即荣誉权），这种权利受法律保护。但现实生活中有这样的案例出现：一些学校将本应属于某些学生的荣誉称号非法剥夺，而后转授给一些“人情学生”，其目的是为了让这些“人情学生”在升学时获得诸如“加分”“优先录取”等待遇；还有的学校教师基于私人怨恨，粗暴剥夺一些同学既有的荣誉称号。这些做法都是侵犯未成年人荣誉权的行为。

四、未成年学生隐私权的保护

隐私是公民个人在生活中不想为外界所知的事，他人不得非法探听、传播公民的隐私。学生的隐私权是指学生有权要求他人尊重自己个人的、不愿或不方便让他人获知或干涉的、与公共利益无关的信息或生活领域。

对这一权利的保护主要表现在：

1. 不得披露未成年学生的隐私

《未成年人保护法》第三十九条规定：“任何组织或者个人不得披露未成年人的个人隐私。”

然而，现实中，学生的隐私权往往很容易被忽视，甚至被践踏。例如，有些学校张榜公布、肆意评说学生的考试分数和成绩排名；未经学生同意随意公开其个人或家庭信息；对早恋学生公开批评通报，曝光学生的拥吻镜头等。

2. 不得隐匿、毁弃、非法开拆、查阅未成年学生的信件、日记、电子邮件

《宪法》第四十条规定：“中华人民共和国公民的通信自由和通信秘密受法律的保护。”《未成年人保护法》第三十九条规定：“对未成年人的信件、日记、电子邮件，任何组织或者个人不得隐匿、毁弃；除因追查犯罪的需要，由公安机关或者人民检察院依法进行检查，或者对无行为能力的未成年人的信件、日记、电子邮件由其父母或者其他监护人代为开拆、查阅外，任何组织或者个人不得开拆、查阅。”而现实中，一些家长则时常偷看孩子的日记，追查孩子的电话、短信，扣押私拆孩子的信件等。

3. 不得侵犯未成年学生的个人隐私

未成年人的隐私权应当受到保护，尤其是一些孩子在与异性交往或恋爱时，常常会保有一些私人空间。而一些家长、教师则过分干涉未成年学生的交友自由，时常跟踪、监视未成年学生的私人活动，还有个别学校在教室里安装了摄像头，监视着孩子们的一举一动，从而侵犯了未成年学生的隐私权。

典型案例 7－8

女中学生状告班主任侵权案

去年暑假，北京某中学学生王某的母亲邱女士发现女儿近来电话比较频繁，还有个男孩常在她家楼下徘徊，便找到女儿的班主任苏某反映情况，没想到却将女儿带入了痛

苦的深渊。

当苏老师发现王某与班里的一名男生关系比较密切后，便在课堂上、教研室里多次翻看王某的书包、日记以及给其他同学的信件，还不允许其他同学和她说话。原本性格活泼的王某顿时成了“孤家寡人”，同学们远离她，不敢和她说话。王某在日记里写道：“苏老师经常侮辱我，逼我转学。我一想起这些就害怕，夜里经常做噩梦……”由于无法承受完全被孤立的痛苦，王某离家出走。四天后，当邱女士接到女儿的电话，在南京找到她时，王某哭着请求妈妈搬离北京。而在王某出走后，学校和苏老师却对此事漠不关心。

回家以后，王某的心情一直很抑郁，后来被诊断患上了忧郁症。邱女士特为女儿联系了一所新学校，但因原校提供的学籍卡被涂改过，转学手续迟迟没有办妥。对此，邱女士一家人认为这是学校在故意刁难他们，间接剥夺了王某的受教育权。为此，王某将班主任苏老师和学校告上了法庭，诉讼的请求很简单，只要求老师的一声道歉。

对此案例，你是怎么看的？老师和学校侵犯了王某的什么权利？

在上述案例中，教师违反了《教育法》《教师法》《未成年人保护法》的有关规定，侵犯了学生的隐私权，应承担相应的行政法律责任和民事法律责任。

第五节　学生纪律处分

一、学生纪律处分概述

（一）学生纪律处分的含义和类型

学生纪律处分，主要是指学校对学生违反国家法律、法规及学校各项规章制度，视情节轻重而给予的批评教育或纪律处分。

学校的类别和层次不同，纪律处分的种类也不尽相同。一般有：警告、严重警告、记过（记大过）、留校察看、开除学籍五种类型。

（1）警告。警告是学校对犯有轻微违法、违规、违纪行为的学生提出告诫，使其认识错误行为的一种纪律处分，是学生纪律处分中最轻的一种，含有处分与教育的因素在内。

（2）严重警告。严重警告也属于警戒处分的一种，不过作为严重警告，其适用对象尽管也是违法、违规、违纪等较为轻微的行为，但是这些行为比单纯的警告所适用的行为更为严重一些。

（3）记过（记大过）。记过即登记过失，其适用对象是学生所做出的较为严重的违法、违规、违纪行为。记大过与记过性质相同，只是程度不同而已。记过和记大过是比警告严重，又比其他行政处分轻的行政处分形式。

（4）留校察看。留校察看是针对违法、违规、违纪情节严重，但尚未达到开除学籍处分条件的行为。对做出这种行为的学生在予以处分的同时，保留其学籍，以观后效。对于留校察看的期限法律没有规定，实践中一般定为半年或者一年。学校可以根据学生的实际表现情况，提前或者延后解除留校察看。到期未作出延后解除规定的，应视为自动解除。

（5）开除学籍。开除学籍是学生纪律处分中最为严厉的一种，其适用对象是做出了十分严重的违法、违规、违纪行为的学生。由于学生一旦被处以开除学籍处分，就失去了在本校继续学习的资格，开除学籍涉及学生接受教育的权利，也涉及其身份的改变。因此，开除学籍必须从严掌握。

在上述处分类型中，警告、严重警告、记过（记大过）、留校察看四种纪律处分属于申诫罚的范畴。申诫罚，也称精神罚或声誉罚，是学校向违反纪律规定的学生发出警戒，申明其有违纪行为，通过对其名誉、荣誉、信誉等施加影响，引起违纪的学生精神上的警惕，使其不再违纪的制裁形式。这四种纪律处分只是制裁的程度不同，不会影响学生利用特定教育机构进行学习的基本权利，对学生的身份也不会产生重大影响，政府教育主管部门对这四种纪律处分的适用条件不作具体规定，一般由学校自主确定。

开除学籍则属于行为能力罚的范畴，是学校对违反纪律的学生给予的限制或剥夺其在本校学习资格的制裁。这种处分会改变受教育者的学生身份，关系到受教育者的重大利益。由于义务教育的特殊性，《义务教育法》规定，学校不能开除义务教育阶段的学生，因此，上述开除学籍的处分形式在义务教育阶段并不适用。

（二）学生纪律处分的功能和基本原则

学生纪律处分的形式是法定的，学校可以根据国家的法律法规和政策规章制定本校的校纪校规，学生违反了这些校纪校规就要接受相应的纪律处分。

学生纪律处分的功能可以归纳为三点：第一，纪律处分是对学生的一种否定刺激，督促学生不再从事某种违纪行为；第二，纪律处分是学校或教师维护学校与课堂秩序必不可少的管理手段；第三，纪律处分是一种教育机制，通过该机制，学生可以增强自我控制力，学习与人相处的基本规则，为个体的社会化服务。因此，理想的学生纪律处分应该充分实现处分的三种功能，而非仅仅追求其中的一种功能。

学生纪律处分应遵循以下基本原则：①程序正当原则。程序正当即程序正义，避免偏私。一是在处分决定作出前，要充分听取学生或其代理人的陈述和申辩。必要时，可以举行听证会。二是在处分决定作出后，要出具处分决定书，送达本人。三是在向学生送达的处分决定书中，要写明学生可以在一定期限内进行申诉，并在送达时明确告知。②证据充分原则。对学生作出纪律处分，证据必须确实充分。一是必须有客观真实存在的证据；二是必须有充足的证据量。③依据明确原则。“法不禁止不为过”，学校给予学生纪律处分，必须依据宪法、法律、法规，参照规章、政策。若法律没有禁止性条款，学生所施的行为就不构成违背法律的要素，学校就不能给予处分。同时，不可以类推适用，认为学生的行为虽没有法律明文规定，但有相似条款，因此可以加以引用。学校虽然有治校自主权，可以自行制定校规校纪，但其纪律处分规定不得与宪法、法律、法规、规章相抵触，即学校制定的办法、细则可以是法律、法规的延展、细述，但处分条款只能在限度内规定，不得加重处罚。④定性准确原则。此原则是建立在证据充分原则、依据明确原则之上的衍生原则。它要求必须有正确、准确认定学生违纪的法定的客观依据，不可主观臆造。一是要审查学生违法、违规、违纪的所有证据材料，确保事实明了、证据充分，已经足以认定案件事实；二是要严格按照宪法、法律、法规、规章、政策及学校的细则、规定定性，做到有理有据，有法可依。若定性不准，则会导致对学生纪律处分的处理失误，严重影响公正公平。⑤处分恰当原则。学校给予学生纪律处分，其目的并不是为了惩罚、制裁学生，而是为了教育学生。但对学生而言，被给予纪律处分，就意味着在某种程度上被学校予以了否定。所以，学校对学生的纪律处分一定要慎之又慎，做到客观、合理、公正、公平；要符合正义原则，切实将教育与惩处相结合，“一视同仁，一事一责，过责相当，重在教育，力求达到最小侵害”。

二、学生纪律处分中存在的问题

从目前情况看，尽管很多学校均有相关的学生纪律处分制度，但无论从制度本身，还是从其实施过程看，都还存在一些问题，其主要表现在：

1. 制度不健全或不合理

从我国现有的法律法规来看，虽然已有不少法律、法规涉及学生纪律处分工作，如《教育法》《义务教育法》《教师法》《高等教育法》《未成年人保护法》《普通高等学校学生管理规定》等，然而，从内容上看，大部分法律规范的表述过于原则性，对学生如何在纪律处分程序中真正享有和行使合法权利则缺乏具体的可操作性规定；从程序上看，这些法律、法规大多只适用于纪律处分程序的某个方面，而尚未形成一个针对学生纪律处分的程序体系；从价值取向上看，大部分法律法规在纪律处分程序的规定中多注重学生的程序性义务和学校的程序性权利，多是规定学生违反程序性义务应当承担的法律责任，而对学校违反程序性义务的责任却缺乏相应规定，从而造成学校行使纪律处分权缺乏具体法律规范的指导，有些甚至是无章可循，时常出现“越位”或“缺位”等问题。

从各个学校依据相关法律、法规制定的学生纪律处分文件上看，也有内容各异、参差不齐的情况，常有不规范或不合理之处。首先，从名称上看，标题混乱，有的以违纪处分“条例”命名，有的以“办法”“规定”“细则”命名，有的是以“处分”命名，有的是以“处罚”命名；从形式上看，有的含在相关的学生管理制度中，有的则单独列出；从内容上看，有的多而细，有的少而粗，有的程序不完整或不合理；从处分标准上看，宽严不一，有些规定用词不准确或所设条件不充足，有的明显不合法，缺乏人性化，侵犯了学生的受教育权、人身自由权或财产权等。例如，对学生的偷盗行为，有三所中学的《学生纪律处分条例》中，对其内容描述和处分把握的尺度各不相同。一中学规定：“作案价值在 10 元以下者，给予记过处分……”；另一中学规定：“作案价值在50元以内者，给予警告处分……”；还有一中学规定：“对小偷小摸，屡教不改者，给予劝退或开除学籍处分……”。又如，对学生带手机到校行为，某中学规定：“带手机、MP3、掌上游戏机进学校的给予警告以上处分。”而另一所中学规定：“凡发现在校园内使用手机者，一律没收，并予以留校察看一年处分，第二次没收，并直接予以开除的处分。”而这些被学生称为“雷人校规”的规定，并未被学生普遍接受与认同。

2. 定性不准确或处分不合法

根据相关法律规定，学校在对学生作出纪律处分时应做到证据充分、处罚依据合法、定性准确、处分适当。然而，在现实运作中，学校往往做不到。一是在取证方面，主要表现为取证渠道不当、取证手段不合法。二是在事实认定方面，主要表现为对学生违法、违规、违纪情况的调查不全面，缺乏主要证据，或忽略了隐匿证据，或使用了伪造证据，又或者事件调查人就是当事人或与当事人有关联。三是在量刑情节方面，主要表现为量刑不一、时轻时重。由于定性不准确，学生受到的处分往往会被加重。例如，一些学生因考试违规被学校开除，还有个别中学生因早恋或大学生因怀孕被学校劝退，并由此引发了学生与学校之间的法律纠纷。

3. 程序不规范，维权渠道不畅通

一些学校在制度制定的过程中，未能充分听取学生（代表）的意见，在制度实施之前也未对学生进行充分告知。在对学生作出处分决定之前，未能听取学生或者其代理人的陈述和申辩，就自行给予学生处分；有的学生是在被通知领取处分决定书时，才知晓自己已被学校给予了纪律处分，甚或个别学生直到毕业查看学校给予的评价时，才得知自己曾被给予过纪律处分；还有一些学校为了避免后续的麻烦或者由于对学生权利的疏忽，在向学生出具的处分决定书上，未能告知学生可以提出申诉及申诉的期限；在处分决定作出后，未将处分决定书及时送达学生本人或其代理人，而仅只是将其张贴在学校的公告栏内，对学生本人是否看到或知晓不闻不问，这些都严重侵害了学生的知情权或申诉权。

三、学生纪律处分的纠纷及其处理

近年来，由于学生纪律处分行为而引发的法律纠纷颇多。虽然从理论上讲，每一项纪律处分都有引发纠纷的可能性，但处分的公正与否则会直接影响到纠纷发生的概率和频度，为此，学校应尽可能采取各种措施，减少这种纠纷的出现，或妥善处理与解决这些纠纷。

1. 进一步加强相关的法律、法规和制度建设

国家应进一步加强与学生纪律处分相关的法律、法规制定与完善工作，形成全面科学、统一配套的制度体系，以使学校的纪律处分行为有法可依、有章可循。

各个学校应对本校现行的与学生纪律处分相关的制度进行全面梳理，加强对制度的名称和内容的合法性、语言的准确性、实施的可行性等方面的系统性审查，以增强制度的合法

性、实效性、可操作性和人本化；要多听取学生、法律专家、广大教职工以及各方面的意见，增强制度制定与实施过程中的民主性与参与性，并根据形势发展和学生的实际情况，及时淘汰、修改一些不合理的条款，增加新的内容；进一步加大对制度的宣传力度，以充分保证学生对相关制度的知情权。

2. 注重定性准确，坚持程序正义

学校应高度重视程序正义，力求做到程序公正、公开、合理、合法。只有这样，才能提高处分定性的准确性。一是在纪律处分作出前，应充分听取学生及其代理人的陈述和申辩，全面搜集证据材料，避免证据的隐匿和遗漏；二是应实行当事人回避制度，凡是与案件当事人相关的人员应主动申请回避或要求其回避；三是要做到尺度一致，不可案件相同，处理结果不一。要逐一审查证据材料，排除不合理、不合法的证据，并根据证据材料拟定处分文件，合理、合法地作出处分决定，并及时将处分决定书送达学生本人，书面或口头告知学生有申诉权及申诉期限。

3. 完善学生权益的法律救济途径

英国法学家韦德认为，“权利依赖于救济”，“没有救济的权利就不是真正的权利”。为此，学校应进一步完善内部的申诉机构，要细化申诉机构的人员组成，扩大学生的参与度。应制定详细的申诉制度、申诉程序、要求和工作流程，建立学生申诉、行政申诉、行政复议、行政诉讼之间的有机衔接，保证学生在进入司法诉讼前，能够尝试所有可能的法律救济途径。应增强学生的法律意识，使学生从维护自身权益出发，正确认识权利救济的严肃性和公正性，依法分析自身存在的问题，在维护自身合法权益的同时，做到知法懂法、遵纪守法。

本章回顾

1. 学生的法律地位，是指学生以其权利能力和行为能力在具体的法律关系中取得的一种主体资格。主要取决于其作为教育法律关系主体，在教育活动中所享有的权利和应承担的义务，以及权利受到侵害时的救济途径和行为违法时的责任承担。

2. 学生的权利，是指学生在教育活动中享有的由教育法赋予的权利。学生的权利是法定的，可以分为两部分：一是指国家宪法和法律授予所有公民的权利；二是指教育法律、法规赋予尚处于学生阶段的公民的权利。《教育法》规定了学生享有的五项权利，可分别简称为：参加教育教学权、获得经济资助权、获得学业证书权、申诉起诉权和法定其他权。

3. 学生的义务，是指学生依照教育法及其他有关法律、法规，在参加教育活动时必须履行的义务。表现为学生在教育活动中必须做出一定行为或不得做出一定行为。《教育法》规定了学生应履行的义务，可分别简称为：遵守法律义务、养成良习义务、努力学习义务、遵守校规义务。

4. 根据《未成年人保护法》的规定，对未成年学生的法律保护，应体现以下原则：一是适合未成年人身心发展原则；二是公平地对待每一位未成年人原则；三是全面保护原则。

5. 学生纪律处分，是指学校对学生违反国家法律、法规及学校各项规章制度，视情节轻重而给予的批评教育或纪律处分。处分方式主要有：①警告；②严重警告；③记过（记大过）；④留校察看；⑤开除学籍。对学生的纪律处分应公开、公正、依法进行，并坚持“程序正当、证据充分、依据明确、定性准确、处分恰当”的基本原则，妥善处理与解决相关的法律纠纷。

学习视窗

“学校与学生的法律关系”的六种主要理论

学校与学生是教育领域中两个重要主体，学校与学生的法律关系问题不仅具有理论研究价值，对于指导现实的学校管理和司法实践也具有重要的意义。在长期的教育实践和教育法学研究的发展过程中，已形成了几种不同的学校与学生的法律关系理论。其主要有：

（一）特别权力关系理论

特别权力关系理论是德国、日本和中国台湾地区解释学校与学生关系的主导理论。该理论认为，学校作为公营造物，与学生之间的关系是营造物利用关系，属于公法上的特别权力关系。这一权力意味着学校当局作为特别强的权力主体，对学生（包括父母）具有总体上的支配权。

（二）公法契约理论

这种理论认为，在现代“依法治教”的原则下，学校与学生及其父母之间构成的关系已不再是公法上的特别权力关系，而是一种教育契约关系。

（三）私法契约理论

私法契约理论在日本和英、美等国都有相当的市场。日本的一些学者认为，教育本质上并非公权力的作用，而在于为学生提供教育服务，因而，不分公立还是私立学校，学校与学生的关系都是基于教育目的的契约关系，是不含公权力作用的在学契约关系，因而是私法契约关系。

（四）监护代理关系理论

这种理论认为，学校与学生之间是以监护代理关系为基础的民事法律关系，学生家长是监护人，学校是监护代理人，而学生是第三人。学校对未成年学生的监护权来源于学生监护人的授权，并代理监护人在履行法定的监护职责。

（五）宪法理论

宪法理论是美国当今用于解释公立学校与学生关系的一种重要理论。其主要内容是，学校与学生之间的关系受宪法的规制。公立学校作为公关利益的代表，必须尊重学生的宪法权利。

（六）教育法律关系

我国学者劳凯声教授认为，学校与未成年学生之间所构成的是一种在教育与被教育、管理与被管理的过程中产生的权利与义务关系，即教育法律关系。它是由教育法律规范所确认和调整的教育关系主体之间的权利义务关系，是教育法律规范在教育活动中的体现，是一种具有公法持证的法律关系。目前，教育法律关系是教育法学界普遍接受的观点。

资料来源：劳凯声，蒋建华．教育政策与法律概论．北京：北京师范大学出版社，2015：306—308.

学习演练

一、填空题

1.《教育法》规定了教师应履行的四项义务，可分别简称为：遵守法律义务、__________、义务、__________义务、__________义务。

2.《未成年人保护法》第三十九条规定：“任何__________和__________不得披露未成年人的个人隐私。”

3. 法律意义上的学生，一般是指在各级各类学校及其他教育机构中__________并有其记录__________的受教育者。

二、不定项选择题

1. 学生的法律地位是指学生以其（　　）在具体法律关系中取得的一种主体资格。

A. 权利能力　　B. 行为能力

C. 工作成绩　　D. 学历

2. 学校对学生的纪律处分可有（　　）形式。

A. 警告　　B. 记过

C. 罚款　　D. 开除学籍

三、简答题

1. 如何理解学生的法律地位？

2. 请简述对未成年学生进行法律保护的必要性、基本原则和主要内容。

四、论述题

结合实际，谈谈你对《教育法》中规定的学生享有的各项权利的理解和认识。

五、案例分析题

初中学生违纪被开除 能不能起诉学校？

纪先生的儿子是某校初中二年级的学生，因在校和其他学生打架，被学校以违反校规为由，开除学籍，现辍学在家。孩子多次表示悔过，希望能回学校上学。

但当纪先生找到校方协商恢复儿子学籍时，却屡次被校方拒绝。为此，纪先生欲向人民法院提起行政诉讼，状告学校侵权。

试分析：

1. 本案中的涉案主体主要有哪些？

2. 当事人违反了什么法律？

3. 当事人应当承担什么法律责任?

4. 本案对我们有哪些启示?

学习演练答案

一、填空题答案

1. 养成良习　努力学习　遵守校规

2. 组织　　个人

3. 登记注册　　学业档案

二、选择题答案

1. AB　2. ABD

三、简答题答案要点

1. 学生的法律地位，是指学生以其权利能力和行为能力在具体的法律关系中取得的一种主体资格。学生的法律地位主要取决于其作为教育法律关系主体，在教育活动中所享有的权利和应承担的义务，以及权利受到侵害时的救济途径和行为违法时的责任承担。

学生的法律地位必须要得到法律的确认和赋予，从根本上说，法律的这种确认和赋予都源于学生的受教育权利。学生的法律地位集中表现在受教育权的享有，它是学生具体权利与义务的基础，因此，学生法律地位的取得是以学生的受教育权为基础的。

2. 由于未成年学生无论从生理上，还是在心理上尚处于未完全发育成熟阶段，缺乏自我保护能力，因此需要对其实施特殊的法律保护。从未成年人的保护原则上看，《未成年人保护法》主要体现出三项原则：一是适合未成年人身心发展原则；二是公平地对待每一位未成年人原则，而不论其出身、性别、民族、信仰、财产状况、身体状况等。三是全面保护原则，不仅学校负有保护的职责，家庭社会以及未成年人等都负有保护的职责，且保护的内容应是完备的、全面的。从对未成年人保护的主要内容上看，其主要涉及未成年人的一些基本权利。主要包括以下权利：生命健康权；姓名权、肖像权、国籍权；名誉权、荣誉权和智力成果权；受教育权；抚养权和继承遗产权；身心健康发展权；援救权；司法保护权等。从目前情况看，对未成年学生而言，对其生命健康权、人格尊严权、隐私权的保护问题尤为重要。

四、论述题答案要点

根据我国《教育法》的有关规定，学生享有下列权利：参加教育教学活动的权利，获得奖学金、助学金、贷学金的权利，获得公正评价和证书的权利，提出申诉或依法提起诉讼的权利，法律、法规规定的其他权利。

在论述过程中，需结合实际对有关问题进行说明。

五、案例分析题答案要点

1. 本案中的涉案主体主要有学校、学生及其家长。

2. 本案是一起由学校开除学生引发的教育法律纠纷，当事人违反了《义务教育法》《未成年人保护法》的有关规定，侵犯了学生的受教育权。

《义务教育法》规定，“对违反学校管理制度的学生，学校应当予以批评教育，不得开除。”《未成年人保护法》规定，“学校应当尊重未成年学生受教育的权利，关心、爱护学生，对品行有缺点、学习有困难的学生，应当耐心教育、帮助，不得歧视，不得违反法律和国家规定开除未成年学生。”由此可知，因纪先生的儿子是处于义务教育阶段的未成年学生，所以，尽管学校可以通过合法手段惩罚他，但不能随意开除他。因而，学校的做法违反了《义务教育法》《未成年人保护法》的有关规定，侵犯了学生的受教育权。

3. 《教育法》明确规定，“学校或者教师在义务教育工作中违反教育法、教师法规定的，依照教育法、教师法的有关规定处罚。”《义务教育法》规定，“有下列情形之一的，依照有关法律、行政法规的规定予以处罚：（一）胁迫或者诱骗应当接受义务教育的适龄儿童、少年失学、辍学的……”《未成年人保护法》规定，“学校、幼儿园、托儿所侵害未成年人合法权益的，由教育行政部门或者其他有关部门责令改正；情节严重的，对直接负责的主管人员和其他直接责任人员依法给予处分。”由此可知，该校应按照《教育法》《义务教育法》《未成年人保护法》的有关规定，承担相应的行政法律责任，尽快恢复该生的学籍。

此外，根据《未成年人保护法》的有关规定，未成年人的合法权益受到侵害的，被侵害人及其监护人或者其他组织和个人有权向有关部门投诉，或者依法向法院提起诉讼。因而，纪先生是可以向人民法院提起行政诉讼的。

4. 由本案引发的思考为：

（1）接受义务教育是每个适龄儿童、少年的合法权利，学校应依法尊重未成年学生的受教育权，不能因为未成年学生违纪而剥夺学生接受义务教育的权利，也不能违反法律规定开除未成年学生。

（2）学生应当遵守校规，认真履行自身义务。当学生的受教育权遭到侵犯时，应通过适当的途径寻求法律救济，如可向学校提出申诉，或向当地教育部门投诉，也可向人民法院提起行政诉讼等，以确保自身的合法权益不受侵犯。

第八章　教育活动中的法律责任与救济

引　言

社会生活中如果没有责任，权利就不受到约束，义务就得不到履行，整个社会将混乱不堪。因此，只要有社会存在，就必然有责任存在。依法追究违法主体的法律责任是教育法律实施的重要保证。培根曾经说过："违法犯罪不过是弄脏了水流，而执法不严却污染了水源。"只有坚持"违法必究"的原则，追究违法者的法律责任，对他们绳之以法，才能及时地正本清源，清除社会浊流，树立法律权威，实现教育领域的法制化，明确法律责任。与此同时，也只有对侵权者依法实施救济，才能使公民的合法权利得到有效的法律保障。

学习目标

通过本章的学习，你应该能够做到：

1. 正确理解并说出教育法律责任的含义、种类、构成要件；
2. 理解教育相关法律主体的法律责任以及法律救济的含义；
3. 掌握教育法律救济的方式，并能够结合实际进行问题分析；
4. 结合实际对当前校园伤害事故的分类进行把握，并掌握应对已发生的校园伤害事故的程序与方法，能够对学生校方责任保险的保险责任进行分析。

问题情境

上海某中学体育课伤害诉讼赔偿案

某年4月，上海市某中学初中预备班的学生肖某与同年级的300余名（6个班级）同学一起上体育锻炼课。肖某与另两名同学在打排球时，一脚将球踢出了有3米多高的围墙。为外出捡球，肖某建议由两位同学分别托住其双腿，协助他爬围墙。在此过程中，肖某不慎从围墙上摔下，头先着地。两同学见状忙将肖某送往学校医务室。医务室老师为肖某头部做了冷敷处理后，进行观察，同时与其家长进行联系。至下午3时许，肖某母亲的同事赶到学校，将其送往医院治疗。经医院检查，肖某为颅内出血。在医生的全力抢救下，肖某保住了生命并恢复了智力，但因颅内出血引发脑疝，造成双腿及左上肢的终身瘫痪。司法鉴定为二级伤残。

同年5月，肖某母亲向上海市徐汇区人民法院状告该中学，要求赔偿医药费、护理费、营养费等总计19万元。6月开庭时，肖母追加两学生为被告，并将赔偿金额提高到94万元。

肖母指出学校在事发过程中没有一个教师在场，并在肖某受伤后没有立即送其到医院治疗，延误了治疗时间。学校则认为，擅自攀爬围墙是严重违反校规校纪的，学校按规定配备教师，体育课上，不可能所有学生都在教师视线之内，其责任在于学生自己。

后经法院一审、二审以及根据最高法院复函精神，经再审、终审判决，肖某承担55%的赔偿责任，学校承担40%的赔偿责任，其他两位学生承担5%的赔偿责任。

资料来源：教育法制资源网，http：//www.chinatde.net/case，2012－11.

看了上述案例，你有哪些想法？你认为这种校园事故的责任应如何划分？在法院的审理过程中对责任的划分依据是什么？如果在教育活动中出现类似的相关事故，学生有哪些救济方式与途径？

让我们带着这些问题来一起学习本章的内容吧。

第一节　教育法律责任概述

法律责任在整个法律制度中居于核心地位。我们生活在一个社会的共同体之中，人们之间的利益既有协调也有冲突，为此，法律依据权利与义务关系对那些应当予以保护的权益予以协调。当人们受法律保护的权益受到阻碍或者损害的时候，法律则强制损害人们权益的行为人承担一定的责任，以弥补被损害者的利益，维护法律的权威性。

一、教育法律责任的含义

教育法律责任是指由于行为人违反教育法律规范的行为所引起的，应当由其依法承担的惩罚性的法律后果。由于行为人违反教育法律规范的程度不同，其所应该承担的教育法律责任，也会在程度上、性质上有所不同。法律责任具有广义和狭义两种解释。就广义而言，法律责任又具有两个方面的含义：一是指根据法律的规定，人们所应当履行的义务。它要求人们主动、自觉地履行。例如，赡养父母、抚养子女、尊敬老人等。二是指行为人所实施的行为违反了有关法律规定而必须承担的法律后果。它是具有强制性的责任。例如，殴打致人伤害，必须承担赔偿损失等相应的民事责任，情节严重的依法接受刑事处罚。前者为第一性义务，后者为第二性义务。

狭义上所讲的法律责任仅指后一种含义。人们通常也是从狭义上理解和使用法律责任这一概念的。所以我们通常对法律责任定义为：法律责任是由法律关系主体的违法行为引起的，应当由其依法承担的惩罚性法律后果。

二、教育法律责任的种类与内容

教育法律责任根据违法行为的性质和违法主体的法律地位，可以将教育法律责任划分为：行政法律责任、民事法律责任和刑事法律责任。

1. 行政法律责任

行政法律责任指行政法律关系主体由于违反行政法律规范，构成行政违法而应当依法承担的否定性法律后果。违反教育法的行政法律责任的承担方式主要有两类，即行政处罚和行政处分。教育行政法律责任具体来说包括两种情况：一是针对行政相对人的法律责任，如学校因违法收费将承担被“责令退还”的行政责任；二是针对行政主体的法律责任，如行政机关违法克扣教育经费，将承担被“责令限期归还”的行政责任。

行政法律责任的特点有：①承担法律责任的主体具有多重性，既有行政主体，也有行政相对人。②法律责任的承担具有相互性，在行政管理过程中发生的行政法律关系中的行政主体和行政相对人作为双方当事人，其地位是不对等的。③行政责任应由国家机关依照相关行政法规定的条件和程序予以追究，人民法院或有关行政机关依法拥有此项权力。④追究行政责任，除了使用诉讼程序外，还可以使用行政程序。

2. 民事法律责任

民事法律责任是指行为人由于民事违法行为而承担的法律后果。民事法律责任的重要特点之一是它主要表现为一种财产上的责任。教育法上的民事法律责任是教育法律关系的主体违反教育法律、法规，破坏了平等主体之间正常的财产关系和人身关系，依法承担的民事法律责任，是一种以财产为主要内容的责任。在义务教育方面，应承担相应的民事法律责任的行为有：①侵占、破坏学校的公共财产设备；②侮辱、殴打老师、学生；③体罚学生；④将学校校舍、场地出租、出让或者移作他用、妨碍义务教学的实施。

民事法律责任的特点有：①民事法律责任主要是财产责任。《民法通则》第二条规定：“中华人民共和国民法调整平等主体的公民之间、法人之间、公民和法人之间的财产关系和人身关系。”在民事活动中，一方不履行民事义务，给另一方的财产和精神造成损失的，通常都是通过财产性的赔偿方式对受害者进行补偿的。但这些财产性责任的承担并不影响某些非财产责任的承担，比如赔礼道歉、消除影响、恢复名誉等。②民事法律责任允许当事人在法律许可的范围内协商解决。这是民事法律责任与其他大量责任区别最明显的一点。③民事法律责任具有补偿性。追究行为人的刑事法律责任的目的是惩罚犯罪人，起到警示和教育的作用，但追究行为人的民事法律责任目的是对受害人进行补偿，即行为人承担民事法律责任的大小与其给受害人带来的损失是相适应的。

3. 刑事法律责任

刑事法律责任是指行为人实施刑事法律禁止的行为所必须承担的法律后果。教育法规定的刑事法律责任是指行为同时触犯了刑法，达到犯罪的程度时，必须承担的法律后果。

刑事法律责任的特点有：①承担刑事法律责任的依据是严重违法行为，即由犯罪行为引起，其社会危害性大。一般的违法行为，不触犯刑法的行为，不承担刑事法律责任。②认定和追究刑事法律责任的是审判机关，即只有人民法院按照刑事诉讼程序才能决定行为人是否应承担刑事法律责任，其他机关没有这项权力。③在法律规定的情况和幅度内，刑事责任可依法裁量。根据犯罪和犯罪情节，可以对其加刑或减刑，以加重或减轻刑事责任。

三、教育法律责任的构成要件

法律责任的形成需要一定的条件，这些条件就是它的构成要件。所谓构成要件即构成法律所必备的客观要件和主观要件的总和。法律责任的构成要件概括为责任主体、损害事实、违法行为、主观过错等。

1. 有责任主体

法律责任需要一定的主体来承担。法律责任构成要件中的主体是指具有法定责任能力的自然人、法人或其他社会组织。并不是实施了违法行为就要承担法律责任，就自然人来说，只有到了法定年龄，具有理解、辨认和控制自己行为能力的人，才能成为责任承担的主体。没有达到法定年龄的未成年人或不理解、辨认和控制自己行为的精神病患者，即使其行为造成了对社会的危害，也不能承担法律责任。对他们行为造成的损害，由其监护人承担相应的责任。同样，依法成立的法人和社会组织，其承担法律责任的能力，自成立之时开始。

2. 有损害事实

有损害事实即行为人有侵害教育管理、教学秩序及从事教育教学活动的公民、法人和其他组织合法权益的客观存在事实。这是构成教育法律责任的前提条件。违法行为对社会造成的损害，有两种情况：一种是违法行为造成了实际的损害，如体罚学生对其造成了身体伤害；另一种是违法行为虽未实际造成损害，但已存在这种可能性。

3. 有违法行为

违法行为是指责任人实施了违反法律规定的行为。它分为作为和不作为两类。作为是指责任人直接做出与法律规定相悖的行为，侵害了他人的合法权益而导致的法律责任；不作为是指责任人因不履行自己应尽的义务对他人的合法权益造成损害而导致的法律责任。违法行为与法律责任的关系存在着两种情况：一是违法行为是法律责任产生的前提，没有违法行为就没有法律责任，这是两者关系的一般情形或多数情形；二是法律责任的承担不以违法的构成为条件，而是以法律规定为条件，这是两者关系的特殊情形。

4. 行为人主观上有过错

所谓过错，是指行为人在实施行为时，具有主观上的故意或过失的心理状态。

所谓故意的心理状态，是指行为人明知自己的行为会产生危害社会的结果，但希望或放任这种结果的产生。例如，招生办公室主任收受贿赂后，有意招收分数低的学生，不招收分数高的学生，致使分数高的学生落榜。

所谓过失的心理状态，是指行为人在本应避免危害结果发生时，由于疏忽大意或者过于自信而没有避免，以致产生危害结果。例如，教师因教育方式不当对学生进行人格侮辱，而学生因不堪忍受自杀。该教师的行为即存在过失的因素。

在教育法律责任构成要件中，主观过错与损害事实之间具有因果关系。

第二节　教育相关主体的法律责任

一、政府的法律责任

政府的教育法律责任承担主体包括行政机关及其工作人员。权力源于权利，无论是政府行政机关还是其他工作人员公权力的行使都是源于人民的权利，权力需要权利的保障。如果政府的公权力行使不当就要承担一定的法律责任。《教育法》对教育活动中的种种违法行为，都明确了相应的法律责任及处理措施，概括起来，承担法律责任的情形主要有：举办学校、教育经费管理、招生与入学的法律责任等。

（一）举办学校的相关法律责任

义务教育设重点学校或变相改变公办学校性质应承担法律责任。根据《义务教育法》的规定，县级以上人民政府或者其教育行政部门又将学校分为重点和非重点或者变相改变公办学校的性质，由上级人民政府或者其教育行政部门责令限期改正、通报批评；情节严重的，对直接负责的主管人员和其他直接责任人员依法给予行政处分。

（二）教育经费管理规定的法律责任

1. 不履行教育经费管理职责应承担的法律责任

根据《教育法》规定："违反国家有关规定，不按照预算核拨教育经费的，由同级人民政府期限核拨；情节严重的，对直接负责的主管人员和其他直接责任人员，依法给予行政处分。违反国家财政制度、财务制度、挪用、克扣教育经费的，由上级机关责令期限归还被挪用、克扣的经费，并对直接负责的主管人员和其他直接责任人员依法给予行政处分；构成犯罪的，依法追究刑事责任。"

根据《义务教育法》的规定，国务院有关部门和地方各级人民政府违反了《义务教育法》第七章的规定，未履行对义务教育经费保障职责的，由国务院或者上级地方人民政府责令限期改正；情节严重的，对直接负责的主管人员和其他直接责任人员依法给予行政处分。对侵占、挪用义务教育经费的，由上级人民政府或者上级人民政府教育行政部门、财政部门、价格行政部门和审计机关根据职责分工责令限期改正；情节严重的，对直接负责的主管人员和其他责任人员依法给予处分。对县级以上地方人民政府未依照《义务教育法》的规定均衡安排义务教育经费的，由上级人民政府责令限期改正；情节严重的，对直接负责的主管人员和其他直接责任人员依法给予行政处分。

2. 向学校违法收费应承担的法律责任

根据《义务教育法》的规定，向学校非法收取或者摊派费用的，由上级人民政府或者上级人民政府教育行政部门、财政部门、价格行政部门和审计机关根据职责分工责令限期改正；情节严重的，对直接负责的主管人员和其他直接责任人员依法给予处分。

根据《教育法》规定，违反国家有关规定，向学校或者其他教育机构收取费用的，由政府责令退还所收费用；对直接负责的主管人员和其他直接责任人员依法给予行政处分。

（三）招生及入学的相关法律责任

对未采取措施保障适龄儿童、少年入学的直接负责的主管人员和其他直接责任人员给予行政处分。根据《义务教育法》的规定，县级人民政府教育行政部门或者乡镇人民政府未采取措施组织适龄儿童、少年入学或者防止辍学的，依照前款规定追究法律责任。

（四）政府的责任承担方式

政府承担教育法律责任的主体既有行政机关也有行政机关工作人员，其承担教育法律责任的方式主要有如下几种：①通报批评；②赔礼道歉、承认错误；③恢复名誉、消除影响；④撤销违法行政行为；⑤履行职责；⑥纠正不当；⑦行政赔偿。其中，赔偿是政府承担行政法律责任的主要形式之一。

二、学校的法律责任

法律责任通常分为广义和狭义两类。广义的法律责任一般与法律义务同义，狭义的法律责任则是指由违法行为所引起的不利法律后果。我们采用狭义的法律责任定义，意指由特定法律事实所引起的对损害予以补偿、强制履行或接受惩罚的特殊义务，即由于第一性义务而引起的第二性义务。与学校的法律义务相对应，学校的法律责任主要在《教育法》和《义务教育法》中作了规定，主要包括未履行保护学生义务的法律责任、违法收取费用的法律责任，以及违法颁发学业学位证书的法律责任。

（一）未履行保护未成年学生义务的法律责任

保护未成年学生是学校应尽的义务，如果学校不能依法履行义务，则需要对不利后果承担责任。《未成年人保护法》和《预防未成年人犯罪法》中规定的法律责任主要分为三种，即民事责任、行政责任和刑事责任。《未成年人保护法》第六十条规定："违反本法规定，侵害未成年人的合法权益，其他法律、法规已规定行政处罚的，从其规定；造成人身财产损失或者其他损害的，依法承担民事责任；构成犯罪的，依法追究刑事责任。"

（二）违法收取费用的法律责任

学校违法向学生收费的行为主要指，依靠国家和社会力量举办的各级各类学校及其他教育机构违反国家有关收费范围、收费项目、收费标准，以及有关收费事宜的审批、核准、备案以及收费的减免等方面的规定，自立收费项目或超过规定的收费标准，非法或不合理向受教育者收取费用，给受教育者的财产权益和受教育权以及其他合法权益带来损害的情形，这是《教育法》明令禁止的行为。《义务教育法》第二十五条规定："学校不得违反国家规定收取费用，不得以向学生推销或者变相推销商品、服务等方式谋取利益。"从2006年春季开学起，农村义务教育除按"一费制"规定的额度代收课本费（不含按规定享受免费教科书的学生）、作业本费和寄宿学生住宿费外，不得再收取任何费用。学校违反规定收费的，应当依法承担相应的法律责任。《义务教育法》第五十六条第一款和第二款分别规定："学校违反国家规定收取费用的，由县级人民政府教育行政部门责令退还所收费用；对直接负责的主管人员和其他直接责任人员依法给予处分。""学校以向学生推销或者变相推销商品、服务等方式谋取利益的，由县级人民政府教育行政部门给予通报批评；有违法所得的，没收违法所得；对直接负责的主管人员和其他直接责任人员依法给予处分。"

（三）违法颁发学业学位证书的法律责任

《教育法》第二十二条规定："国家实行学业证书制度。经国家批准设立或者认可的学校及其他教育机构按照国家有关规定，颁发学历证书或者其他学业证书。"第二十三条规定："国家实行学位制度。学位授予单位依法对达到一定学术水平或者专业技术水平的人员授予相应的学位，颁发学位证书。"第八十二条规定："学校或者其他教育机构违反本法规定，颁发学位证书、学历证书或者其他学业证书的，由教育行政部门或者其他有关行政部门宣布证书无效，责令收回或者予以没收；有违法所得的，没收违法所得；情节严重的，责令停止相关招生资格一年以上三年以下，直至撤销招生资格、颁发证书资格；对直接负责的主管人员和其他直接责任人员，依法给予处分。"

违反《教育法》及国家有关规定，颁发学位证书、学业证书的行为主要有：①不具有颁发学业证书和学位证书资格而发放学业证书、学位证书的；②伪造、编造、买卖学业证书、学位证书的；③在颁发学业证书、学位证书中弄虚作假、徇私舞弊的；④对不符合规定条件的受教育者和其他人员颁发学业证书、学位证书的；⑤滥发学业证书、学位证书牟利的。

（四）学校承担法律责任的方式

学校作为行政法律关系的相对人，其承担的教育法律责任方式是行政处罚，主要包括：通报批评、整顿、停办、停止招生、取缔、取消学校发放学业证书资格和举办考试资格、没收违法所得、赔偿损失等。

三、教师的法律责任

教师的法律责任是指教师从事职务活动时，违反教育法律规范，根据法律应当承担的责任。教师的教育教学活动，直接关系到对学生的影响，为了保证教学质量，维护教育秩序，国家制定了一系列教师从事职务活动的规范。这些规范必须得到遵守，如有违反，就应当追究违反者的法律责任。教师的法律责任在《教师法》中有具体规定。

（一）不履行教育教学义务的法律责任

《教师法》第八条第二款规定，教师有“贯彻国家的教育方针，遵守规章制度，执行学校的教学计划，履行教师聘约，完成教育教学工作任务”的义务，即教师必须在国家所规定的教育方针范围内授课，按时完成教学计划。同时，教师有遵守所在学校的规章制度，履行教师聘约的义务。如果教师不能履行这些义务，给教育教学工作造成损失，则要承担相应的法律责任，即按照《教师法》的规定，要由所在学校、其他教育机构或者教育行政部门给予行政处分或者解聘。

（二）教师侵犯学生合法权益的法律责任

在教育、教学实践中，教师是凭借家长、社会赋予自己的权利来组织与实施教学活动的。在教学活动中教师有时通过体罚达到教育学生的目的，由此常常有意或无意地侵犯了学生的正当、合法权益。教师在体罚学生的过程中常见的侵权行为有以下几种主要类型：一是侵害学生的受教育权。例如，教师擅自更改学生的报考志愿、不允许学习差的学生参加考试、不允许上课迟到的学生进教室等。二是侵害学生的人身自由权。表现最严重的是教师任意体罚或变相体罚学生。三是侵害学生的人格权。例如，侮辱学生人格，责骂学生“笨蛋”“蠢驴”“傻瓜”等。实际上，对学生人格权的侵害是一种潜在的伤害，其危害程度对于学生来说，比体罚等身体性伤害更为严重。四是侵害学生的隐私权。教师侵害学生的隐私权主要表现在私拆、扣留学生的信件，不正当地公布学生的考试成绩等。

对于以上侵权行为的法律责任，《教师法》第三十七条规定，教师有下列情形之一的，由所在学校、其他教育机构或者教育行政部门给予行政处分或者解聘：①故意不完成教育教学任务给教育教学工作造成损失的；②体罚学生，经教育不改的；③品行不良、侮辱学生，影响恶劣的。

典型案例8－1

教师体罚学生致伤案

北京市某中学初中英语教师李某在开学的第一天怀疑其班上一学生王某用他的名字的谐音给自己起外号，就把该学生叫来询问。该学生不承认教师的外号是自己所起，与李某争执起来，李某一气之下殴打了该学生，造成该学生身体多处软组织损伤。事件发生后，学校马上研究决定，对李某停职审查，停发结构工资和奖金，王某所有医疗费和家长提出的合理费用由李某承担。鉴于李某以前有过打学生的事实，学校初步决定予以李某留校察看处分。后学校又建议当地教育局解除与李某的聘约。同时，学校校长认为学校出现此事，校长也有责任，他准备向上级机关提交辞呈。

根据本案例，你认为教师在教育教学过程中应如何运用有关法律来协调与学生之间的矛盾？

“禁止体罚学生”是教师一项非常重要的禁止性法律义务，我国《未成年人保护法》《义务教育法》《教师法》等法律对此都有明确的规定。体罚行为会给学生带来精神和肉体的双重伤害。

由“典型案例8－1”可以看出：①李某作为一名教师应该知道殴打学生是一种粗暴的行为，而且有可能导致严重的后果，可以说李某的行为是一种主观故意；②李某过去曾有过打学生的行为，可见其具有“经教育不改”的法定情节；③从学生王某受伤的程度来看，李某只是违法但没有达到情节特别严重、构成犯罪的程度。

四、学生的法律责任

由学生的法律地位可知，学生应承担的法律责任具有区别于其他群体的特点。不同年龄阶段的学生所应当承担的法律责任是不同的。《民法通则》规定：十八周岁以上的公民是成年人，具有完全民事行为能力。十六周岁以上不满十八周岁的公民，以自己的劳动收入为主要生活来源的，视为完全民事行为能力人；十周岁以上的未成年人是限制民事行为能力人；不满十周岁的未成年人是无民事行为能力人。《刑法》规定：已满十六周岁的人犯罪，应当负刑事责任。已满十四周岁不满十六周岁的人，犯故意杀人、故意伤害致人重伤或者死亡、强奸、抢劫、贩卖毒品、放火、爆炸、投毒罪的，应当负刑事责任。已满十四周岁不满十八周岁的人犯罪，应当从轻或者减轻处罚。十四周岁以下的人为无刑事能力责任人。学生作为公民除要受到国家一般法律的约束外，作为教育法律关系的主体还要依据教育法的规定，对于违反教育法包括违反学校规章制度的行为承担相应的责任。这里所说的学生的法律责任主要是指后者。

在规定中，学生除了考试作弊应承担相应的法律责任外，在教育活动中还要承担其他法律责任。

第一，扰乱教育教学秩序的责任。《教育法》第七十二条第一款规定："结伙斗殴、寻衅滋事，扰乱学校及其他教育机构教育教学秩序或者破坏校舍、场地及其他财产的，由公安机关给予治安管理处罚；构成犯罪的，依法追究刑事责任。"

第二，侵犯教育者与受教育者合法权益的责任。《教育法》第八十三条规定："违反本法规定，侵犯教师、受教育者、学校或者其他教育机构的合法权益，造成损失、损害的，应当依法承担民事责任。"

第三，其他违法、违纪责任。《普通高等学校学生管理规定》第五十四条规定了包括考试作弊在内应受到开除学籍处分的情况：①违反宪法，反对四项基本原则、破坏安定团结、扰乱社会秩序的；②触犯国家法律，构成刑事犯罪的；③违反治安管理规定受到处罚，性质恶劣的；④由他人代替考试、替他人参加考试、组织作弊、使用通信设备作弊及其他作弊行为严重的；⑤剽窃、抄袭他人研究成果，情节严重的；⑥违反学校规定，严重影响学校教育教学秩序、生活秩序以及公共场所管理秩序，侵害其他个人、组织合法权益，造成严重后果的；⑦屡次违反学校规定受到纪律处分，经教育不改的。

第三节　教育法律救济概述

救济，有救助和接济的含义，大多指对处在危难中的人提供物质和精神上的帮助。法律救济是通过一定的途径和程序裁决社会生活的纠纷，从而使权益受到损害的相对人获得法律上的补救。其救济对象的范围十分广泛，其中包括贫、弱、残者。

一、教育法律救济的概念

教育法律救济是指当教育行政相对人的合法权益受到侵害并造成损害时，通过裁决纠纷，纠正、制止或矫正侵权行为，使受害者的权利得以恢复、利益得到补救的法律制度。

（一）教育法律救济的特征

1. 没有救济就没有权利

法律救济制度的产生和完善，是民主政治和法治发展的结果和标志。宪法所确立的民主制度和法治原则，为法律救济提供了依据。我国宪法从国家根本大法的角度，对国家机关和公民个人的一切活动规定了最基本的行为准则，并要求任何组织和个人都必须在宪法和法律规定的范围内活动，对于任何违法、侵权行为，公民都有申诉和控告的权利。

2. 纠纷的存在是教育法律救济的基础

教育法律救济制度是与纠纷的处理相联系的。在社会生活中，纠纷通常表现为某种社会关系上的利益矛盾与冲突，而这种矛盾与冲突，往往是由某种侵权行为所导致的。有纠纷就要求有解决纠纷的程序和制度，通过裁决纠纷去补救受损一方的合法权益。法律救济制度也就由此应运而生。

3. 损害的发生是教育法律救济的前提

任何法律上的救济，都是因为发生了侵权损害，无侵权损害就无所谓救济。即使发生了侵权行为但没有造成损害，也不存在救济问题。所以就其实质而言，侵权损害是法律救济的前提。

4. 补救受害者的合法权益是教育法律救济的根本目的

教育法律救济的根本目的就在于补救相对人受损害的合法权益，为其合法权益提供法律保护。“权力”不需要救济，因为权力本身就是一种可以强制他人服从的力量。而“权利”对别人则没有任何强制性的支配力，它的运用不能直接制止某种侵害行为，也不能采取任何强制人的措施，因此，权利需要法律救济制度来保障。

（二）教育法律救济的意义

1. 保护教育法律关系主体

教育法律关系主要表现为教师与学生、学生与学校、教师与学校、师生与教育行政部门、学校与教育行政部门等之间的关系。当教育法律关系主体的法定权益受到损害时，可以通过法定的方式和途径，请求有关机关以强制性的救济方式来帮助受损害者恢复并实现自己的权利。

2. 维护教育法律的权威

通过教育法律救济维护教育法律的尊严。通过法律救济对教育行政部门以及学校和其他国家机关的违法行政或管理进行矫正，对受侵害的相对人进行法律上的补救，这都是教育法律救济维护教育法律的权威性的重要体现。

3. 促进教育行政部门依法行政

教育法律救济可以促进教育行政部门、其他国家机关和学校依法行政和管理，确保其活动的法制性、公正性和合理性。

4. 有利于推进教育法制建设

随着教育法律体系的完善，我国开始进入依法治教的阶段。在教育法制建设中，通过建立法律救济制度，加强各级权力机关对教育法实施的监督。

（三）教育法律救济的方式

法律救济的方式是当法律关系主体认为其合法权益受到损害时，请求获得法律救济的渠道。从一般意义上讲，救济的渠道和方式主要有三种：诉讼渠道，即司法救济渠道；行政渠道；其他渠道（主要是仲裁和调解渠道）。后两种渠道相对于诉讼渠道来说，又通称非诉讼渠道。了解教育法律救济的方式有利于在合法权益受到损害时，被损害者可以适当地选择有效的方式，从而维护自身的合法权益。

本书根据给予救济机关的不同，将教育法律救济的方式划分为以下三种：校内救济，主要包括校内申诉制度和校内听证制度；行政救济，以行政复议和行政赔偿为主；司法救济，主要包括民事诉讼、行政诉讼和刑事诉讼。

二、校内救济

本节所指的校内救济包括校内申诉制度和在校内申诉过程中采取的校内听证制度。当学生和教师的合法权益受到损害时，采取校内救济的方式既可以让学生和教师以相对较小的成本使其权益得到保障，又可以兼顾学校的正常教育管理秩序，维护学校办学自主权，尊重学术自由和学校自治。

（一）校内申诉制度

校内申诉制度主要包括教师申诉制度与学生申诉制度，本节只对教师申诉制度和学生申诉制度作简单概述，在本章第四节将进行详细讲解。

1. 教师申诉制度

教师申诉制度是指教师在其合法权益受到侵害时，依照法律、法规的规定，向主管的申诉机关申诉理由，请求处理的制度。教师申诉制度是由《教师法》所确立的保障教师合法权益的法律救济制度。

教师申诉制度具有如下特征：教师申诉制度是一项法律规定的申诉制度；教师申诉制度是一项专门性的权利救济制度；教师申诉制度是非诉讼意义上的行政申诉制度。

2. 学生申诉制度

学生申诉制度是指学生在其合法权益受到侵害时，依照法律规定，向有关部门申诉理由，请求处理的制度。学生申诉制度是由《教育法》所确立的保障学生合法权益的法律救济制度。相对于其他形式的诉讼制度，学生申诉制度具有如下特征：学生申诉制度是受《教育法》保护的法定的申诉制度；学生申诉制度是特定的权利救济制度；学生申诉制度与教师申诉制度一样，是一项非诉讼意义上的申诉制度。

（二）校内听证制度

1. 校内听证制度的含义

听证，也称听取意见，是行政机关在作出影响行政相对人合法权益的决定前，由行政机关告知决定理由和听证权利，由行政相对人表达意见、提供证据以及行政机关听取意见、接纳证据等程序所构成的一项法律制度。我国《行政处罚法》规定，行政机关在依法实施行政处罚过程中，在作出决定前，要由非本案调查人员主持，听取调查人员提出当事人违法的事实、证据和行政处罚建议与法律依据，并听取当事人的陈述、举证、质证和申辩及意见的程序活动。《行政许可法》中规定，相关法律、法规、规章规定实施行政许可应当听证的事项，或者行政机关认为需要听证的其他涉及公共利益的重大行政许可事项，行政机关应当向社会公告，并举行听证。听证已成为当今世界各法治国家行政程序法的一项共同的、极其重要的制度，其发展顺应了现代社会立法、执法的民主化趋势，也体现了管理方式的不断进步。

校内听证制度是学生或者教师在学校作出影响其合法权益的决定前，由学校告知其决定理由和听证权利，由学生或教师表达意见、提供证据，以及学校听取意见、接纳证据等程序所构成的法律制度。

学校设立听证制度是为了依法对学校事务作出决策，及时了解家长、学生的需求，让家长、学生了解学校的情况，并以最快的速度回应家长、学生中的热点问题，更好地寻求家校合作解决问题的方式和方法。学校听证的内容包括：学校收费问题、学校课程设置问题、学生奖惩问题、学校的远景规划等。

2. 建立学校听证制度的意义

（1）有利于规范学校管理，提高学校决策的科学性和民主性。

学校听证制度的核心在于申辩和倾听。通过听证，在作出对学生不利的决定时，给学生提供一个辩解的平台，使学校能更好地倾听他们的心声，有利于学生畅所欲言，发扬民主。学校行政权具有权力的共性，即扩张性和侵犯性，虽然学生是学校的主体，但现在学校的决定往往只是学校最高层的内部决定，很少能够参考学生的意见。通过听证，可使学校的管理更加透明、公正。

（2）有利于保护学生的合法权益，实现以人为本的管理理念。

听证制度体现的是程序正当，学校管理通过适用听证制度实现正当程序。对于影响学生的重大决定适用听证来保障学生的合法权益，做到以人为本。

三、行政救济

行政救济，是指行政管理相对方依法向相关国家行政机关请求对行政主体的行政违法行为或不当的具体行政行为进行纠正、承担责任或进行补偿的救济方式。主要包括行政申诉、行政复议等方式。

（一）行政申诉

教育申诉制度是指相对人在其合法权益受到损害时，向国家权力机关申诉理由，请求处理或重新处理的制度。教育申诉制度包括诉讼性质的申诉制度和非诉讼性质的诉讼制度。诉讼性质的申诉制度我们将在本节“司法救济”部分详细讲解。

非诉讼性质的申诉制度主要指学生、教师或一般人的合法权益受到损害时，按照法定程序向做出具体行政行为的教育行政机关的上一级行政机关或其设置的专门机构申诉。因为教师与学生往往处于弱势地位，所以非诉讼性质的教育申诉比较多的是教师的申诉和学生的申诉，这部分内容将在本章第四节详细讲解。

（二）行政复议

行政复议是一项重要的行政法律救济制度。行政复议是指公民、法人或者其他组织认为行政机关的具体行政行为侵犯其合法权益，依法向上级行政机关或者法律规定的待定机关提出申请，是由受理申请的行政机关对该具体行政行为的合法性和适当性依法进行审查并作出决定的法律制度。

行政复议作为一种独特的解决行政争议的制度，具有如下特征：行政复议机关为行政机关；行政复议的申请人和被申请人具有特定性；除法律规定以外，行政复议决定不是终局决定；行政复议审查内容广泛；行政复议兼具救济和监督两种性质。

行政复议必须依照法定程序进行。行政复议程序可划分为申请、受理、审理、决定和执行几个阶段。

1. 申请

公民、法人或者其他组织认为行政机关的具体行政行为侵犯了其合法权益时，可以在法定期限内向有管辖权的行政机关申请复议。申请的期限为自知道该具体行政行为之日起 60 日内，但法律规定的申请期限超过 60 日的除外。

2. 受理

复议机关在收到申请书之后，应当自收到申请书之日起 5 日内对复议申请进行审查，对于符合规定条件的，应当受理；对于符合规定，但是不属于该机关受理的行政复议申请，应当告知申请人向有关行政复议机关提出。

3. 审理

审理是行政复议的中心阶段。案件受理后，行政复议机关应当在受理之日起 7 日内将复议申请书副本或者行政复议申请笔录复印件发送被申请人。被申请人应当自收到申请书副本或申请笔录复印件之日起 10 日内，提出书面答复，并提交当初做出具体行政行为的证据、依据和其他有关材料。

4. 决定

行政复议机关对案件进行审理后，在判明具体行为的合法性、适当性的基础上，要作出相应的裁决。复议的决定包括：维持决定，补正决定，履行职责决定，撤销、变更决定，行政赔偿决定。

5. 执行

复议机关作出的决定，一经送达即发生法律效力，被申请人应当履行行政复议的决定。

四、司法救济

司法救济渠道，即诉讼救济渠道，是指通过民事诉讼、行政诉讼和刑事诉讼的方式，使权益受到损害者损害的合法权益得到救济。我国的《民事诉讼法》《行政诉讼法》和《刑事诉讼法》对各类诉讼案件的受案范围、起诉条件、审理程序等诸多事项作了具体规定，权益受害人可根据损害的性质、程度选择不同的诉讼方式，以便获得法律救济。

（一）民事诉讼

民事诉讼是基于当事人的申请，由人民法院行使审判权，当事人行使诉讼权，并在其他诉讼参与人的参加下，解决民事纠纷，保护民事权益而进行的全部活动，以及由此而产生的各种关系的总和。民事诉讼具有如下特征：民事诉讼的诉讼标的是发生争议的民事法律关系；民事诉讼的诉讼主体不仅包括当事人，也包括法院和检察院；民事诉讼是分阶段、按顺序进行的；民事诉讼活动必须严格依法进行。

（二）行政诉讼

行政诉讼是指公民、法人或者其他组织认为国家行政机关和行政机关工作人员的具体行政行为侵犯其合法权益，向人民法院提起诉讼，由人民法院进行审理并作出裁决的活动。行政诉讼具有如下特征：行政诉讼的当事人是特定的，其诉讼地位是不能互换的；行政诉讼的内容是要解决行政争议；行政诉讼的举证责任由被告承担；行政诉讼不适用于调解；在诉讼期间，不停止具体行政行为的执行。

（三）刑事诉讼

刑事诉讼是指公安机关、人民检察院、人民法院在当事人及其他诉讼参与人的参加下，依照法律规定的程序和要求揭露犯罪、证实犯罪和惩罚犯罪的活动。刑事诉讼具有如下特征：刑事诉讼是公、检、法机关代表国家进行的一种活动；刑事诉讼是公、检、法机关行使国家刑罚权的活动；刑事诉讼是严格依照法定程序进行的活动；刑事诉讼是在当事人和其他诉讼参与人的参加下进行的活动。

典型案例 8－2

“宪法司法化”第一案

某年，原告齐某与被告之一陈某都是山东某市第八中学的初中学生，都参加了中等专科学校的预选考试。陈某在预选考试中成绩不合格，失去继续参加统一招生考试的资格。而齐某通过预选考试后，又在当年的统一招生考试中取得了超过委培生录取分数线的成绩。山东省某商业学校给齐某发出录取通知书，由该市八中转交。陈某从八中领取齐某的录取通知书，并在其父亲陈某的策划下，运用各种手段，以齐某的名义到该商校就读，直至毕业。毕业后，陈某仍然使用齐某的姓名，在中国银行某支行工作。齐某发现陈某冒用其姓名后，向山东省某市中级人民法院提起民事诉讼，被告为陈某、陈某的父亲、该商业学校、该市八中和山东该市教委。原告诉称：由于各被告共同弄虚作假，促成被告陈某冒用原告的姓名进入该商业学校学习，致使原告的姓名权、受教育权以及其他相关权益被侵犯。请求法院判令被告停止侵害、赔礼道歉，并赔偿原告经济损失16万元，精神损失40万元。

该市中级人民法院经过一审认定后，判决如下：①被告陈某停止对原告齐某姓名权的侵害；②被告陈某、陈某的父亲、该商业学校、该市八中、该市教委向原告齐某赔礼道歉；③原告齐某支付的律师代理费825元，由被告陈某负担，被告陈某的父亲、该商业学校、该市八中、该市教委对此负连带责任；④原告齐某的精神损失费35 000元，由被告陈某、陈某的父亲各负担5 000元，该商业学校负担15 000元，该市八中负担6 000元，该市教委负担4 000元；⑤驳回原告齐某的其他诉讼请求。

一审判决作出后，齐某向山东省高级人民法院提起上诉，除了对精神损害赔偿的标准提出异议以外，主要是提出证据表明自己并未放弃受教育权，被上诉人确实共同侵犯了自己受教育的权利，使自己丧失了一系列相关利益。据此请求二审法院判决。

山东省高级人民法院在审理过程中认为，这个案件存在适用法律方面的疑难问题，因此依照《中华人民共和国人民法院组织法》第三十二条的规定，报请最高人民法院进行解释。最高人民法院经过研究后，最终决定如下："原审判决认定被上诉人陈某等侵犯了上诉人齐某的姓名权，判决其承担相应的民事责任，是正确的。但原审判决认定齐某放弃接受委培教育，缺乏事实根据。齐某要求各被上诉人承担侵犯其受教育权的责任，理由正当，应予支持。"

学习活动

通过在课上对"典型案例8－2"的了解与分析，在课下试搜集其他的相关案例，并通过小组合作讨论，试分析教育法律救济在现实中的作用，撰写一篇小论文。

第四节　教育申诉制度

一、教育申诉制度概述

申诉通常是指公民在其合法权益受到损害时，向国家机关申诉理由，请求救济的制度。

它是保障我国宪法赋予公民的申诉权利的一项制度。申诉权是我国宪法赋予公民的基本权利。为保障这项权利的行使，我国现行法律和政策设置了多项申诉制度，从其是否诉讼的角度看，可以分为诉讼上的申诉制度和非诉讼上的申诉制度。

诉讼上的申诉专指人民法院受理的申诉，是指刑事、民事、行政诉讼当事人或其他公民认为对已经发生法律效力的判决或裁定有错误时，依法向人民法院或人民检察院提出申诉，请求重新处理的制度。非诉讼上的申诉是指公民对行政处罚或党纪、政纪处分不服，向有关机关、组织、单位提出申请，请求复查和裁决的行为。非诉讼上的申诉范围比较广，教育法、教师法规定的教师申诉制度和受教育者的申诉制度就是非诉讼上的申诉制度。要了解教育申诉制度的概念，我们需要把握以下两个方面的内容。

（一）教育申诉制度的含义

教育申诉制度，是指作为教育法律关系主体的个体及教育行政相对人，对学校或其他教育机构及有关政府部门作出的处理不服，或其合法权益受到侵害时，向有关教育行政部门或其他政府部门申诉理由，请求重新作出处理的制度。我国现行法律和政策设置了多项申诉制度，从其是否诉讼的角度看，可分为诉讼上的申诉制度和非诉讼上的申诉制度两大类。教育申诉制度是我国教育法律法规所确定的非诉讼救济途径。

（二）教育申诉制度的特征

教育申诉制度有别于诉讼法上的申诉制度，根据现行的立法规范与实践运作状况，教育申诉制度具有如下特征：

1. 教育申诉制度是一项法定的申诉制度

教育申诉制度的确立首先是基于公民宪法上的申诉权，是宪法赋予公民的申诉权在教育领域的具体体现。同时，教育申诉制度是我国相关法律法规所明确规范和确认的一项法定制度。《教师法》规定："教师对学校或者其他教育机构侵犯其合法权益的，或者对学校或者其他教育机构作出的处理不服的，可以向教育行政部门提出申诉，教育行政部门应当在接到申诉的三十日内，作出处理。"《教育法》规定：学生享有"对学校给予的处分不服向有关部门提出申诉，对学校、教师侵犯其人身权、财产权等合法权益，提出申诉或者依法提起诉讼的权利"。这些相关的立法为教育申诉制度的确立提供了法律依据。教育申诉制度的法定性，使其具有确定性和严肃性。教育行政部门和政府机关必须依法在规定的期限内对教育申诉作出处理决定，使行政相对人的合法权益得到保障。同时，学校及其他教育机构对上级行政机关作出的处理决定负有执行的义务，否则即应承担相应的法律责任。

2. 教育申诉制度是一项专门的权利救济制度

教育申诉制度是一项专门为行政相对人设定的权利救济制度，其目的和实质在于补救和维护教师和学生的合法权益。"无救济则无权利""救济胜于权利本身"是现代法治的基本理念。教育申诉制度的建立，有着其特殊的立法背景：一方面体现了立法者认为学校具有准公权机构的色彩；另一方面，更体现了在科教兴国的大背景下，国家对学生、教师权益保护的特别重视。教育申诉权表达了一个关于程序公正的基本思想：对于由学校或相关行政机关作出的决定，当事人应当有申请其他部门进行重新审查的机会。从实体结果的公正性来看，教育申诉权的确立能促使学校或相关行政机关理性、审慎地行使权力并尽可能地作出准确公正的决定。法治精神不仅体现在权利的事前宣示上，还应体现在权利的事后救济上。因此，完善教育申诉制度是推进依法治校、体现人文关怀、保障教育行政相对人合法权益不可或缺的重要举措。

3. 教育申诉制度是一项行政意义上的申诉制度

教育申诉不是通过司法机关的诉讼程序进行的，不具有诉讼的性质。《关于〈中华人民共和国教师法〉若干问题的实施意见》规定："教师对学校或者其他教育机构提出的申诉，由其所在区域的主管教育行政部门受理。省、市、县教育行政部门或者主管部门应当确定相应的职能机构或者专门人员，依法办理教师申诉案件。"《普通高等学校学生管理规定》规定："学校应当成立学生申诉处理委员会，受理学生对取消入学资格、退学处理或者违规、违纪处分的申诉。"从上述规定可以看出，受理教师申诉的机构是主管教育行政部门或是政府部门，毋庸置疑，这种申诉性质是行政性的；受理学生申诉的机构是"学生申诉委员会"，而"学生申诉委员会"与高等学校之间是一种权力上的委托关系。学校作为公务法人，其处理决定具有准行政的效力。因此，教育行政申诉制度是由学校、教育行政主管部门或政府部门在其职权范围内依法对教师、学生的申诉作出行政处理的制度，是按照行政程序进行的，其处理决定具有行政效力。因此，教育申诉制度是一项行政意义上的申诉制度。

二、教师申诉制度

（一）教师申诉制度的含义与特征

所谓教师申诉制度，是指教师在其合法权益受到侵犯时，依照法律、法规的规定，向主管的行政机关申诉理由、请求处理的制度。《教师法》第三十九条规定："教师对学校或者其他教育机构侵犯其合法权益的，或者对学校或者其他教育机构作出的处理不服的，可以向教育行政部门提出申诉，教育行政部门应当在接到申诉的三十日内，作出处理。教师认为当地人民政府有关行政部门侵犯其根据本法规定享有的权利的，可以向同级人民政府或者上一级人民政府有关部门提出申诉，同级人民政府或者上一级人民政府有关部门应当作出处理。"因此，教师申诉制度是一项专门保护教师权益的法律制度。

相对于其他形式的申诉制度，教师申诉制度具有如下特征：

1. 法定性

《教师法》明确规定了教师申诉的程序，各级人民政府及其有关部门必须依法在规定的期限内对教师的申诉作出处理决定，使教师的合法权益及时得到保护。学校及其他教育机构、有关部门对上级行政机关作出的处理决定，负有执行的义务，否则即应承担相应的法律责任。《教师法》的这些规定，使教师申诉制度具有明确的法定性。

2. 特定性

教师申诉制度是在宪法赋予公民享有申诉权利的基础上，将教师这一特定专业人员的申诉权利具体化的法律制度。根据《教师法》的规定，教师申诉制度的主体是特定的，被申诉的主体是特定的，受理申诉的主体是特定的，处理申诉的主体和日期也是特定的。教师申诉制度的特定性，有利于保障教师的合法权益。

3. 非诉讼性

教师申诉制度有别于诉讼法上的申诉制度。诉讼法上的申诉制度是公民对司法机关已经发生法律效力的判决、裁定不服，而向法院或检察院提出申诉，请求再审的制度。而教师申诉制度是由行政机关依法对教师的申诉，根据法定行政职权和程序作出行政处理决定的制度。这种行政处理决定具有行政法上的效力，它与诉讼法上的申诉制度性质不同。

（二）教师申诉制度的范围

根据《教师法》的规定，教师申述的范围包括：

（1）教师认为学校或其他教育机构侵犯其《教师法》规定享有的合法权益的，可以提起申诉。这里的合法权益，包括《教师法》规定的教师在职务聘任、教学科研、工作条件、民主管理、培训进修、考核奖惩、工资福利待遇、退休等方面的各项权益。只要教师认为自己的上述权益受到侵犯，都可以提起申诉。

（2）教师对学校或其他教育机构作出的处理决定不服的，可以提出申诉。当教师主观上对学校或其他教育机构作出的处理决定表示不服的，可以提起申诉。

（3）教师认为当地人民政府的有关行政部门侵犯其根据《教师法》规定享有的合法权益的，可以提起申诉。

（三）教师申诉的受理机关

教师申诉的受理机关因被申诉人的不同而不同。教师如果是对学校或其他教育机构提起申诉，受理申诉的机关为主管的教育部门；如果是对当地人民政府的有关行政部门提起申诉，受理申诉的机关可以是同级人民政府或者上一级人民政府相应的行政主管部门。在这里需要注意的事，教师提起申诉是向行政机关提起申诉，而不是向行政部门的个人提起申诉。

（四）教师申诉的程序

典型案例 8－3

某大学教职工校内申诉事件

2011 年 5 月，某大学教职工申诉处理委员会受理了教师张某诉学院“2011 年校级优秀教学成果奖”评选侵害其权益一事。按照《教职工申诉处理工作程序》规定，申诉处理委员会对张某申诉事项的处理经过三个阶段：调查，调解，召开申诉处理委员会会议作出裁决。

调查和调解。由于申诉处理委员会（简称“申委”）隶属于教代会，办公室设在校工会，所以前期大部分工作都由校工会人员完成。本案中，校工会人员多次到被申诉学院调查了解情况，并到校级优秀教学成果奖评选的主管部门——教务处了解相关政策规定。学院和教务处先后向“申委”提交了书面回复材料。

经调查，学院表示，在“2011 年校级优秀教学成果奖”评选中，确实存在“瑕疵”，即评委中有个别人参加了本次教学成果奖的申报评比，没有完全回避，申诉人反映的问题部分存在。在教务处的指导下，6 月 3 日，学院召开了由该院副教授及以上职称共 21 名骨干教师组成的教学委员会扩大会议，对学院 2011 年 3 月推荐参评校级教学成果奖的 8 份材料进行了复议，复议的结果虽与上次有所变化，但教师张某的项目仍未被评选上。针对复议过程与结果，6 月 5 日，张某再次向“申委”提出申诉，认为学院教学委员会扩大会议上“未让其个人发言陈述”等程序不当，导致申诉人项目仍然未被选上，并提出申诉请求：要求学校重新组织专家进行评审。“申委”对双方意见进行再次调解，无效。

学校召开申诉处理委员会会议作出裁决。9 月 15 日，“申委”向双方送达了《关于召开教职工申诉处理委员会会议的通知》，于 9 月 23 日召开申诉处理委员会会议对申诉事项进行裁决。在听证环节，教师张某与被申诉方某学院代表就申诉中的焦点问题进行了充分的辩论。经过合议，“申委”委员认为，学院召开教学委员会扩大会议进行复议，过程公开透明，程序符合相关规定，最终，“申委”全体委员通过投票作出裁决，即“不支持申诉人张某‘要求学校重新组织专家进行评审’的申诉请求”。

通过申诉处理的一系列法定程序，申诉人张某的诉求得到了充分表达，合法权益得到了尊重。特别是第一次诉求，学院承认了自己工作中“有瑕疵”，召开了教学委员会扩大会议重新进行“复议”。虽然其第二次申诉的请求并未得到支持，但对“申委”的决定张某表示支持和认可，学院的优秀教学成果评选工作得以顺利进行。

从上述案例可以看出，本案是教师申诉的典型案例，在具体的学校教育活动中，教师经过合法合理的申诉程序，可以维护自己的合法权益。因此，教师申诉的程序主要遵循申诉的提出、申诉的受理和申诉的处理三个环节依次进行。

1. 申诉的提出

教师提出申诉必须符合下列条件：第一，符合法定申诉范围；第二，有明确的理由和请求；第三，以法定形式提出。教师申诉应当以书面形式向受理机关送交申诉书。申诉书应当写明的内容有：①申诉人的基本情况，如姓名、性别、年龄、职称等；②被申诉人的基本情况，如名称、单位性质、地址、法定代理人的姓名、职务等；③申诉请求，写明申诉人的具体申诉要求；④申诉理由，写明受侵害的事实依据，或不服被申诉人的处理决定的事实依据，同时写明纠正被申诉人的错误决定或侵权补救的办法的依据；提供所需要的相关物证的原件或复印件等。

2. 申诉的受理

在对教师申诉的受理上，主管教育行政部门接到申诉书后，要对申诉人的资格和申诉条件进行认真审查，并就不同情况作出相应处理：对于符合申诉条件的应予以受理；对于不符合申诉条件的，可以答复申诉人不予受理；如果申诉书未说清理由和要求时，应要求申诉人重新提交申诉书。

3. 申诉的处理

受理机关对于受理的申诉案件，在进行调查研究、全面核查的基础上，应区别不同情况，分别作出处理决定。一是对被申诉人的行为或决定符合法定权限和程序，没有不当的，可以维持原处理结果；二是对被申诉人没有按照法律法规行事的，其行为构成了对申诉人的侵权或其决定不当，就需要变更原处理决定，可责令限期改正；三是被申诉人的行为违反法律法规的，就要撤销其原处理结果。

教育行政部门应当在接到申诉书的次日起 30 日内，作出处理。逾期未作处理或者久拖不决的，若申诉内容涉及人身权、财产权及其他属于行政复议、行政诉讼受案范围的，申诉人可依法提起行政复议或行政诉讼。受理机关作出申诉处理决定后，应将处理决定书发送当事人。申诉处理决定书自送达之日起生效。如果申诉当事人对处理决定不服，可以向原处理机关隶属的人民政府申请复核或依法提起行政复议或行政诉讼。

思考题

何为教师申诉制度？它与教师权利有何关系？结合你所在地区或学校的工作实际，说说当前应从哪些方面推进教师申诉制度的发展。

三、学生申诉制度

（一）学生申诉制度的含义和特征

学生申诉制度，是指学生在其合法权益受到学校或教育行政机关的侵害时，依法向主管的行政机关申诉理由，请求处理的制度。学生申诉制度作为一项特殊的申诉制度，具有如下特征：

1. 法定性

《教育法》第四十三条规定了受教育者的权利，其中第四款规定：“对学校给予的处分不服向有关部门提出申诉，对学校、教师侵犯其人身权、财产权等合法权益，提出申诉或者依法提起诉讼。”所以学生申诉制度是我国教育基本法所规定的，受我国法律的保护。

2. 特定性

学生申诉制度是一项特殊的权利救济制度。学生申诉制度的目的和实质在于保护和补救学生的合法权益。学生的受教育权、公正评价权、隐私权等多项权利可能会因教师或学生的不正当处理受到侵害，如开除、体罚等。由于处于相对人地位和未成年人的特殊身份，学生对这些不当侵害既不能采取不履行的方式来补救合法权益，又不能采取强制手段制止或纠正校方或教师的侵权行为，所以，学生只能运用法定的申诉制度来保护自己的合法权益。

3. 非诉讼性

学生申诉制度是一种非诉讼性的申诉制度。学生申诉主要发生在教育领域之中，是因学校或相关单位作出的处分或决定致使学生认为侵害了其合法权益而提出的申诉，不是诉讼方面的申诉，其申诉内容、程序、条件都是非诉讼性的。

（二）学生申诉的条件

学生申诉的条件可以分为四个方面：一是本人或监护人认为学校或教育行政机关、相关部门的具体行为或处分侵害了学生本人的合法权益，这是一个主要条件，要求说明侵害事实或不良影响，不能歪曲、捏造事实。二是合法权益所受的侵害在教育法律法规规定的范围内。三是找对的被申诉人，即找准权益侵害的实施方。学生申诉制度的被申诉人，一般是指学生所在的学校或者其他教育机构、学校工作人员以及教师。这里包括两层含义：首先是学生对学校或其他教育机构按照学生规定给予的处分不服提出申诉，其被申诉人只限于学校或其他教育机构；其次是当学校或其他教育机构、学校工作人员、教师侵犯学生人身权、财产权等合法权益时，这些侵权主体都可以作为被申诉人。四是要遵循一定的法定程序。学生的申诉要由规定人员在规定的时间和阶段，按照规定的步骤和方法，有秩序地进行。

（三）学生申诉的范围

学生申诉的范围比较宽，一般涉及较多的是学生的受教育权、人身权、财产权、知识产权等各项合法权益受到侵害的申诉，这对维护学生在学校或其他教育机构中的合法权益是十分有利的。依据《教育法》《学生违纪处分条例》等法律、法规的规定，学生申诉的范围有如下几种：

（1）学生对学校作出的各种处分不服，这些处分包括警告、严重警告、记过、留校察看、勒令退学、开除学籍等，可以提出申诉。

（2）学生对学校或教师侵犯其人身权，如在教育活动中对其进行体罚或变相体罚，限制其人身自由权等，可以提出申诉。

（3）学生对学校或教师侵犯其财产权，如非法乱收费、乱摊派、乱罚款，非法没收其财物，强迫其购买非必需教学物品等，可以提出申诉。

（4）学生对学校或教师侵犯其知识产权，如教师剽窃学生的著作权、发明权或其他科技成果权，学校强行将学生的知识产权收归学校等，可以提出申诉。

（5）学生的其他合法权益受到侵害的，如学校或教师私拆学生信件导致不良后果的，未经过一定程序随便剥夺学生荣誉称号等，可以提出申诉。

（四）学生申诉的程序

典型案例 8－4

学生不服开除学籍处分申诉案

申诉人刘某，系某大学体育学院学生，犯盗窃罪，被判处有期徒刑三年，缓刑四年，并处罚金 20 000 元。刘某不服《××大学关于给予刘某同学开除学籍处分的决定》，向该大学本科学生申诉处理委员会提起申诉，申诉人称，学校给予他的开除学籍处分处理不当，量裁过重，在校期间他代表学校参加 2006 年大学生运动会并获奖，曾为学校的荣誉添砖加瓦，请求撤销《××大学关于给予刘某同学开除学籍处分的决定》，保留学籍。

该某大学本科学生申诉处理委员会于 2007 年 10 月 30 日召开学生申诉处理委员会裁决会，审查了申诉人的申诉。经过调查及对相关材料的认真审查，并听取了申诉人和学校相关职能部门的当面陈述后，经表决认为：

申诉人刘某提出的“处理不当，裁量过重”的申诉理由不成立。申诉处理委员认为：整个处理过程得当，适用法律及相关规定正确，裁量适度。至于申诉人提出的“申诉人在校期间代表学校参加 2006 年大学生运动会并获奖，曾为学校的荣誉添砖加瓦”的申诉理由，申诉委员会认为：功与过不能混为一体，不能以功代过。根据《普通高等学校学生管理规定》第六十二条和《××大学学生申诉办法》第七条之规定，申诉处理委员会裁决如下：

《××大学关于给予刘某同学开除学籍处分的决定》制定程序合法，认定事实清楚，证据充分，适用法律及相关规定正确。维持《××大学关于给予刘某同学开除学籍处分的决定》。

该案例整个处理过程得当，适用法律及相关规定正确，量裁适度，学校适用了《普通高校学校学生管理规定》第五十四条：“学生有下列情形之一，学校可以给予开除学籍处分：……（二）触犯国家法律，构成刑事犯罪的……”

通过上述案例可以看出，与教师申诉制度一样，学生申诉的程序同样由申诉的提出、申诉的受理和申诉的处理三个基本环节组成。

1. 申诉的提出

提出申诉可以以口头或书面两种形式。以口头形式提出的申诉要讲明被申诉人的状况，申诉的理由和事件发生的基本事实经过，最后提出申诉的要求。以书面形式提出的申诉要求载明申诉人的姓名、年龄、住址和与被申诉者的关系等；写明被申诉者的名称、地址、法定代表人的姓名、性别、职务等；写明申诉要求，即写明申诉人对被申诉者因侵犯其合法权益不服处理决定或对某个具体行为的实施，要求受理机关重新处理或撤销决定的具体要求；申诉理由和事实经过，要求写明被申诉者侵害申诉人合法权益的事实经过、处理或行为决定的事实与法律政策依据，并陈述理由。

2. 申诉的受理

主管机关接到学生的口头或书面申诉后，可以依据具体情况，经审查后作出不同的处理决定。对属于自己主管的，予以受理；对于不属于自己主管的，告知学生向其他部门申诉或驳回申诉；对于虽属于本部门主管，但不符合申诉条件的，告知学生不能申诉；对于未说明申诉理由和要求的，可要求其再次说明或重新提交申诉书。主管机关对于口头申诉应在当时或规定时间内作出是否受理的答复；对于书面申诉则应在规定的时间内给予是否受理的正式通知，各个学校都应对申诉的受理时间限制作出明确规定，一般以 5 ~ 30 天为宜。

3. 申诉的处理

对申诉的处理，如果主管机关对申诉进行受理，则应该对事件进行调查核实，根据不同情况作出不同处理：

（1）如果学校、教师或其他教育机构的行为或处分决定符合法定权限或程序，适用法律规定正确，事实清楚，可以维持原来的处分决定和结果。

（2）如果处分决定违反相关的法律法规规定，侵害申诉人的合法权益，可以撤销原处分决定或责令被申诉者限期改正。

（3）具体处分决定或具体行为决定的一部分适用法律、法规、规章错误或事实不清的，可责令退回原机关重新处理或部分撤销原决定。

（4）处分决定所依据的规章制度或校规校纪与法律、法规及其他规范性文件相抵触的，可撤销原处理决定。

（5）如果是对侵犯人身权、财产权等进行申诉，学生对申诉处理结果不服的，可依法向人民法院起诉。

学习活动

通过对本节的学习，结合你所在地区或学校的工作实际，思考我国教育申诉制度存在的问题及其完善对策，并撰写一篇研究性论文。

第五节　校园伤害事故的处理

一、校园伤害事故的背景

学生时代是人的一生中最美好的时期之一，学生赖以生活的主要场所——校园，是培育学生健康成长的“神圣殿堂”，应当安全静谧，充满朝气和欢乐。然而，由于受自然、社会及其他多种因素的影响，近几年，校园伤害事故频繁发生，使得学习和生活在“神圣殿堂”里的学生的安全受到了严重的威胁。

导致学生伤害的原因比较复杂，集中体现在两个方面：一是学校管理和设施以及社会环境存在严重的安全隐患；二是学生缺乏一定的安全知识和自我保护能力。近年来，随着学校改革的深化和发展的加快，学校的办学形式和办学环境发生了根本性变化，这一方面为学生的健康成长提供了更为广阔的空间，但另一方面也给学校带来了一些冲击和影响，学校不安定因素有所增加，学生安全方面出现了新的情况和问题，导致校园恶性伤亡事故仍时有发生，且日益呈现出发生频率高、造成损失重、处理难度大等特点。

二、校园伤害事故的类型

校园伤害事故依不同的标准，可进行不同的分类。通过对事故类型的理性划分与归纳，对于正确界定学校与学生间的权利、义务和法律责任，判断各方当事人的过错程度，确立举证责任，探究事故原因，统一司法判决等，都具有重要意义。

分类方法主要有以下几种：

（1）以事故发生的地点为标准，可分为校内事故和校外事故。校内事故指发生在校园内的事故，包括发生在课堂上的事故和发生在课余时间的事故。发生在课堂上的事故多由于教师教学方法不当所致。如实验课教师未告知学生实验操作规程而导致学生发生伤害的事故；体育课教师未告知学生标枪、铅球、双杠等体育用品设施的正确使用方法而导致学生发生伤害的事故；教师对学生进行体罚导致学生发生伤害的事故；等等。发生在课余时间的学生伤害事故，主要由学生相互嬉闹，参加竞技性、对抗性的体育竞赛或比赛所导致。校外事故指发生在校外的事故，主要发生在学校组织的春游、郊游、扫墓、参加校外比赛、联谊等实践性的校外教学活动中。

（2）以学校的责任承担程度为标准，既可分为学校直接责任事故（学校要承担主要甚至全部责任）、学校间接责任事故（学校承担相应责任或连带责任）、学校无过错责任事故（学校依法分担相应的民事责任）、学校无责任事故（学校不承担民事责任），也可划分为学校应负全部法律责任的事故、学校应负部分法律责任的事故、学校不负法律责任的事故及应由学校有关工作人员负法律责任的事故等类型。

（3）以事故的表现形式为标准，可分为游戏型事故、恶作剧型事故和失职型事故等。游戏型事故是指学生在游戏时发生的伤害事故，致害人一般由于过失而致人伤害。恶作剧型事故是指致害人往往故意伤害别人，但由于年龄小，没有考虑其将会产生的后果。失职型事故往往和学校设备简陋或教师工作责任心不强有关。

（4）以事故的责任主体为标准，可分为学校责任事故、学生责任事故、其他相关人员责任事故和混合型责任事故等。这是目前我国法学界大多数学者的划分方法，其依据主要是

2002 年教育部对相关责任主体的责任规定。

第一，学校责任事故，是指由于学校的过错而造成的学生伤害事故，学校应依法承担相应的责任。主要包括以下情形：①学校的校舍、场地、其他公共设施，以及学校提供给学生使用的学具、教育教学设施和生活设施、设备不符合国家规定的标准，或者有明显的安全隐患的；②学校的安全保卫消防设施设备等安全管理制度有明显疏漏，或者管理混乱，存在重大隐患，而未及时采取措施的；③学校向学生提供的药品、食品、饮用水等不符合国家或者行业的有关标准、要求的；④学校组织学生参加教育教学活动或者校外活动，未对学生进行相应的安全教育，并未在可预见的范围内采取必要的安全措施的；⑤学校知道教师或者其他工作人员患有不适宜担任教育教学工作的疾病，但未采取必要措施的；⑥学校违反有关规定，组织或者安排未成年学生从事不适宜未成年人参加的劳动、体育运动或者其他活动的；⑦学生有特异体质或者特定疾病，不宜参加某种教育教学活动，学校知道或者应当知道，但未予以必要注意的；⑧学生在校期间突发疾病或者受到伤害，学校发现，但未根据实际情况及时采取相应措施，导致不良后果加重的；⑨学校教师或者其他工作人员体罚或者变相体罚学生，或者在履行职责过程中违反工作要求、操作规程、职业道德或者其他有关规定的；⑩学校教师或者其他工作人员在负有组织、管理未成年学生的职责期间，发现学生行为具有危险性，但未进行必要的管理、告诫或者制止的；⑪对未成年学生擅自离校等与学生人身安全直接相关的信息，学校发现或者知道，但未及时告知未成年学生的监护人，导致未成年学生因脱离监护人的保护而发生伤害的；⑫学校有未依法履行职责的其他情形的。

第二，学生责任事故，是指由于学生本人或未成年学生的监护人的过错造成的事故，应由学生或其监护人承担相应的责任。主要包括 5 种情形：①学生违反法律法规的规定、违反社会公共行为准则、学校的规章制度或者纪律，实施按其年龄和认识能力应当知道具有危险或者可能危及他人的行为的；②学生行为具有危险性，学校、教师已经告诫、纠正，但学生不听劝阻、拒不改正的；③学生或者其监护人知道学生有特异体质，或者患有特定疾病，但未告知学校的；④未成年学生的身体状况、行为、情绪等有异常情况，监护人知道或者已被学校告知，但未履行相应监护职责的；⑤学生或者未成年学生监护人有其他过错的。

第三，其他相关人员责任事故，是指因学校或学生以外的其他相关个人或组织的过错导致学生伤害事故的发生，应依法承担相应责任的过错。主要指提供场地、设备等经营者或学校以外的活动组织者的责任事故和学校教师、其他工作人员行使与职权无关的行为导致学生伤害事故，以及校外第三人致学生伤害的责任事故。

第四，混合型责任事故，是指由多方当事人的共同过错导致的学生伤害事故，各过错方应依过错程度承担相应的法律责任。《最高人民法院关于审理人身损害赔偿案件适用法律若干问题的解释》第七条第二款作了相关规定：“第三人侵权致未成年人遭受人身损害的，应当承担赔偿责任。学校、幼儿园等教育机构有过错的，应当承担相应的补充赔偿责任。”

该种划分方法从法律责任的角度对学生伤害事故进行划分，把握了不同学生伤害事故的特征区别，具有一定的合理性，但仍存在外延不周全的问题。

（5）按致害因素的不同划分为：①由于校园建筑物、设施缺陷引发的学生伤害事故。主要包括：建筑物倒塌所致学生死亡及损伤的事故和因教学仪器设备缺陷、操作不当所导致的学生死亡、致伤事故。②校园体育活动引发的学生伤害事故。主要包括：运动中猝死、损伤及致残的事故和运动后猝死、损伤及致残的事故。③学生之间相互伤害引起的学生伤害事故。主要包括：蓄意性殴打事故，激情性殴打所致的死亡、损伤事故和吸食管制性物品、饮酒所致的死亡、损伤事故。④校园学生欺凌或者暴力行为引发的学生伤害事故。主要包括：体罚、言语侮辱、强行搜查学生所引发的死亡、致伤事故。⑤校园性侵犯所致学生伤害事故。主要包括：学生遭强奸、猥亵、性侵犯后导致精神障碍。⑥校园内疾病发作、食物中毒引发的学生伤害事故。主要包括：疾病发作通知护送迟延、学校内治疗引发医疗纠纷和食物中毒。⑦外来人员引发的校园暴力伤害。主要包括：外来人员与学生在校区管辖范围引发的凌辱、损伤事故和外来人员进入校园侵害学生人身安全导致的死亡、致伤事故。⑧学校组织校外活动引发的学生死亡、致伤事故。主要包括：车祸、摔跌、溺水、迷失等。

三、校园伤害事故的处理

近年来，学生和家长因校园伤害事故而将学校告上法庭的事件屡见不鲜。其中，有些学校是因为在事故发生过程中存在过错而被判定承担责任，还有相当一部分学校是由于事故发生后的处理程序不当而被判定承担责任。更为重要的是校园伤害事故具有意外性、突发性、损失重大性等特点，它的发生无论是给学校带来的损失还是给受伤害学生带来的损失都是无法估计的。因此，学校要本着“以学生为本”的思想，除了加强校园伤害事故的预防工作外，还必须学会积极采取相应的对策来正确处理校园伤害事故，以减轻损害后果，减少学生和学校的损失，保证教育教学的顺利进行。

结合目前校园安全状况的实际，在学校的日常工作中，学校具体可以参照以下三个方面来应对已发生的校园伤害事故。

（一）事故现场的紧急处置

1. 预先制定事故处理预案，成立事故处理领导小组

学校在校园伤害事故中的归责原则为过错责任原则，也就是说对于学校而言，有过错就担责任，无过错则无责任。但即使学校对于伤害事故的发生并不存在过错，也有可能会因为对事故的处理和救治不及时，而承担过错责任。所以，学校对于校园伤害事故的现场紧急处置一定要加以重视，提前制定校园伤害事故处理预案，以备不测，并成立以校长为组长的校园伤害事故处理领导小组，负责处理事故。可下设谈判组、后勤保障组等，也可聘请具有丰富经验的律师作为谈判组成员提前介入。

2. 及时救治受伤学生，第一时间通知其家长或其他监护人

在发生学生伤害事故之后，校长应“靠前指挥”，亲临第一线领导，学校应当尽最大的

努力对受伤学生进行救治。对于伤势轻微的，可以由校医进行处理；对于伤势严重的，学校不具备救治条件的，应当及时采取有效措施，将其送往有条件救治的医院进行治疗。如果因为学校没有及时采取干预和救治措施而致使学生受到伤害或伤害程度加重的，则学校要承担相应的法律责任。如果伤害案件有可能涉及刑事责任，则学校要及时保护现场并向公安机关报案。

同时，要在第一时间通知伤者父母或其他监护人。但通知家长时应考虑家长的心理承受能力，仔细研究通报的方式、通报的措辞，让家长有一个逐渐适应的过程。通报及时、措辞恰当，容易获得家长的理解。

3. 做好对受害学生家长和其他学生的安抚工作

在发生学生伤害事故之后，即使是未受到伤害的学生，一般也会因为惊吓导致情绪紧张、恐慌，此时学校应当通过班主任、心理教师等人员及时对其他学生进行安抚，使其情绪尽快平静。同时指定专人专门与受伤学生家长进行沟通，提高办事效率，让受害学生家长感受到学校领导的重视，为日后事故的妥善处理打下好的基础。独生子女出了事，家长情绪激动，说话不讲道理，甚至动手动脚也是在情理之中的。学校处理事故的领导应体谅家长的心情，设身处地地为家长着想，让其适当地发泄一下情绪，然后晓之以法、动之以情，使之静下心来，理智地思考问题。

4. 注意事态发展，郑重对待承诺

在校园事故的处理过程中，学校领导及相关人员应密切注意事态的发展，要防止因校方过分软弱而导致家长无理取闹，要防止新的伤害发生，要注意保护好与伤害事故有关的教师、学生，避免事态的进一步扩大。

有的校长或教师遇到事情总想大事化小、小事化了，只要学生家长不大吵大闹、不影响学校的整体工作，认为做些承诺，花钱就可以息事宁人了。用合理的承诺来解决校园伤害事故是必要的，但是如何做出承诺就值得研究了。能做到的事情不妨事先承诺，以利事故的积极处理；做不到的事情，就不能随意承诺。轻易承诺无法兑现的要求，会给事故的处理带来难以消除的后遗症。

（二）及时向有关部门报告，注意保护现场

学校应当建立健全校园伤害事故的报告制度，以便将本校发生的严重学生伤害事故及时向教育行政主管部门报告，以便教育行政部门及时掌握有关的情况，对事故处理作出统筹安排，并协助学校做好善后工作。立即上报主管部门的形式有：电话上报、文字上报。有些教师觉得事情不大，不想惊动领导，当问题严重了，自己处理不了时才向领导报告。及时向领导报告，实际上是使领导共同分担责任，也有利于问题的妥善、有效处理。另外，如果该学生伤害事故的责任人已触犯刑律，构成犯罪的，学校应当及时向公安机关或检察机关报告，以便有关部门立案侦查。切不能因为顾及学校的名誉等因素而隐瞒不报，对于知情不报的，应当追究有关学校责任人的法律责任，甚至刑事责任。发生学生伤害事故后，学校应根据事

故的性质，同时向有关行政主管部门报告，并积极配合有关部门对事故的调查和处理。

值得指出的是，学校发生了意外事故后，师生员工往往忙于抢救受伤的学生，而顾不上考虑现场的保护问题。实际上，应在保证抢救受伤学生的前提下尽可能地保护好现场，最好请派出所或其他有关部门到场取证，以便日后处理的时候有旁证材料。千万不能为了推卸责任而破坏现场，甚至伪造现场。

（三）调查取证，做好证据收集工作

在校园伤害事故发生之后，一般随之而来的就是关于事故赔偿的法律纠纷。在司法实践中，人们常说“打官司就是打证据”，在案件的审理过程中，法官判案的依据是本案证据所能证明的事实。所以掌握确实、充分、有利的证据是学校在日后诉讼中胜诉的重要保障。学校应当重视各种证据的收集工作。对于较大的校园伤害事故，学校应当成立专门的调查小组对事故发生的原因和过程进行调查，并做好证据收集工作，包括人证、物证和当事人陈述等。

我国《民事诉讼法》将证据分为书证、物证、视听资料、证人证言、当事人陈述、鉴定结论和勘验笔录等七种。调查取证的目的有二：一是为解决纠纷提供第一手证据；二是使当事人各方对自己是否要承担责任、要承担多大的责任有一个大致的了解。学校调查取证过程应该坚持公开、公平、公正的原则，并让当事人各方参与调查取证的全过程。

1. 调查取证应当及时

因为证据本身具有的一些特点，很多物证如果不及时收集，日后便很难得到，而且因为主观方面的原因，学校如果不及时收集有关目击者、知情人的口供，日后再去收集时会遇到很大的麻烦。例如某校在一起学生伤害事故发生几个月后收到法院传票，在诉讼过程中，学校请求某位刚刚从该校毕业的学生作证，遭到该学生的拒绝。如果该校在事故发生后马上收集该学生的证人证言，其拒绝作证的可能性就很小了。

2. 调查取证应当合法

首先，收集证据的手段要合法。例如学校对知情学生以不准上学等相威胁，要求其提供有利于学校的证言，这不仅侵犯学生的受教育权，而且在日后的诉讼中也有可能使对方当事人对该学生证言的可信性提出质疑，使该证言的证明力降低。其次，有的学校为了胜诉，提供了一些伪证，这更是要不得的，相关责任人也会因此承担相应的法律责任。

3. 调查取证应当严谨

对于各种证据，要尽可能地多收集，以备在日后选用。另外，在收集证人证言时，一定要让证人在证言上签字，也可以利用录音等手段进行记录。确有必要时，可以聘请律师协助收集证据，并邀请公证机关对人证、物证加以公证，以增强证据的效力。

（四）做好受伤学生的安抚工作

在校园伤害事故当中，受伤学生一般都遭受了严重的身心伤害。此时，如果学校能够对

其加以慰问，对于受伤学生和家长来说都是极大的安慰。有的学校领导认为，如果学校的领导和教师去看望受伤的学生，等于是承认自己对于事故的发生有责任，容易让受伤学生和家长过分追究学校的责任。但学校作为教书育人的机构，本身就应当发扬“以人为本”的精神，对学生加以关怀。另外众多的事实也证明受伤学生和家长在学校的积极态度下，往往会打消原本想追究学校责任的想法，反而是那些态度暧昧的学校，往往会引发受伤学生和家长产生敌对心理。即使受伤学生想追究学校的责任，依据的也是事实和法律，绝不会仅仅因为学校的积极态度而去追究学校的法律责任。

总之，校园伤害事故处理程序中所包含的事故发生现场的处理和事故发生后的处理，是相辅相成的。抓住了校园伤害事故发生现场的关键环节，妥善处理，就为事故发生后的处理打下了基础。抓住了事故发生后的关键环节，妥善处理，又能弥补事故发生现场处理的不足。校园伤害事故一旦发生，学校领导和教职员工应当坚持依法、客观、公正、合理、适当、及时和妥善处理的原则，不慌不惊、冷静对待、仔细分析、认真研究，总能收到好的结果。

四、学生校方责任保险

（一）学生校方责任保险的概念

责任保险，是指以被保险人对第三者依法应承担的经济赔偿责任为保险标的的保险产品。

学生校方责任保险，是指以被保险人（学校）对第三者（注册学生）依法应承担的经济赔偿责任为保险标的的保险。即在被保险人（学校）的在校活动中或被保险人统一组织或安排的活动中，因校方疏忽或过失而导致第三者（注册学生）的人身损害，依法应由被保险人（学校）承担的全部或部分直接经济损失赔偿责任，由承保保险公司负责赔偿。

其构成要素为：主观过错、违法行为、损害后果、因果关系。在学生校方责任保险中，学校只有在有过错的前提下才承担责任，而并非只要发生在校园内的伤害事故都应由学校承担责任。

这里所指的学生，即学生校方责任保险的投保范围，按照有关规定，包括由国家或社会力量举办的普通教育机构（包括小学、中学、中等专业学校、幼儿园、幼托所、工读学校、特殊教育学校等）学生，以及高等教育机构的学生。

目前，部分省市实施的学生校方责任保险分为：普通教育学生校方责任保险和高等教育学生校方责任保险。

（二）学生校方责任保险的保险责任

学生校方责任保险的保险责任为：在教育教学活动中或由学校统一组织或安排的活动（包括体育课、实验课、课间操、课外活动、春游、夏令营、冬令营和各类社会实践活动、学生实习等）过程中，因学校疏忽和过失导致注册学生的人身伤害和财产损失，依法应由学校承担的直接经济赔偿责任。

1. 保险责任主要内容

（1）教职员工擅离工作岗位，不履行职责的，或者虽在工作岗位但未履行职责，或者违反工作要求、操作规程的。

（2）学校安排学生集体活动，未采取必要防护措施的。

（3）学校组织安排的实习、劳动、体育运动等体力活动，超出学生一般生理承受能力的。

（4）学校的教育教学和生活设施、设备不符合国家和本地区安全标准的。

（5）学校的场地、房屋和设备等维护、管理不当的。

（6）学校组织教育教学活动，未按规定对学生进行必要安全教育的。

（7）学校组织教育教学活动，未采取必要安全防护措施的。

（8）学校知道或应当知道本校学生患有传染性疾病，而未采取必要的隔离防范措施导致其他学生感染的。

（9）学校向学生提供的食品、饮用水，以及玩具、文具或者其他物品不符合国家和本市卫生、安全标准的。

（10）火灾、爆炸、煤气中毒所造成的意外事故。

（11）高空物体坠落所造成的意外事故。

（12）学校知道或者应当知道学生有不适应某种场合或者某种活动的特异体质，未予以必要照顾的。

（13）事故发生后，学校未采取措施及时救护致使损害扩大的。

（14）教职员侮辱、殴打、体罚或者变相体罚学生的。

（15）学生拥挤所造成的意外事故。

（16）发生依法应由学校承担责任的其他意外事故。

（17）发生保险责任事故后，学校为缩小和减少损失所支付必要的、合理的费用。

（18）发生依法应由学校承担责任的其他意外事故，学校事先经保险公司书面同意支付的诉讼费用及其他必要合理的费用，保险公司在每人赔偿限额内赔偿。

提　示

应当注意的是：注册学生自伤、自杀，而学校及其教职员工的教育管理并无不当；注册学生本人具有特殊体质，而学校事先并不知情；学校的教职员工的非职务行为；学校明知其教学设施不能使用而仍旧使用；类似战争行为；行政命令；不可抗力；校方的违法行为等风险不在校（园）方责任保险的保障范围之内。具体详细内容在保险单保险条款中载明。

2. 赔偿范围和标准

依据《侵权责任法》及相关法律、法规规定，根据学生校方责任保险条款的约定，或根据司法行政机关的裁定确定。一般为不定额赔偿责任，适用“补偿原则”，保险赔偿金额不得超过保单中规定的被保险人应对第三者负责赔偿的最高限额。

（三）学生校方责任保险与学生意外伤害保险的区别

学生校方责任保险与学生意外伤害或学生平安保险、医疗补充保险等保险（以下统称“学意险”）在以下八个方面存在区别。

1. 保险标的不同

学生校方责任保险的保险标的是被保险人依据法律，对第三者应负的经济赔偿责任，包括对人身伤害所负的经济赔偿责任；学意险的保险标的是学生本人的身体和生命。

2. 被保险人不同

学生校方责任保险的被保险人是学校（取得办学资格的学校），是法人，是可能对他人造成的财产损失、人身伤害必须承担法律责任的人；学意险的被保险人只能是自然人，是可能遭受意外伤害的学生本人。

3. 经营主体不同

根据《保险法》的规定，学生校方责任保险属于财产保险业务，只能由财产保险公司经营；学意险属短期意外险和健康险范畴，可以由财产保险公司经营，也可以由人寿保险公司经营。

4. 适用原则不同

学生校方责任保险适用“补偿原则”，一般为不定额赔偿责任，保险赔偿金额不得超过保单中规定的被保险人应对第三者负责赔偿的最高限额；学意险适用于定额给付原则，赔偿金额是根据保单中规定被保险人的死亡或伤残程度和赔偿标准来计算给付的。

5. 投保人、缴费人不同

在学生校方责任保险中，投保人和缴费人为同一人，是法律赔偿责任的承担人，也是缴费人；在学意险中，投保人既可为自己投保（成年学生），也可为与自己有保险利益的其他人投保（未成年人由其父母投保），投保人与被保险人可为同一人（此时被保险人为缴费人），也可不为同一人（此时被保险人不为缴费人）。

6. 赔偿依据不同

学生校方责任保险只有当被保险人依照法律对第三者财产损失和人身伤害负有经济赔偿责任时，保险人才履行赔偿责任；学意险则不论事故起因，凡属于保险责任范围内的事故造成被保险人死亡、伤残，保险人均负责赔偿。

7. 保险保障范围不同

学生校方责任保险的保障范围是由校方依法对学生的人身伤害负责赔偿的责任；学意险是对学生人身伤害进行保险金给付。

8. 功能不同

学生投保学意险并不能转嫁学校依法应当承担的民事赔偿责任，也就是说，学生在获得学意险的赔偿后，仍可依照《侵权责任法》等法律法规的规定，要求学校承担民事赔偿责任。换句话说，学生投保了学意险，不能转移学校风险；要转移学校风险需投保学生校方责任保险。

本章回顾

1. 教育法律责任是指由于行为人违反教育法律规范的行为所引起的，应当由其依法承担的惩罚性的法律后果。

2. 教育法律根据违法行为的性质和违法主体的法律地位，规定了承担法律责任的三种主要方式，即行政法律责任、民事法律责任和刑事法律责任。

教育法律责任构成要件主要具备责任主体、损害事实、违法行为以及行为人主观上有过错等，才被认定为教育法律责任的发生，即应该承担相应的法律后果。

3. 政府的教育法律责任承担主体包括行政机关及其工作人员。其责任类型主要包括：举办学校的相关法律责任、教育经费管理规定的相关法律责任、招生及入学的相关法律责任等。

学校的法律责任类型主要包括：未履行保护未成年学生义务的法律责任、违法收取费用的法律责任、违法颁发学业学位证书的法律责任等。

教师的法律责任是指教师从事职务活动时，违反教育法律规范，根据法律应当承担的责任。其责任类型主要包括：不履行教育教学义务的法律责任、教师侵犯学生合法权益的法律责任等。

学生除了考试作弊应承担相应的法律责任外，在教育活动中还要承担扰乱教育教学秩序的责任、侵犯教育者与受教育者合法权益的责任、其他违法，违纪责任等。

4. 教育法律救济，是指当教育行政相对人的合法权益受到侵害并造成损害时，通过裁决纠纷，纠正、制止或矫正侵权行为，使受害者的权利得以恢复、利益得到补救的法律制度。

行政救济，是指行政管理相对方依法向相关国家行政机关请求对行政主体的行政违法行为或不当的具体行政行为进行纠正、承担责任或进行补偿的救济方式。主要包括行政申诉、行政复议等赔偿方式。

司法救济渠道，即诉讼救济渠道，是指通过民事诉讼、行政诉讼和刑事诉讼的方式，使权益受到损害者损害的合法权益得到救济。

5. 教育申诉制度，是指作为教育法律关系主体的个体及教育行政相对人，对学校或其他教育机构及有关政府部门作出的处理不服，或其合法权益受到侵害时，向有关教育行政部门或其他政府部门申诉理由，请求重新作出处理的制度。

教师申诉制度，是指教师在其合法权益受到侵犯时，依照法律、法规的规定，向主管的行政机关申诉理由、请求处理的制度。教师申诉的程序主要遵循申诉的提出、申诉的受理和申诉的处理三个环节依次进行。

学生申诉制度，是指学生在其合法权益受到学校或教育行政机关的侵害时，依法向主管的行政机关申诉理由，请求处理的制度。和教师申诉制度一样，学生申诉的程序同样由申诉的提出、申诉的受理和申诉的处理三个基本的环节组成。

6. 校园伤害事故依不同的标准，可进行不同的分类。校园伤害事故分类以事故发生的地点、学校的责任承担程度、事故的表现形式、事故的责任主体、致害因素的不同等为标准。

在学校的日常工作中，学校具体可以参照以下四个方面来应对已发生的校园伤害事故：事故现场的紧急处置；及时向有关部门报告，注意保护现场；调查取证，做好证据收集工作；做好受伤学生的安抚工作。

学生校方责任保险，是指以被保险人（学校）对第三者（注册学生）依法应承担的经济赔偿责任为保险标的的保险。

学习视窗

《普通高等学校学生管理规定》（节选）

第五十五条：学校对学生的处分，应当做到程序正当、证据充分、依据明确、定性准确、处分适当。

第六十条：学校应当成立学生申诉处理委员会，受理学生对取消入学资格、退学处理或者违规、违纪处分的申诉。

学生申诉处理委员会应当由学校负责人、职能部门负责人、教师代表、学生代表组成。

第六十一条：学生对处分决定有异议的，在接到学校处分决定书之日起 5 个工作日内，可以向学校学生申诉处理委员会提出书面申诉。

第六十二条：学生申诉处理委员会对学生提出的申诉进行复查，并在接到书面申诉之日起 15 个工作日内，作出复查结论并告知申诉人。需要改变原处分决定的，由学生申诉处理委员会提交学校重新研究决定。

第六十三条：学生对复查决定有异议的，在接到学校复查决定书之日起 15 个工作日内，可以向学校所在地省级教育行政部门提出书面申诉。

省级教育行政部门在接到学生书面申诉之日起 30 个工作日内，应当对申诉人的问题给予处理并答复。

第六十四条：从处分决定或者复查决定送交之日起，学生在申诉期内未提出申诉的，学校或者省级教育行政部门不再受理其提出的申诉。

学习演练

一、填空题

1. 教育法律责任，是指由于行为人违反__________的行为所引起的，应当由其依法承担的惩罚性的法律后果。

2. 教育法律救济是指__________的合法权益受到侵害并造成损害时，通过裁决纠纷，纠正、制止或矫正侵权行为，使受害者的__________得以恢复，利益得到补救的法律制度。

3. 学生校方责任保险，是指以被__________对__________依法应承担的经济赔偿责任为保险标的的保险。

二、不定项选择题

1. 教育法律根据违法违法行为的性质和主体的法律地位，规定了承担法律责任的三种主要方式，即（　）。

A. 行政法律责任　　B. 民事法律责任
C. 刑事法律责任　　D. 个人法律责任

2. 校内申诉制度主要包括（　）。

A. 教师申诉制度　　B. 学校申诉制度
C. 学生申诉制度　　D. 教育行政部门申诉制度

三、简答题

1. 简述教育法律责任的构成要件。

2. 校园伤害事故的处理程序是什么？

四、案例分析

搜集近期国内所发生的典型教育法律案例，结合本章所学知识，对案例中相关主体的法律责任进行分析。

学习演练答案

一、填空题答案

1. 教育法律规范

2. 教育行政相对人　权利

3. 保险人（学校）　第三者（注册学生）

二、选择题答案

1. ABC　2. AC

三、简答题答案要点

1. 教育法律关系主体只有具备以下四个教育法律责任的构成要件，才能被认定为教育法律责任的发生，即应该承担相应的法律后果。

(1) 责任主体。法律责任需要一定的主体来承担。法律责任构成要件中的主体是指具有法定责任能力的自然人、法人或其他社会组织。并不是实施了违法行为就要承担法律责任，就自然人来说，只有到了法定年龄，具有理解、辨认和控制自己行为能力的人，才能成为责任承担的主体。没有达到法定年龄的未成年人或不理解、辨认和控制自己行为的精神病患者，即使其行为造成了对社会的危害，也不能承担法律责任。对他们行为造成的损害，由其监护人承担相应的责任。同样，依法成立的法人和社会组织，其承担法律责任的能力，自成立之时开始。

(2) 有损害事实。即行为人有侵害教育管理、教学秩序及从事教育教学活动的公民、法人和其他的组织合法权益的客观存在事实。这是构成教育法律责任的前提条件。违法行为对社会造成的损害，有两种情况：一种是违法行为造成了实际的损害，如体罚学生对其造成了身体伤害；另一种是违法行为虽未实际造成损害，但已存在这种可能性。

(3) 有违法行为。违法行为是指责任人实施了违反法律规定的行为。它分为作为和不作为两类。作为是指责任人直接做出与法律规定相悖的行为，侵害了他人的合法权益而导致的法律责任；不作为是指责任人因不履行自己应尽的义务对他人的合法权益造成损害而导致的法律责任。

(4) 行为人主观上有过错。所谓过错，是指行为人在实施行为时，具有主观上的故意或过失的心理状态。所谓故意的心理状态，是指行为人明知自己的行为会产生危害社会的结果，但希望或放任这种结果的发生。所谓过失的心理状态，是指行为人在本应避免危害结果发生时，由于疏忽大意或者过于自信而没有避免，以致产生危害结果。

2. 校园伤害事故的处理程序包括：首先，事故现场的紧急处置。其中要预先制定事故处理预案，成立事故处理领导小组；及时救治受伤学生，第一时间通知其家长或其他监护人；做好对受害学生家长和其他学生的安抚工作；注意事态发展，郑重对待承诺。其次，及时向有关部门报告，注意保护现场。再次，调查取证，做好证据收集工作。其中要求，调查取证应当及时、合法、严谨。最后，做好受伤学生的安抚工作。

四、案例分析答案要点

案例分析标准：结合所学内容、责任分析清晰合理、观点科学明确。

参考文献

[1] 福勒．教育政策学导论．许庆豫译．南京：江苏教育出版社，2007.

[2] 吴志宏．教育政策与教育法规．上海：华东师范大学出版社，2003.

[3] 褚宏启．教育政策学．北京：北京师范大学出版社，2011.

[4] 张乐天．教育政策法规的理论与实践．上海：华东师范大学出版社，2009.

[5] 金一鸣．中国素质教育政策研究．济南：山东教育出版社，2004.

[6] 黄忠敬．教育政策导论．北京：北京大学出版社，2011.

[7] 劳凯声．中国教育改革30年：政策与法律卷．北京：北京师范大学出版社，2009.

[8] 劳凯声，蒋建华．教育政策与法律概论．北京：北京师范大学出版社，2015.

[9] 劳凯声．高等教育法规概论．北京：北京师范大学出版社，2000.

[10] 郑良信．教育法学通论．南宁：广西教育出版社，2000.

[11] 张维平，石连海．教育法学．北京：人民教育出版社，2008.

[12] 杨颖秀．教育法学．北京：中央广播电视大学大学出版社，2004.

[13] 余雅风．新编教育法．上海：华东师范大学出版社，2010.

[14] 李晓燕．教育法学．北京：高等教育出版社，2006.

[15] 申素平．教育法学：原理、规范与应用．北京：教育科学出版社，2009.

[16] 杨挺．教育法学．重庆：西南师范大学出版社，2011.

[17] 雷春国，曹才力，李重庚．学前教育政策法规解读（第2版）．长沙：湖南大学出版社，2014.

[18] 李均．中国高等教育政策史（1949—2009）．广州：广东高等教育出版社，2014.

[19] 王悦群．教育法制基础．北京：中央广播电视大学出版社，2005.

[20] 郝淑华，马凌涛，刘凌波．校园伤害事故的预防与处理．上海：华东师范大学出版社，2006.

[21] 李德龙．简明教育法学教程．沈阳：辽宁大学出版社，2010.

[22] 王伟法．校园安全风险管理概述．北京：海洋出版社，2013.

[23] 刘兴树．学生伤害的防范与责任论纲．长沙：湖南师范大学出版社，2007.

[24] 张维平．教育法学基础．沈阳：辽宁大学出版社，2008.

[25] 周洪宇．全面推进各级各类教育协调发展．中国教育报，2013-01-25（06）．

[26] 韩军．依法治教——教育改革发展的坚实保障．河北教育（综合版），2015（9）：8-15.

[27] 袁贵仁．努力办好人民满意的教育．光明日报，2012-11-24（02）．

后　记

《教育政策与法律》是教育学、管理学、法学等学科的重要课程，其中所涉及的诸多问题也是当前及未来我国教育发展中所关注与改革的焦点。作为国家开放大学公共事业管理(教育管理)专业的必修课程，本人受国家开放大学之约，编写了此教材。在本书的编写过程中得到了教育部政策法规司、国务院法制办公室、全国人民代表大会教科文卫委员会、西南大学、沈阳师范大学、吉林华侨外国语学院、辽宁省教育厅等单位和领导的大力帮助和支持。同时，本书在编写过程中得到了许多专家的指导并参考了他们的著作，诸如北京师范大学劳凯声教授、中国人民大学秦惠民教授、教育部政策法规司孙霄兵教授、西北师范大学刘复兴教授、中山大学黄崴教授、华中师范大学李晓燕教授、东北师范大学杨颖秀教授、西南大学陈恩伦教授等。我们对这些专家致以诚挚的谢意！尤其要感谢主审王大泉研究员，以及在教材编写过程中给予指导的范履冰副司长、尹力教授、申素平教授、石连海副教授。

本书由沈阳师范大学教授张维平组织撰写。全书共八章，各章的撰写分工如下：张维平教授(第一章、第五章)、陈大兴副教授(第二章、第三章)、刘晓巍副教授(第四章)、赵莉副教授(第六章、第七章)、马焕灵教授(第八章)。全书由陈大兴统稿，张维平定稿并作出修改。赵莉任“教育政策与法律”课程组组长。

本书的编写者们虽然尽了自己很大的努力，力求使本书适合学习者的需要，但由于编写者们的水平有限，更兼时间仓促，本书一定存在许多不足之处，恳请读者不吝赐教。希望我们的努力对使用本书的读者有所帮助。

张维平

2016 年 7 月